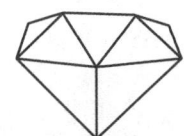

环球家族办公室
之百年财富
传承密码

陈雪涛 张子烨 ◎ 著

GLOBAL
FAMILY
OFFICE
THE SECRET OF 100 YEARS
WEALTH INHERITANCE

北 京

图书在版编目（CIP）数据

环球家族办公室之百年财富传承密码 / 陈雪涛，张子烨著． -- 北京：中国经济出版社，2025.1.

ISBN 978-7-5136-7909-1

Ⅰ．F276.5

中国国家版本馆CIP数据核字第2024X7U479号

责任编辑	张梦初　高　鑫
责任印制	马小宾
封面设计	久品轩

出版发行	中国经济出版社
印 刷 者	宝蕾元仁浩（天津）印刷有限公司
经 销 者	各地新华书店
开　　本	710mm×1000mm　1/16
印　　张	20
字　　数	320千字
版　　次	2025年1月第1版
印　　次	2025年1月第1次
定　　价	88.00元

广告经营许可证　京西工商广字第8179号

中国经济出版社 网址 http://epc.sinopec.com/epc/　社址 北京市东城区安定门外大街58号　邮编100011
本版图书如存在印装质量问题，请与本社销售中心联系调换（联系电话：010-57512564）

版权所有　盗版必究（举报电话：010-57512600）
国家版权局反盗版举报中心（举报电话：12390）　　服务热线：010-57512564

序
FOREWORD

百年未有之大变局

在这个技术快速更迭的时代，唯一不变的就是变化。在全球经济增长见顶的背景下，新的增长模式成了全人类共同的追求。在这一宏大的探索中，技术革命的浪潮不断拍打着传统行业的堤岸，颠覆着旧有的商业逻辑，也为财富积累和传承带来了新的思路和启示。

人工智能及其相关技术正崭露头角，并将成为未来十年最具确定性的增长引擎。通常来说，新技术的发展不是一蹴而就的，而是经历一个"螺旋式"的发展过程，通过初期创新、应用实践、商业化进程和更新迭代，最终实现技术在不同领域内的大规模推广。目前人工智能技术正在这条曲线上飞奔着，从专家系统到机器学习，再到深度学习和强化学习，它正在实现应用落地到快速商业化的过程。

以人工智能内容生成赛道（AIGC）为例，根据非凡产研的调研数据，截止到2024年1-7月全球共有484起AIGC相关的投融资，总金额达1674亿元人民币，仅7月全球AIGC融资总金额为290亿元人民币，其中有6家创业公司获得了超过1亿美元的投资。

人们对人工智能技术和产业的思考，实质上是对经济发展步入新阶段后的深层反思，是对生产力提升与生产关系重塑的再次审视。正如历史上每一场宏大而深远的技术革命，人工智能带来的变革是时代对效率和创造力的渴望，是人类希望超越现实局限的又一次冲刺。而在这股潮流的背后，依然隐约可见市场经济的基本脉络，那些推动力量在历史的激流中一脉相承。

从蒸汽机点燃工业革命的火花，到电力和信息技术的涌现，每一次革新都在撬动生产的天平，同时也在重塑人与人、人与资源之间的关系。如今，人工智能产业应运而生，成为这个时代对效率与创新的注解。它不仅拓宽了人类想象的疆域，更引导我们重新思考经济结构和价值分配的方式。

全球的财富积累和分配

市场经济的本质，是人类对提升生产力、优化资源配置的不断探索与实践。在这条漫长的道路上，规模经济、管理技术、科技创新逐渐成为核心要素，它们交织在一起，共同构建了今日的全球经济格局。在市场经济的体系中，自由与竞争是最根本的支柱。市场的供需关系，就如同"看不见的手"在悄然调控着一切，使资源流动和价值创造自然而有序地展开。

市场经济不仅仅是一套生产和分配的规则，更是一种以消费为驱动的经济体制。在经济发展过程中，企业家是推动进步的主要动力。以中国的情况为例，根据国家统计局的数据，截止到2024年5月，中国民营经济主体为18034万户，占所有经济主体的96.4%，也就是说以企业家为核心的民营经济已经成为社会经济发展的主力军。这些思维敏捷、充满创造力的企业家们，通过创办企业来满足大众需求，以创新的商业模式创造价值、积累财富。

在具体的实践路径上，各国的财富积累模式存在很多区别，这是由不同国家的自然资源禀赋、人力资源成本、当地的文化与价值取向、商业知识的传播等因素共同造就的。比如，美国在工业化基础之上，孕育了硅谷这一创新之地。这里的财富积累源于新兴技术的迅猛发展，风险投资的强力支持，以及独特的创新精神和包容多元的文化氛围。在硅谷，叛逆被包容，失败被允许，多元文化相互交融，塑造出了一种全新的企业家精神。在日本，以"长寿企业"著称的企业往往秉持长期经营的理念，将代际传承的精神深深植入企业的日常运作中，既关注商业发展，也重视社会责任，追求商业性与社会性相互平衡。这种文化使得日本的企业如同一棵深扎土壤的古树，经得住时间的洗礼，承载着厚重的家族精神，一代代延续。

但这也带来了新的问题。从全球的宏观视角来看，富裕国家和贫穷国家之间的差距确实越来越明显。到2022年，摩纳哥的人均GDP达到了24.09万美元，而阿富汗的人均GDP只有352.6美元，二者相差了683倍。在家庭收入方面，根据《2022年世界不平等报告》，全球收入最高的前10%人群占有全球财富的75%以上。2021年全球成年人的平均年收入为23380美元，而前10%人群的年均收入则高达122100美元，我们由此可以看出全球财富和收入分配已经处于严重不平衡的状态。

中国的财富积累与传承

在中国，财富的积累与传承过程则完全不同。在漫长的上下五千年文明中，农耕文明是中国经济的主色调。以秦朝作为起点来看，通常我们可以将这个漫长的过程划分为三个阶段，第一阶段是秦汉经过魏晋南北朝到达唐代中叶，这一时期中国建立并不断调整土地制度，促进了经济的发展。第二阶段是唐朝中叶经过宋元到达明代中叶，这一时期中国的封建经济到达了顶峰，不仅有享誉世界的"开元盛世"，还有郑和七次下西洋的历史性创举，中国开始和世界有了连接。第三阶段是明朝中叶到鸦片战争时期的清朝，这一时期封建经济开始受到外来因素的冲击。虽然封建王朝末期也经历了部分社会经济改革，但是依然没有建立完善的、现代意义上的商业文明。

到了近代，中国推翻了封建王朝、历经了内外战争，迎来了全新的社会面貌。相较于西方国家的财富积累，中国的情况显得尤为特殊——中国在改革开放之后，才真正建立财富积累和传承的概念。也就是说，中国经济的快速发展和家族财富的积累大多发生在最近40年，财富管理和相关细分行业的发展则大多出现在最近20年。

2007年中国市场首次迎来私人银行业务，2012年中国第一个家族办公室诞生。根据《2023胡润财富报告》的数据，中国拥有亿元以上资产的超高净值家庭已达13.3万户，拥有千万资产以上的高净值家庭已达208万户，拥有600万以上资产的富裕家庭已达514万户。高净值人群数量的扩大带来更多的财富管理需求。这也是最近几年我们一直关注家族办公室行业的原因。

中国社会经济的快速发展不仅造就了一批高净值人群，同时也带来了财富分配问题。根据国家统计局发布的最新数据，2023年城镇居民人均可支配收入为51821元，农村居民人均可支配收入为21691元，城乡居民收入比值为2.39。2024年上半年，全国居民人均可支配收入为20733元，城镇居民为27561元，农村居民为11272元，城乡居民收入比值为2.45。

这一现象让我们进行了深刻地思考和深入地研究，因为家族企业的兴起与壮大、家族财富的积累，绝不仅是高净值人群和企业家们个人奋斗的结果，其背后是社会财富的三次分配问题。社会财富的初次分配，是根据劳动、资本、土地、技术等生产要素的投入，对生产成果进行的分配，奠定了社会整体的收入格局。第二次分配，亦称再分配，是政府通过税收和社会福利等手段，对初次分配的收入进行调节，从而缩小收入差距，促进社会公平。第三次分配，是社会高收入群体在自愿的原则之上，通过慈善捐赠、公益资助等方式，对社会财富进行的再次分配。如果说初次分配依靠市场，二次分配依靠政府力量，那么第三次分配则需要依靠道德和信念的力量驱动。而这种无形力量从何而来？培育和弘扬企业家精神将是其中的关键一环。

中国的风险投资与企业家精神

随着我国资本市场的不断完善，创业投资基金在其中扮演着愈发重要的角色。通过资金支持，创业投资基金帮助初创企业渡过生存难关；通过资源和渠道的共享，为有志有才的年轻创业者提供更广阔的舞台。这种支持不仅能推动企业的发展，也能激发年轻创业者的创新活力，促进社会财富的更公平分配。

作为创业投资者，我们多年来始终致力于发掘那些勇于探索、具备无畏创新精神的年轻人，旨在助力他们实现梦想，并与之携手共进，成为彼此成长道路上的伙伴。在他们踌躇满志、迈出第一步时，我们并肩而行，分享着经验与资源，为他们构建坚实的基础；在他们遇到挫折和挑战时，我们鼓励与指引，给予继续前行的信心。

在这样一个充满机遇与挑战的时代背景下，传统的财富管理理念已显得捉襟见肘，家族企业的传承也不再仅仅是代际交接，而是需要重塑核心价值观，兼顾财富与责任的双重使命。难以量化的软实力已成为企业新的竞争领域。在企业的竞争中，技术与商业模式是显性的竞争层面，而隐性的竞争则体现在企业的软实力上。因此，我们一直坚定地支持年轻创业者们发挥自己的聪明才智，不断进取、勇于创新，在这个风云变幻的时代不断向前。

——陈雪涛　中国国际金融30人论坛理事会执行理事

前言
PREFACE

在风起云涌的世界浪潮之下,历史的车轮滚滚前进。多少人来来往往,留下了伟大的事业,又有多少人默默消失在时空长河之中。名人贵族、富商巨贾无不希望自己的财富得以传承,子孙后代能够接过自己的衣钵,将伟大的事业不断传承和发展。家族办公室由此应运而生。

洛克菲勒家族创建了现代意义上的家族办公室,如今他们已经走过了七代人的岁月,其财富和事业依然屹立不倒,成为人们津津乐道的传奇故事。通过这些人的故事,我们了解到家族办公室作为一个专业化的团队,能够帮助高净值家族管理财富、处理家族事务、做好代际传承工作,帮助家族穿越经济周期、抵御金融风险,从而让那些伟业在下一代手中继续传承。

在这本书中,我们提供了一个国际化的视角,帮助读者了解什么是家族办公室、为什么家族需要它们,它们又是如何帮助家族在风云变幻中披荆斩棘、直冲云霄的。跟随时光的脚步,我们首先从英国开始,第1章讲述英国家族办公室的百年传承。作为资本主义老牌国家,英国通过社会经济的发展,孕育出家族办公室。第2章介绍了中国香港家族办公室的独特地位。作为一个东西方文明融合的现代都市,中国香港以其独特的国际金融中心地位,塑造了最有活力的家族办公室行业。第3章讲述了新加坡家族办公室的崛起。这个国家在狭小的国土上创造了金融神话。第4章我们来到美国——现代家族办公室发展和传承的地方,了解美国是如何打造自己的家族办公室体系的。第5章我们来到欧洲,欧洲国家众多、情况非常多元化,诞生了不少家族办公室的典型案例。第

6章，我们以更高维度的全球视角，纵览和对比各个国家家族办公室的情况。第7章，我们关注新兴的家族办公室发展理念——ESG，这不仅是普通企业关注的内容，也是越来越多家族办公室正在关注和参与的议题。之后，我们将视角转向现代化的科技手段。第8章介绍了金融科技与家族办公室。第9章，我们回归家族办公室的管理运营，了解其组织架构与人才培养。第10章，我们对家族办公室的未来愿景和发展趋势进行预测。

通过这些内容，我们希望读者能够真正深入了解家族办公室的过去、现在与未来，了解家族办公室的含义、组织架构、管理方式、发展理念、专业工具和人才体系。此外，我们也想与读者共同探讨，在这个快速变化的时代，家族办公室如何适应新的市场环境、如何利用先进科技进行财富管理，以及如何为未来的家族财富传承做好准备。

最后，我们希望通过对全球家族办公室的综合分析，为家族办公室从业者、家族成员以及对家族财富管理感兴趣的读者提供宝贵的洞察手段和启示。我们相信，家族办公室将继续在全球财富管理领域扮演至关重要的角色，并将在新的经济环境中找到其独特的定位和发展路径。

目 录
CONTENTS

第 1 章　英国家族办公室的百年传承

英国资本主义的发展历程　001
英国家族企业的演变　007
英国家族办公室的历史与现状　013
英国家族办公室的财富管理策略与实施案例　019
社会影响：英国家族办公室的社会责任　025

第 2 章　中国香港家族办公室的独特地位

中国香港金融发展历程　032
中国香港家族办公室的优势：政策支持　038
中国香港家族办公室的投资策略　045
国际化发展：中国香港家族办公室的成功经验　052
经营与运作：中国香港家族办公室的实施路径　057

第 3 章　新加坡家族办公室的崛起

新加坡金融市场概况　064
新加坡家族办公室的政策与发展环境　070
独特优势：新加坡家族办公室的枢纽作用　076
国际化特色：新加坡家族办公室的发展动因　083
机遇与挑战：新加坡家族办公室未来发展展望　088

第 4 章	美国家族办公室的模式与影响
	历史背景：美国家族办公室的起源 095
	美国现代金融业：家族办公室的沃土 102
	创新优势：硅谷是美国家族办公室的创新之源 107
	美国家族办公室运营管理模式：以比尔·盖茨家族办公室为例 114
	美国科技新贵的家族办公室——以贝索斯探险为例 121

第 5 章	欧洲家族办公室的多样性
	欧洲近现代金融业的发展 130
	现代欧洲家族办公室的典型案例 135
	家族治理：不同文化背景下的家族治理 140
	文化价值：欧洲家族办公室的文化与价值观 147
	欧洲家族办公室面临的挑战与机遇 153

第 6 章	纵览全球家族办公室
	世界其他国家的家族办公室 159
	各国家族办公室特点概览 165
	全球视角下的家族办公室发展新趋势 171
	家族治理中的文化差异 176
	中国家族办公室：从起步到快速发展 182

第 7 章	ESG 与家族办公室
	ESG 的概念与定义 189
	ESG 与家族企业治理 197
	ESG 与家族企业传承 207
	ESG 与创新投资 214
	ESG 的全球趋势 221

第 8 章　金融科技与家族办公室

科技发展：金融科技的理论与应用　　　　227
金融科技与家族财富管理　　　　233
金融科技与投资风险管理　　　　240
数字资产与家族办公室　　　　247
金融科技在家族办公室中面临的挑战　　　　253

第 9 章　家族办公室的组织与人才

组织架构：家族办公室的组织模式　　　　257
运作模式：家族办公室的工作体系　　　　266
人才架构：现代家族办公室需要什么样的人才　　　　278
人才难点：家族办公室如何破解人才问题　　　　281

第 10 章　愿景与展望

家族办公室的演进趋势　　　　285
未来趋势：家族办公室整体发展趋势　　　　287
全球化策略：家族办公室全球视野与挑战　　　　293
未来愿景：给家族办公室从业人员的建议　　　　296

后　记　　　　305

第1章
英国家族办公室的百年传承

英国资本主义的发展历程

家族办公室的形成来自时间的沉淀和历史的积累。从微观的角度来看,家族是基于个人财富积累、业务完善形成的以血缘关系为基础的团体。随着团体的规模、管理的资产体量越来越大,仅靠个人能力无法驾驭,从而诞生专业化的管理组织——家族办公室。从宏观的角度来看,家族和家族办公室的诞生都是资本主义不断发展的产物。资本主义体系促进了财富的积累,特别是在工业革命以后,大量财富被集中在一些家族手中,家族办公室应运而生。这也是为什么当我们研究家族办公室的历史起源时,要了解英国的资本主义。

资本主义在英国拔得头筹。资本主义最早在英国蓬勃发展,而欧洲其他国家逐渐落后于英国。这是因为英国是首个将资本大量投入工业生产的国家。在文艺复兴时期,资本主义的萌芽已经在地中海沿岸出现,此时意大利正在崛起,其财富积累主要源于地中海贸易及相关的金融服务业,但这些收益更多地被用于贸易基础设施的建设和推动商业活动合法化的文化艺术发展上。

大西洋沿岸的西班牙人和葡萄牙人最早进行了远洋探险,他们从美洲掠夺了大量贵金属,却没有将这些资源投入工业生产,而是用于建造宫殿、教堂和豪宅,乃至维护航海安全的"无敌舰队",从而错失了资本主义发展的关键时机。荷兰凭借香料贸易获得了巨额利润,但没有将其投资到工业生产中,而是过早开始经济体系"金融化"发展。比如,在荷兰历史上著名的郁金香事件中,人们将郁金香的价格炒至夸张的高度,最终这场闹剧以泡沫破裂收场——本质上这也是对原始积累的财富的挥霍。欧洲大陆最重要的国家之一——法国,在重农主义的理论和政策指导下，未能及时步入工业革命的发展阶段，因而错失了成为首批工业化国家的机遇。

英国则不同，它在完成启蒙运动、明确产权界定、实现宪政、开放自由市场和国际贸易后，成功走上了资本主义道路。这一系列社会政治变革为资本主义的兴起提供了肥沃的土壤。

深厚的历史底蕴。英国1215年的宪政改革是现代化法治的开端。1215年的《自由大宪章》（拉丁语：*Magna Carta*）限制了王权，确立了法律面前人人平等的原则，为后来宪政体制的发展奠定了基础。这标志着英国从封建国家向法治国家转变，为市民阶层的权利提供了保障，也为资本主义的发展创造了更加稳定和可预测的法律环境。

在英国早期资本主义发展时期，手工工场是主要的生产方式和经济形态。有观点认为，行会师傅、学徒及其他独立手工业者在市场竞争中不断分化的过程促进了资本主义工业的形成。[1]但马克思认为，这种方法速度太慢，无法适应15世纪末世界市场贸易的新需求。[2]

随着时间的推移手工工场的生产方式已不能满足社会发展的需求。到了17世纪，圈地运动开启了农业生产的变革。英国贵族和富裕农民将公共土地圈起，并进行私人耕作，这一举措极大地提高了农业生产效率，但也导致了许多农民失去土地，被迫成为工人。圈地运动让劳动力重新分配，大量劳动力涌向城市，为后来的工业革命提供了必要的人力资源。同时，农业的商品化为资本积累奠定了基础。

17世纪后半期，英国的全球商业版图迅速扩张，尤其是在北美洲。在英荷战争后，英国在北美东岸成功建立了13个殖民地，这些殖民地不仅拥有丰富的自然资源，而且具有巨大的商业潜力。同时，英国也积极参与了跨大西洋的奴隶贸易，这种残酷的贸易方式和"三角贸易"的模式共同推动了英国贸易的快速增长，使其在大西洋地区的商业影响力大幅提升。

15—17世纪，英国社会的主要思潮是重商主义。伊丽莎白一世统治时期，

---

[1] 张佳生. 16—17世纪英国资本主义的三大商业特征[J]. 中南民族大学学报，2003，23（5）：136-140.

[2] 马克思，恩格斯. 马克思恩格斯全集：第23卷[M]. 北京：人民出版社，1972.

欧洲面临史上最严重的贫困问题，英国城市中贫困人口的比例显著提升。随着商品经济的壮大和社会福利体系的解体，传统的中世纪救贫体系已不足以解决日益加剧的贫困问题。在这种情况下，伊丽莎白时期的政府开始实施重商主义政策。

重商主义政策体系包括实行贸易保护主义，即通过保护国内产业和限制外国商品进口来增加国家财富；加强海外殖民扩张，通过控制更多的资源和市场来增强国家的经济力量；国家积极参与商业行为，如伊丽莎白政府支持成立东印度公司，促进海外贸易和扩张；注重货币财富的积累，鼓励出口、限制进口，实现贸易顺差，增加黄金和白银的储备等。

到了18世纪，随着启蒙思想的传播和工业技术的发展，英国社会思潮开始从重商主义过渡到自由市场经济。自由市场的理念强调市场力量在资源分配中的作用，反对国家过度干预经济。英国古典经济自由主义思想的发展主要得益于大卫·休谟（1711—1776年）和亚当·斯密（1723—1790年）的理论贡献。休谟认为，私人经营和私有产权在社会权力机构的保护下，将促进社会的繁荣发展。他还从国际贸易的视角出发，指出一个国家的商业发展和财富增长不仅对自身有利，也将促进邻国的商业和财富增长。亚当·斯密认为，经济活动中的利己行为通过市场上的自愿交换，能够实现双方利益的最大化。在亚当·斯密看来，市场经济是一种基于人性的自发形成的秩序，即"一只看不见的手"——这是他的自由市场理论的核心观点。

自由主义的思潮对传统的重商主义思潮产生了冲击，随着工业革命的开始，英国社会再次全面转型。这一转型使得资本和劳动力能够更自由地流动，促进了工业和技术的发展。实际上，思想上的转变和技术上的进步是相辅相成、相互促进的，二者共同推动了工业革命以及社会结构的变化。

工业革命。18世纪，英国作为技术发展史上的先驱，引领了一场空前的技术革命。这一时期，技术进步带来了累累硕果：动力方面，詹姆斯·瓦特在1765年对蒸汽机进行了改进，使其成为工业革命中最重要的动力源之一。瓦特改良的蒸汽机效率更高，因而有效推动了工厂的机械化生产。

纺织业是工业革命中最早也是受影响最大的行业之一。约翰·凯（John Kay）在1733年发明了飞梭（Flying Shuttle），随后更多的创新接连诞生，如詹姆斯·哈格里夫斯的珍妮纺纱机（1764年）、理查德·阿克莱特（Richard Arkwright）的水力纺纱机（1769年）以及艾德蒙特·卡特莱特（Edmund Cartwright）的动力织布机（1785年），这些发明极大地提高了纺织品的生产效率。

乔治·斯蒂芬森（George Stephenson）在1825年制造了世界上第一辆蒸汽机车，并在1829年建造了"火箭号"（The Rocket），标志着铁路运输时代的来临。铁路的发展不仅加快了物资和人员的流动，也促进了工业化进程。

工业革命让英国迅速成为全球经济强国和国际贸易的中心。[①]从深层次的社会变化来看，工业革命给生产方式的变革、生产的分工和人员的配置与管理带来了极大的冲击和深刻的改变：工厂取代了传统的手工工场，机械化生产逐渐替代了手工劳动。从社会结构来看，随着过时的生产方式的衰退，自耕农阶层逐步淡出历史舞台，与此同时，工业资产阶级和无产阶级的兴起与发展，重塑了社会的经济架构和阶级格局。对于处在历史进程中的个体和家族来说，财富积累途径变得越来越清晰。

第二次工业革命。比起第一次工业革命，人类这一次在科学探索和技术应用上走得更远，技术对生产的推动作用也更加显著。尼古拉·特斯拉设计了交流发电机和变压器，发明了多相交流电系统，同时推动了电力的商业化普及和应用。托马斯·爱迪生的电灯泡则让普通人在夜晚也能拥有安全的光亮，而不再依靠过去的煤油灯。贝塞麦转炉和后来的托马斯-基尔比法大幅提高了钢铁生产的效率和质量，钢铁成为工业化社会的主要材料。戈特利布·戴姆勒和卡尔·本茨发明的内燃机催化了汽车工业的诞生，也促进了后来航空工业的发展。

这一时期，新的发明和技术带来了管理上的变化。如果说技术促进了汽车工业的诞生，那么工厂制度的完善则进一步将分工精细化。亨利·福特在自己的工厂中使用流水线制造汽车，这一做法不仅标志着工业生产分工的创新和细化，也为后来管理科学的发展作出了巨大贡献——大规模、标准化工业品逐步成为市场的主流。在通信方面，电话和无线电的发明极大地加强了全球的联系，

---

① 陈磊. 从伦敦、纽约和东京看世界城市形成的阶段、特征与规律[J]. 城市观察，2011（4）：84-93.

缩短了信息传播的时间。沟通成本的降低也推动了国际贸易市场快速发展。

第二次工业革命为财富的快速积累提供了更多样的便利条件：

- **国际市场需求**。通信和交通的进步极大地降低了国际贸易的门槛和成本，激活了国际市场的需求。以往只在各国内部流通的产品有机会销往世界各地，为经商和投资提供了得天独厚的条件。
- **国际分工形成**。这一时期国与国之间生产上的合作与分工变得更加明确与细致，从原材料的全球采购到制成品的全球出口，从技术上的互通有无到资本的国际化，第二次工业革命为这一深刻变革提供了可能。
- **创新管理方式推动企业现代化发展**。第二次工业革命时期，管理科学逐步成形，泰勒的科学管理理论正式以科学理论的方式阐述管理方法。这些理论和实践极大地推动了工厂和企业的现代化发展。
- **劳动力市场的专业化分工**。如果说第一次工业革命将人们从手工劳动中解脱出来，那么第二次工业革命则将每个生产、制造的环节更加细化，形成了更专业化的分工。劳动力市场的专业化分工夯实了资本主义市场的基础。
- **资本和投资的增长**。第二次工业革命带来的经济增长吸引了大量的资本投资。公司制和股市的发展为企业提供了融资渠道，企业的发展开始有了资本助力。

两次工业革命期间，英国企业投融资实现了快速增长，这与伦敦金融体系的形成和发展密不可分。这些要素叠加在一起，使英国成为资本主义强国以及家族企业发展和传承的沃土。

伦敦成为世界金融中心。1694年，英格兰银行（现在的英国中央银行）在伦敦成立，标志着伦敦金融市场的初步形成。英格兰银行的成立和运作对伦敦乃至整个英国的金融业发展产生了至关重要的作用。从背景上看，英格兰银行根据财政筹款特别法案成立，为当时正在进行的9年战争提供融资。英格兰银行提供了120万英镑的贷款给政府，政府以来自海外商品和葡萄酒行业的税收作为担保，并向英格兰银行承诺支付8%的年度利息。英格兰银行的成立本质上是将政府的短期债务逐步调整为长期债务。通过发行股票和债券，银行帮助政府稳定了财政，并延长了债务的偿还期限。通过发行长期公债，政府建立了稳定的信用体系。

18—19世纪伦敦金融业的快速崛起，与当时英国对外贸易业务息息相关——国际贸易带来了大量的融资需求。1934年，《金融新闻》杂志发表了一篇特别报道，回顾了1884—1934年这50年间伦敦的历史发展，深入探讨了伦敦在这半个世纪的变迁和成就。该报道写道：

"最能代表这个城市的正是那些贸易商的办公室，而不是什么其他的事物。""银行在伦巴第大街存在，是因为贸易商们需要它们；海运公司兴旺是因为贸易商们的货物需要运送。劳合社保险市场是这些贸易货物和船只的保证。而在那些因为贸易商而存在的银行家的光顾下，证券交易所才得以壮大。可见，正是这些贸易商成就了伦敦。"[1]

随着两次工业革命推动英国社会经济变革，贸易商的角色也在悄然发生变化。在通信技术飞速发展的背景下，传统贸易商在国内外交易双方之间的中介角色受到了显著冲击。面对这一变革，部分贸易商开始提高其在金融业务领域的参与度，其业务模式日益趋向于纯粹的金融机构模式。

随着时间的推移，许多大型贸易企业开始开设商业规划和资金集聚业务，依托其在国际和国内构建的广泛分支和合作网络，开展了一系列金融操作。这种操作方式促进了金融投资团体的兴起，它们在性质上介于传统贸易商和商业银行之间。19世纪，这些投资团体手中掌握的资本量已经达到相当的规模，伦敦因此在全球范围内确立了金融中心的地位。

百年传承，始于足下。 在世界家族企业和家族办公室的研究体系中，英国是一个颇具研究意义的案例，这与其历史、人文、经济因素密不可分。

- 英国拥有悠久的历史，经历了完整的社会发展周期。从欧洲中世纪的封建社会到现代社会，英国走过了漫长的资本主义发展之路。
- 英国具备扎实的工业基础，两次工业革命使英国建立起了强大的工业体系。在此过程中，英国还率先采用了先进的管理方式，从而站在时代浪潮上引领世界前行。
- 从重商主义到自由市场，英国主流社会思潮的变化激发了经济发展的内

---

[1] 李显波. 从阿姆斯特丹、伦敦和纽约金融业发展看顶级国际金融中心建设一般规律[J]. 科学发展, 2021（11）：56-61.

生动力，促进企业不断发展。

- 英国在资本主义道路上不断变革，最终形成了明确的社会分化。英国在两次工业革命之后，社会发展相对稳定，阶级分层已经固化，每个人的分工、角色和定位基本明确，这为家族企业的产生、发展和财富的继承提供了天然的条件。

总而言之，英国的资本主义具有成形较早、商业成熟度较高、金融体系健全、国际影响力较大等特点，因此，它是家族企业生长、发展和传承的沃土。虽然在第二次世界大战之后，美国后来居上，英国的国际地位受到了冲击，但是它作为老牌资本主义国家，在家族企业的培育上，仍然有丰富的历史经验和研究价值。

英国家族企业的演变

世界上最古老的家族银行。相比诸多赫赫有名的银行，霍尔银行（C. Hoare & Co.）显得低调很多，虽然它既没有世界级的知名度，也没有大量的宣传营销，但它有超过300年的历史。该银行的合伙人都来自霍尔家族（Hoare Family），目前的首席执行官（CEO）是家族第十一代成员——亚历山大·S.霍尔（Alexander S. Hoare）。

相较于世界知名的巨头家族企业，霍尔银行以"小而精"闻名，公司总资产约10亿英镑，员工有200人左右，但银行在服务富裕客户和超级富豪方面拥有独特优势——它不仅拥有完整的服务体系，还对客户资质提出了要求，从而保证服务质量和可持续性。

创始人理查德·霍尔（Richard Hoare）1648年出生于伦敦，17岁开始在一家金匠店里当学徒，7年之后从金匠店里出来，在1672年创立了金匠公司：霍尔银行。当时，金匠时不时会充当银行家，因为他们可以利用各种渠道获得高价物品，有时候也会为需要现金的人放贷。在1694年英格兰银行成立时，理查德·霍尔的创业生涯已经步入正轨。经过多年的努力，他被安妮女王册封为爵士，并在伦敦政坛上升至市长之位，同时当选伦敦市议会议员。

1719年，理查德·霍尔去世，享年71岁。当时他名下的银行已经吸纳了包括精英、商业巨头和贵族在内的众多客户，甚至包括英国著名的作家和政治家塞缪尔·佩皮斯。佩皮斯后来在他自己的遗嘱中为理查德留下了一枚哀悼戒指，以表纪念。理查德爵士在其庄园中留下了价值 24800 英镑的钻石和珍珠，折合成现在的货币约为 500 万英镑。

理查德·霍尔去世后，公司由两个儿子亨利·霍尔（Henry Hoare）和本杰明·霍尔（Benjamin Hoare）继续经营。后来，第三代继承人——亨利的儿子亨利·霍尔（Henry Hoare）二世担任银行合伙人近 60 年。在他的带领下，霍尔银行推出了许多创新服务，如印刷支票。亨利二世热衷于投资艺术品事业，并设计了欧洲知名的花园——斯托海德花园，由于其出色的工作能力和在艺术界的影响力，被人们亲切地称为"伟大的霍尔"（Hoare the Magnifique）。

在亨利二世去世后，他的女儿苏珊娜成为艾尔斯伯里伯爵夫人。苏珊娜的儿子查尔斯·布鲁德内尔-布鲁斯（Charles Brudenell-Bruce,）在 1821 年被封为侯爵，成为第一代艾尔斯伯里侯爵（1st Marquess of Ailesbury）。这一爵位目前已传至第八代。

1844 年，英国议会在罗伯特·皮尔（Robert Peel）政府的领导下通过了《1844 年银行特许状法令》（*Bank Charter Act* 1844，又称《皮尔条例》）。该法令的主要目的是改革英国的货币体系，限制私人银行发行纸币，同时确立英格兰银行唯一有权在英格兰和威尔士发行纸币的地位。该法令规定，纸币发行必须以英格兰银行持有的黄金储备为基础，建立起黄金和纸币之间的固定比率，并限制私人银行的非黄金支持发行。同时，法令还限制了乡村银行的纸币发行，并禁止在英国新设立任何发行银行，这些限制性政策让当时英国的纸币发行实行集中化管理，由此导致了大量银行关闭，但是霍尔银行因为灵活的业务范畴，并没有受到过多影响。此时，查尔斯·霍尔担任公司领导，他是最后一位继续以他的名字命名银行的高级合伙人。

后来，由于继任者能力问题和投机行为，霍尔银行曾一度面临破产危机，直到 20 世纪才逐渐恢复稳定。第一次世界大战后，英国的许多私人银行被并购，霍尔银行却成功地维持了独立经营。到了 1929 年，银行的合伙人开办了一家私人无限责任公司并成为公司的唯一股东，这标志着霍尔银行正式成为一家合伙企业。

目前，霍尔银行仍在自己"小而美"的路上不断深耕，第十一代继承人接过父辈的衣钵，带领家族成员们不断前进。霍尔银行的成功，不只是他们家族代代接力、共同努力的结果。英国的社会、经济和政治制度共同提供了有利环境，使他们的家族事业得以代代传承。

从金匠到金融：播撒家族企业的种子。霍尔银行的创始人理查德·霍尔完成了从金匠到银行家身份的转变，既积累了财富，又为家族企业找到了发展路径。这背后隐藏着英国金融制度形态的转变，关于这一点，我们需要将目光移回到"金匠"这一职业上。

在中世纪的欧洲，市场上存在错综复杂的币制，货币的金银成色也不统一，因此人们需要依赖专业、可靠的中介来进行货币的鉴别和交换。金匠作为这些服务的提供者，便在主业之外承担起了货币兑换的工作。他们不仅负责各种金银货币的互换，还将大额金银货币分割为小额或大额，以适应不同的交易需求。

在那个年代，从事金匠行业通常需要一定的"资本金"。除此之外，金匠在为客户制作金银饰品时，往往会产生一些贵金属的剩余。客户有时会将这些贵金属存放在金匠那里，慢慢积累起来，数量越来越多。随着时间的推移，金匠的存货（类似于现代的存款）规模日渐增大。同时，金匠开始对老客户提供金银借贷的服务并收取一定的费用。从现代银行业的角度来看，金匠其实已经在提供货币兑换、支付处理和存贷款等金融中介服务，并通过服务的手续费和贷款利息获利。

1545年，英格兰通过了一项法令，正式允许金融行业收取利息。金匠们发现，金融业务带来的收入在慢慢超过自己的主营业务收入，因此他们开始认真发展这项"副业"。在不断的实践摸索中，金匠们逐渐认识到，信用对于金融业务的开展至关重要。于是，当客户将黄金或白银存储于金匠处时，他们会收到一张纸质收据，证明金匠承诺随时可兑换相应的贵金属。这些收据背后有实际的黄金存储作为支持。随着时间的流逝，为了方便携带并能随时兑换，这些金匠的收据逐渐演化为纸币（Bank Note）——基于金银的抵押，并以金匠信用作为背书。这种新兴的、基于信用的快速支付方式，在当时迅速流行起来。

事实上，从金匠到银行家身份的转变，理查德·霍尔并非历史第一人。爱德华·巴格威尔（Edward Backwell）和弗朗西斯·查尔德（Francis Child）

是金匠向银行家身份转型的翘楚。巴格威尔不仅是英国皇家造币厂的主要黄金供应商，还取得了重要政治地位，他被认为是英国银行制度的开创者之一。查尔德则在金匠的学徒生涯结束后，开始涉足金融业务。自1664年起，查尔德与其父共同经营伦敦最早的金匠银行之一——查尔德银行。1698年，查尔德被任命为伦敦市市长，将影响力扩散到全世界。

巴克莱银行起源于1690年伦巴第街的一家金匠银行，目前已经是英国著名的国际性银行。而苏格兰金匠约翰·坎贝尔（John Campbell）创办的顾资银行，是一家知名的私人银行，现在隶属苏格兰皇家银行，也是英国女王的私人银行。

总而言之，在当时的欧洲，金匠、商人、经纪人、公证人和包税商等多个职业群体对金融行业发展、创新服务和商业模式的改变作出了巨大贡献。

英国的贵族制度和家族传承。与其他老牌资本主义国家相比，英国的一项特殊政治制度——贵族制度，为家族的传承和家族企业的培育、发展与延续提供了极其有利的条件。

英国的贵族制度源远流长，自1066年威廉一世征服英格兰后逐渐发展起来。威廉一世将土地分为庄园，分配给主要佃农（男爵），并召集他们和教会成员提供咨询意见，这成为后来上议院的前身。到了14世纪，上议院已成为议会的重要组成部分，包括神职贵族和世俗贵族。19世纪，随着《1707年联合法令》(*Act of Union* 1707)①的实施，英格兰和苏格兰王国的贵族制度得到统一，后来爱尔兰也被纳入其中。

英国贵族制度主要分为王室贵族、世袭贵族（Hereditary Peerage）、终身贵族（Life Peerage）等。其中，世袭贵族分为五个等级：公爵、侯爵、伯爵、子爵、男爵。

● **公爵**（Duke/Duchess）：在英国贵族体系中，公爵头衔处于最高级别，其拉丁词源"dux"的意思是领袖或指挥官。最初的公爵头衔由爱德华三世于

---

① 《1707年联合法令》(*Act of Union* 1707) 包含两条法令：《1706年与苏格兰联合法令》(*Union with Scotland Act* 1706) 和《1707年与英格兰联合法令》(*Union with England Act* 1707)，二者分别由英格兰议会和苏格兰议会通过。此处使用1707年的合并称呼。

1337年创设，他将其授予自己的儿子，即历史上著名的黑太子爱德华康沃尔公爵。在英国皇室内，王子们通常在成年成婚时被授予公爵身份。作为英国唯一的贵族成员，公爵及其配偶有资格使用"陛下"和"夫人"（Grace）的尊称。

- **侯爵**（Marquis/Marchioness）：贵族体系中第二级是侯爵，其名称源于诺曼语的"marchis"，原指负责守卫威尔士和苏格兰边境的伯爵或男爵。第一个被授予此头衔的是罗伯特·德·维尔（Robert de Vere），他在1385年被理查二世封为都柏林侯爵。因为历史上一些高级别的伯爵对此头衔颇有微词，侯爵夫人在英格兰会面临一定的争议。时至今日，拥有侯爵地位的人，数量远少于公爵或伯爵。

- **伯爵**（Earl/Countess）：伯爵是贵族体系中最古老的头衔，也是在公国设立之前的最高级别头衔，拥有悠久的历史，其最早可追溯至斯堪的纳维亚半岛。英格兰在克努特国王的统治时期（1014—1035年）首次设立了这一头衔。

- **子爵**（Vicount/Viscountess）：子爵位居英国爵位体系的第四级，最早可追溯到1440年。当时，英国和法国的国王亨利六世将两国的头衔合并，授予约翰·博蒙特勋爵英国和法国的博蒙特子爵。但这个头衔一直到17世纪才真正普及开来。

- **男爵**（Baron/Baroness）：男爵是英国爵位体系中最基础的级别，最初由诺曼人设立。英国历史上首位正式被授予男爵头衔的是约翰·博尚·德·霍尔特，他于1387年被理查二世封为基德明斯特男爵。

历经数个世纪，贵族有权在上议院就座并投票。由于贵族头衔主要由保守的白人一代一代传承，在20世纪，这项制度似乎与代议制政府越来越不兼容，所以其开始慢慢转变。尽管如此，由于悠久的历史和扎实的政治地位，贵族制度仍为英国家族的传承创造了极佳条件。

比如，英国有一家名为伯克贵族有限公司（Burke's Peerage Limited）的出版公司，由爱尔兰家谱学家约翰·伯克（John Burke）创立于1826年，主要出版有关大不列颠和爱尔兰贵族、男爵、骑士、地主爵位及家族历史等书籍。约翰·伯克是传令官家族的创始人，这个家族有悠久的历史。他的儿子约翰·伯纳德·伯克爵士（Sir John Bernard Burke，1814—1892），担任过阿尔斯特纹章院长官，而他的孙子亨利·法纳姆·伯克爵士（Sir Henry Farnham Burke，1859—1930）则是加特首席纹章院长官。1984年，伯克贵族有限公司的资产被分割销售：公司本身被其他两位男爵收购，伯克的地主爵位及头衔则被转卖给了其他买家。虽然公司最终以出售告终，但三代人的贵族身份让这个家族企业持续经营了158年。

贵族身份能够帮助英国的家族企业不断传承和发展的原因如下：

第一，政治方面。贵族家族通常与政治界有紧密联系，或是家族成员参与议政，或是与政界人士有紧密合作，这使得他们有着强大的信息渠道、政府资源，甚至可以影响政策的制定，直接或间接参与公共事务。

第二，社会资源和网络方面。有贵族身份加持，家族成员可以深入上层社会，与政治、商业、文化、艺术等各个行业的精英接触，建立广泛的人脉圈。同时，基于贵族身份背书，家族成员能够更容易通过社会活动获得各方面的信任，从而快速建立个人或家族品牌声誉。

第三，世袭制度让家族天然具备稳定性。这种制度确保了家族的财富、地位和权力可以代代相传，形成了连续性和稳定性。世袭制度不仅是贵族血统和头衔的继承，也是家族价值观、文化底蕴的传承。在家族治理上，子女教育和家族价值导向影响了后代的为人处世、行为举止；而在商业上，贵族与商业精英的聚集，有利于家族企业穿越经济和历史周期，降低经营风险，从而实现长期稳定的发展和代际顺利交接、传承。

贵族身份、议员和律师。 英国的报纸上报道过考特尼家族：这个家族传承了近900年的血脉，源自诺曼征服之后的时代，是英国历史上最古老的贵族家族之一。作为这一古老家族的现任继承人，第十九代德文郡伯爵查尔斯·考特尼（Charles Courtney）几乎是英国现代贵族的"标准模板"。查尔斯毕业于伊顿公学，从父亲手中接过了贵族的衣钵，拥有家族城堡及3500英亩[①]的庄园，他自己往返于伦敦从事法律工作，并担任上议院中立议员，是92名贵族中立议员之一。他的人生看起来就像英国贵族体系刻画出的"标准答案"一样，几乎不会有任何差错，但事实真是如此吗？

---

① 1英亩≈4046.86平方米。

首先,在财富继承方面,他们家族的"纸面财富"有缩水的风险。他祖父留给他父亲的财富,在他父亲传承给他的过程中,由于税负和通胀问题,整体数额在缩水。其次,不动产的价值难以存续。比如,他的城堡维护成本高昂,这不仅成为沉重的财务负担,也拉低了公司整体估值。家族的其他不动产也面临同样的问题。

在一次接受采访时,查尔斯表示,他们为家族企业经营和管理城堡而感到自豪。城堡本身是非营利的,家族成员还有自己的工作,但是他们希望继承家族使命,将城堡认真经营下去,并更好地传递给下一代。

考特尼家族面临的现状实际上也是很多家族企业在继承中遇到的问题,包括财富的管理(账面和实际继承的)、不动产的经营与维护、个人事业和家族利益的权衡。在外部环境不断变化的情况下,家族企业如何顺应时代、提高创新和抵御风险的能力、做好财务安排,是一项系统性的学问。在实操中,很多家族企业会将这些具体事务交给专业的家族办公室处理。

英国家族办公室的历史与现状

财富管理的需求变化。起源于 6 世纪的家族办公室最初由国王的管家主持,他们主要负责管理王室的财富。这一管理模式随后被众多贵族家庭采纳。家族办公室产生的根源在于财富管理的需求,团队最早是单纯为王室服务。在现代企业诞生后,财富管理需求发生了变化,其中最重要的一点是将家族企业的日常经营管理与家族财富的规划、传承分开进行。

- **专业化管理。**随着企业规模的扩大,家族面临的外部环境也在不断变化,如政策、行业所处的市场变化等,因此对管理的专业度提出了更高要求。家族财富管理需要更专业、分工更明确的团队,以确保资产的合理配置和风险控制。一些较大的家族甚至需要在不同国家和地区组建团队,以满足全球财富管理的需求。

- **企业资产和家族资产混合。**企业资产和家族资产不分,是很多家族企业在创业阶段都会面临的问题。在创业阶段,家企不分并不会影响企业发展,但是在守业阶段,二者混合会带来很多潜在风险。比如,企业经营不善引发家族资产缩水，家族成员个人矛盾引发企业经营风险、繁杂和混乱的财税体系引发企业财务管理和税务筹划方面的问题等。因此，二者独立运营是至关重要的。

- **避免利益冲突**。企业经营决策和家族财富分配决策有时会存在冲突，如企业发展和家族成员个人财富的平衡问题，因此需要专业团队帮助客观、公正地评估和权衡多方面因素，从而建立起稳妥的处理机制，让制度来约束人性。

- **提高公司治理水平**。通过分离管理，家族企业可以在内部治理结构上提高透明度，极大地提升管理质量，如通过建立独立董事会、引入外部顾问和专业财务与法务团队，搭建完善的内部控制系统，降低"一言堂"或人治管理带来的风险，从而为家族企业的长期经营奠定内部基础。

- **避免家族成员个人决策失误**。随着年龄的增长或个人性格、个人能力的局限，很多创始人或企业领导者，在家族企业的传承问题上，会作出错误的决策。对于一些主观色彩浓郁的企业，某个人的影响力过大不利于家族企业的传承。将企业和家族财富独立运营，有利于避免这种个人影响带来的弊端。

- **财富传承**。家族企业往往面临传承的挑战。区分企业经营与财富管理，可以为家族成员和继承人设定明确的角色和职责。未来的领导者可以根据他们的兴趣和专长，选择在企业的哪个领域发展。同时，分离管理有助于避免单一继承人手中权力过度集中的问题，从而避免继承权引发的家族矛盾。

根据《卫报》的报道，自2008年以来，全球单一家族办公室（Single Family Office, SFO）的数量显著增长，增长幅度约为40%，达到10000~11000个。这些办公室管理的可投资资产总额高达数万亿美元。在英国，目前有大约1000家单一家族办公室，而2008年仅有400家。英国的法律规定，单一家族办公室无须在金融行为监管局（Financial Conduct Authority）注册，因此它们受到的法律监管较少。

家族办公室由于其服务范围小、保密性高，社会大众对其知之甚少。很多人简单地认为家族办公室就是"帮助"高净值人群管理账目、处理财务问题以及配置资产，但实际上，这只是家族办公室业务的一部分。现代化的家族办公室的业务不仅涉及家族财富管理，还涉及子女教育、日常生活管理等，是综合性服务机构。

我们采访了一家英国家族办公室的负责人，她就家族办公室的业务范围给出了具体说明。比如，对于普通人来说，出去旅行只需要安排好行程、订好机票和酒店、收拾好行李即可出发。而对于一些家族来说，由于他们在不同国家、地区都有房产和生活物资，所以并不需要收拾行李，但是他们需要提前安排好在当地的生活，其中就包含了很多细节。他们会关注诸多具体问题：比如，家族成员到达之前，当地的住所是否打扫干净？是否安排了当地的司机？家居和物品的摆放是否符合家族成员的偏好？孩子喜欢的零食在目的地国家是否可以买到？对于一些名人家庭来说，还需要考虑安保和保密工作，考虑他们的行程如何才能与外界隔离。

对于高净值人群的全球置业，家族办公室要考虑的不仅是资产购置事务，还需要考虑固定资产的长期管理和维持。这位负责人也为我们讲述了具体的例子。例如，某处豪宅虽然并非家族成员的长期住所，但是需要有人定期打扫和修剪花园，这些工作是由长期指定的团队来做，还是外包给临时劳务人员？家族在不同地区购置的游艇、汽车等动产，不用的时候该如何维护、费用如何？

除此之外，家族办公室往往还需要提供一些"非标"服务，即突发性的、意料之外的事件。这位负责人给我们讲了一个故事。一个家族办公室的律师接到了客户的紧急电话，被告知这个客户的祖母在珠穆朗玛峰徒步期间意外摔伤臀部。面对这种情况，私人银行本身是无法提供服务的，因为这已超出财富管理的业务范围。但是她自己作为家族律师，能够以个人身份协助处理。所以她紧急进行了多方联系，最终将客户的祖母安全送往一家质量上乘的医院，并在情况稳定后安排回国。

这位家族办公室的负责人开玩笑地说，他们其实并不愿意做这类业务，一来这些事情基本上是突发情况，很难事先计划或安排；二来这类事务处理起来难度大、手续复杂，尤其是客户在海外的情况。但高净值客户的家族时常会有这些复杂的非常规的业务要求，如在某个偏远国家购买岛屿、希望参加某个名人派对等。对于家族办公室来说，这些业务很难有标准的服务体系和定价框架，但这是与客户建立长期信任的基础。家族办公室的专业度就体现于此：在繁杂的业务体系中，与客户建立起信任与长久的关系，从而更好地共同处理财务、资产等专业事项。

英国家族办公室的特点。英国独特的历史文化背景和国情造就了当地家族办公室的鲜明特色。

从地理位置来说，英国的家族办公室具有明显的集中性。目前已有超过60家家族办公室将总部设在首都伦敦——英国单一家族办公室的主要聚集地。除此之外，英国单一家族办公室的主要选址还包括泽西岛和爱丁堡。而联合家族办公室（Multi Family Office，MFO）绝大部分集中在伦敦、贝尔法斯特、曼彻斯特和斯塔福德等城市。曼彻斯特和斯塔福德作为历史悠久的工业城市，具有良好的经济基础以及对外辐射和服务的能力，因此它们是联合家族办公室的重要选址地。

从业务风格来说，英国文化的保守作风常常体现在家族办公室的运作上，英国的家族办公室注重长期稳定的投资和有序的财富继承。相较于激进的投资，他们更倾向于采取风险较低、有长期回报的投资策略。在投资决策上，这种风格体现为偏好稳健的投资标的，如房地产和传统的蓝筹股。在财产继承和规划方面，英国家族办公室重视家族财富的系统规划，通过建立有效的继承计划和家族治理结构，确保财富能够顺利传递给下一代。同时，受贵族体制的影响，英国家族办公室会对客户的身份、爵位等进行多角度筹划，从而制订更加符合现实情况的继承方案。

从专业性角度来说，英国的家族办公室通常专业度较高。英国的税务系统比较复杂，包括遗产税、资本利得税、所得税等多个税种，每种税都有其特定的税率和减免规则。这就要求家族办公室具备高水平的税务规划能力，从而最大限度地减轻税负和降低合规风险，如理解和应用遗产税、资本利得税和所得税等多个税种的规定并及时制定优化策略。

从跨国财富管理来说，英国的家族办公室常常需要建立强大的国际化业务团队，一方面，要处理跨境税务、资金流动等问题；另一方面，作为国际金融中心，伦敦是各国资本中转和流动的目的地之一，因此英国的家族办公室常常会面对不同国家的客户。这些客户不仅具有多元化的经济文化背景，同时对英国业务的需求点也不一样，因此英国家族办公室自身的国际化视野和业务处理能力就显得尤为重要。

典型英式单一家族办公室：格罗夫纳家族办公室。格罗夫纳家族办公室隶属格罗夫纳集团（Grosvenor Group Limited）。这是一家典型的英国家族企业，总部位于伦敦，其源头可以追溯至 1677 年。该企业由托马斯·格罗夫纳爵士创办，他是第三代从男爵（3rd Baronet），曾担任英国议会议员，也是现代威斯敏斯特公爵的祖先。

当年，托马斯·格罗夫纳爵士通过与玛丽·戴维斯的婚姻，获得了泰晤士河北岸和伦敦西部约 500 英亩的土地。这些地块就是现在的梅菲尔、贝尔格莱维亚和皮姆利科等区域，位于伦敦的核心地带，是伦敦最著名的高档社区之一。

自 1720 年起，在理查德和托马斯·格罗夫纳的领导下，梅菲尔区正式开始开发。尽管在开发过程中遭遇建筑商破产，但梅菲尔区还是在 1770 年完工，吸引了许多社会名流前往。如今，梅菲尔区以豪华的乔治亚风格建筑、精品酒店和高端餐饮闻名于世，同时成为萨维尔街上的裁缝店和邦德街上的奢侈品店的聚集地。

贝尔格莱维亚的开发始于 1820 年，从最初的沼泽地发展成为今天的高级住宅区，被认为是托马斯·库比特城市规划的杰作。第二次世界大战后，该地区成为外国大使馆的集中地，同时聚集了众多小型高端精品店和豪华酒店。与贝尔格莱维亚同时期，沼泽南侧的土地被开发成现在的皮姆利科区，它以邻近议会大厦和多个格罗夫纳家族资助的慈善住房项目而闻名。20 世纪 50 年代，皮姆利科被出售，此后不再是格罗夫纳庄园（Grosvenor Estate）的一部分。

格罗夫纳集团目前已成为一家国际性企业，遍布全球 62 个城市，并在其中 14 个城市设立了办事处。格罗夫纳集团业务分布广泛，包括英国和爱尔兰、美洲、欧洲、亚太地区四个主要区域，涉足多个行业，包括住宅、办公室、零售、工业和酒店业务等。

格罗夫纳庄园是集团家族办公室的主要载体，是一个多元化的投资实体，重点关注和投资的领域包括：

- **房地产投资与开发**。格罗夫纳庄园的核心投资领域是房地产，包括住宅、商业和零售物业的开发与管理。其在全球多个城市拥有重要的房地产资产，特别是在前文所说的伦敦梅菲尔区和贝尔格莱维亚区。
- **农业与乡村地产**。除城市房地产外，格罗夫纳庄园还管理着英国和西班牙的大型乡村庄园，负责这些庄园的农业用地经营管理以及农业相关业务。
- **资本市场投资**。格罗夫纳庄园所从事的资本市场投资包括股票、债券、基金等多元化的金融产品。

- **间接投资**。格罗夫纳庄园以间接方式投资于多种资产，包括对冲基金、私募股权和风险投资等。
- **慈善活动**。格罗夫纳庄园积极参与慈善活动，通过相关的慈善基金会来支持各种社会和环境项目。
- **艺术品和历史档案**。作为一个历史悠久的家族办公室，格罗夫纳庄园也致力于艺术品的收藏和历史档案的保护。
- **可持续性和环境项目**。近年来，格罗夫纳庄园重点投资于可持续性项目，如可再生能源、绿色建筑和环境保护项目。

作为管理资产总额高达118亿英镑的机构，格罗夫纳庄园在欧洲房地产市场占据了举足轻重的地位。从宏观角度来看，格罗夫纳庄园的发展路径能反映出典型的英国单一家族办公室的特点：一是紧紧围绕家族企业的主营业务，无论是内部的资产管理还是对外投资，其业务边界和投资思路都非常清晰；二是在投资决策中强调长期稳定的回报，而不是追求短期利润最大化。这体现了英国家族办公室对持续财富传承的关注，确保家族财富能够跨代保值增值。同时，该家族办公室非常注重家族形象、名声的维护和可持续发展。

目前，格罗夫纳家族已传承至第七代继承人，休·理查德·路易斯·格罗夫纳（Hugh Richard Louis Grosvenor）是第七任威斯敏斯特公爵。2016年，他正式继承了格罗夫纳庄园，当时庄园的估值为90亿英镑，这让他一举成为英国最富有的贵族之一。据2023年彭博社报道，公爵当年的净资产约为94.2亿英镑。同年，《星期日泰晤士报》富豪榜上，他以98.78亿英镑的财富排名第十一。

威斯敏斯特公爵个人的财富传承之路沿袭了典型的英式"剧本"。2016年，公爵的父亲去世，他继承了财富，并为家族其他孩子（公爵的姐妹们）设立了价值可观的信托基金，当时他们采用的免遗产税的安排引发了媒体的广泛热议。之后，公爵成为格罗夫纳集团的所有者并担任该集团及威斯敏斯特基金会的受托人主席。该基金会是一个专注于支持弱势青少年及其家庭的慈善机构，通过支持当地社区、教育项目来消除机会不平等。不仅如此，公爵还继续推动国防和国家康复中心的发展，该机构由公爵父亲创立，主要服务于受伤的英国退伍军人。2020 年，公爵为助力国家新冠疫情救援工作捐赠了 1250 万英镑，支持了英国国民医疗服务体系（National Health Service，NHS），并向牛津大学捐赠了 100 万英镑，用于资助心理健康和心理学的研究项目。

威斯敏斯特公爵丰富经历的根基是成熟的英国家族办公室及家族财富传承体系。在英国传统继承制的贵族体制下，现代化的金融机构和专业财税团队、法律团队紧密配合，形成了一套稳定、高效的家族财富继承模式。放眼整个英国社会，亦是如此，正是由于家族办公室和外部金融机构在一代代家族传承中不断精进业务，才铸就了今天英国深厚的贵族文化底蕴和成熟的家族传承机制。

英国家族办公室的财富管理策略与实施案例

英国作为老牌资本主义国家，经历了漫长的经济发展周期，社会成熟度高、家族企业众多、家族传承制度完善，同时其特殊的贵族制度也保证了社会阶层的相对稳定，因此英国的家族办公室在财富管理策略上具有自己独特的优势和特点。当然，这些优势和特点需要从不同维度进行分析。

通过设立家族办公室实现合理避税。英国的家族办公室对于海外家族企业来说，是建立良好税务规划的沃土。

瑞典利乐公司（Tetra Pak）是一家典型的大型家族企业，总部位于瑞士，主营业务为国际食品包装与加工，主要为各类乳制品、饮品、奶酪、冰激凌以及预制食品提供一系列包装和灌装解决方案。利乐公司由安德森·鲁本·劳辛（Anders Ruben Rausing）创立，并在 20 世纪 50 年代由鲁本的两个儿子汉斯·安德斯·劳辛（Hans Anders Rausing）和加德·劳辛（Gad Rausing）继承并管理，直至 20 世纪 90 年代。

劳辛家族通过瑞士的控股公司利乐拉伐（Tetra Laval）持有利乐公司股权。除此之外，利乐在 1991 年收购了奶牛养殖设备制造商利拉伐（DeLaval），在 2003 年收购了法国 PET 瓶生产商西得乐（Sidel）。根据《福布斯》报道，汉斯·安德斯·劳辛在 2013 年成为瑞典第二大富豪。2019 年 8 月汉斯去世时，劳辛家族净资产估值为 120 亿美元。

汉斯早在 20 世纪 80 年代就移居英国，并在 1995 年将公司股份出售给其兄弟加德。英国《卫报》发表过一篇文章《英国最富有的人是如何避税的》（*How the richest man in Britain avoids tax*）来阐述汉斯如何通过家族办公室实现合理避税。

汉斯在英国成立了3家公司，其中一家叫作Alta Advisers的投资公司，就是汉斯的家族办公室，主要负责劳辛家族在全球的财富流动，并处理家族成员个人理财和保险业务。Alta Advisers被认为是英国最大的单一家族办公室之一。自1996年4月运营以来，Alta Advisers公布的财务报告显示其应税利润总额达到110万英镑，但《卫报》的报道指出，英国财政部并没有收到对应的税款。这是因为Alta Advisers通过精巧的税务筹划实现了合理避税。

简单来说，Alta Advisers将其所有应税利润捐赠给一家慈善机构。该机构由汉斯的妻子马丽特和汉斯·劳辛慈善基金会创建，其受益人由汉斯亲自任命。根据该基金会的财务报告，这家慈善机构每年都会收到相当于Alta Advisers应税利润的"合同形式收入"，从而规避了公司税，而汉斯本人也无须支付个人所得税。

同时，劳辛家族巧妙地利用了英国对海外收入来源的相关规定。据《卫报》推算，汉斯每年向英国税务局申报的收入主要来自从利乐公司获得的养老金。这笔收入的一部分源自瑞典，并且已经缴纳了当地的税款，因此将这笔收入转移到英国时只需缴纳极少甚至无须缴纳额外税款。而另一部分申报的收入来自瑞士，这笔资金在转移到英国的过程中无须缴纳税款。来自瑞士的这笔养老金按照每年65万英镑计算（1998—1999年），按规定汉斯需要按照40%的税率缴纳税款，但实际上他少缴纳了256000英镑。

除此之外，汉斯还创办了两家农业企业，这两家企业一直处于亏损状态。其中一家养鹿场自1989年成立起就一直处于亏损状态。根据英国税务局的规定，从事特定个人贸易的业务（如农业）可以享有特殊税收减免待遇，如果农场亏损，那么经营者可以将损失与其他来源的应收税款相抵扣。通过这种方式，汉斯及其家族企业又获得了部分税务减免。

这一系列精巧的税务筹划，充分展现了家族办公室专业团队的专业性和实操经验。家族办公室的专业团队通常由经验丰富的财务规划师、税务顾问、法律专家等组成，他们对当地的税务政策、法律法规有深刻的理解，并且会根据客户的需求制订最适合的方案。汉斯·劳辛的案例是专业服务的典范，首先，他的家族办公室采用了单一家族办公室的模式，全面、系统地为劳辛家族服务；其次，他的家族办公室对英国本地税务体系及资金的国际化运作有极其深刻的理解，知道在每个节点上如何合理地规避税收，从而帮助劳辛家族实现了最大限度的避税。

通过设置家族办公室实现投资策略。 除了税务处理，家族财富管理的另一个主要目标是通过资产的合理配置实现一定的增长。

玛丽·奥本海默是哈里·奥本海默（Harry Oppenheimer）的女儿，哈里的父亲欧内斯特·奥本海默爵士（Sir Ernest Oppenheimer）于1917年创建了英美资源集团（Anglo American PLC）。哈里·奥本海默继承了公司，并担任英美资源集团和全球最大钻石公司戴比尔斯联合矿业公司（De Beers Consolidated Mines）的董事长超过25年，直至20世纪80年代初退休。目前，该家族企业已经传承至第四代。

玛丽·奥本海默女儿家族办公室（Mary Oppenheimer Daughters Family Office，MODO）是玛丽·奥本海默及其女儿的单一家族办公室，在全球设有三个办事处，分别位于约翰内斯堡、马恩岛和伦敦。斯托克代尔街公司（Stockdale Street）是MODO体系中承担投资业务的主体。相较于普通的私募股权公司，Stockdale Street对"募投管退"中"退出"的环节并无严格的要求，而是追求长期范围内的企业增值，因此它以行业内的成熟企业作为主要标的。这些标的具有以下共性：

- 在有望实现长期增长的行业中保持持续的市场领先地位；
- 通过差异化的产品、服务或流程创造"护城河"，从而获得竞争优势；
- 有吸引力的利润率和高资本回报率；
- 高质量、稳定的盈利。

目前，他们关注的主要行业包括房地产、生物技术、化学与材料、消费者相关、计算机及电子产品、金融保险、工业产品和服务、制造业、健康＆医疗＆生命科学、电信、信息通信技术和基础设施。

在家族办公室的业务体系中，私募股权业务扮演着重要角色，其作用主要体现在以下几个方面：

- **多元化投资**。私募股权投资作为家族资产配置的关键部分，为多元化投资提供了有效途径。通过这种方式，家族办公室将资金投入多个行业和地区，不仅丰富了投资组合的内容，还能够分散投资风险。这种跨行业、跨区域的资产配置策略，不但可以抵御单一市场或行业的波动，还能够抓住不同市场和行业的增长机遇，从而在确保资产安全的同时，提高整体投资收益。

- **长期的增值性**。通过私募股权投资，家族办公室能够实现资产长期增值。相较于利用短期的市场波动来投机的投资，私募股权投资通常涉及对企业的长期持股并参与经营。这种投资方式不仅让家族办公室能够深入了解并影响被投企业的运营和战略规划，而且能激发企业价值持续增长的潜力。随着企业的成熟和扩张，其价值的增长能够为家族办公室带来显著的长期回报。奥本海默家族的投资风格是对私募股权的退出环节并不看重的表现，甚至允许投资后可以不进行退出变现，由此可以看出家族对长期价值的关注要远大于直接的经济利益，这也是多代传承的家族能够延续的核心理念。

- **增强家族的直接影响力**。通过私募股权投资，家族办公室能够深度参与被投企业的日常管理和关键决策的制定。这样的参与不限于资金投入，还包括为企业的产品创新、市场拓展或技术更新提供必要的资源和网络支持。这些做法不仅能增强企业的市场竞争力，也能提高家族的品牌形象和影响力。

- **资产传承**。私募股权投资有助于实现长期资产增值，这对于注重资产传承的家族办公室来说尤为重要。对于奥本海默家族这类已经传承至第四代的全球性企业来说，私募股权投资可以在帮助资产增值的同时，将资产合理配置在更多的行业当中，从而分散风险，实现财富更顺利地传承与延续。

- **战略合作与网络构建**。参与私募股权投资可以使家族办公室与其他投资者、行业专家以及管理团队建立联系，形成战略合作网络，为家族企业的其他业务提供支持并产生协同效应。奥本海默家族办公室本身就具有全球化的特质，通过参与投资不同国家的企业，在当地建立渠道和资源网络，从而让投资业务与公司主营业务形成联动。

- **流动性管理**。虽然私募股权投资的流动性通常低于公开市场投资，但通过精心的投资选择和时机安排，它可以作为长期资产管理计划中的一部分，以平衡家族资产的流动性。私募股权的流动性配置可以通过横向和纵向来进行，横向是选择不同行业进行分散投资,从而降低风险;纵向是选择不同生命周期阶段的企业进行投资,从而保证自身能够相对容易地退出。当然,对于奥本海默这类本身已经非常成熟的家族企业来说,并不需要过多考虑被投企业的生命周期,事实上它们反而更倾向于投资相对成熟的企业。

海外家族在英国设立家族办公室。 对于很多家族来说,英国是一个成立家族办公室的理想地点,但在实际操作上仍然需要考虑多方面因素。通常来说,单一家族办公室是具有独立法人地位的公司,能够独立申请各项业务执照、许可证并合法地签订合同。因此在设立家族办公室时,需要考虑不同的情况。比如:

- **成为一家独立的英国公司。** 在这种情况下,家族办公室在英国拥有法律地位,便于管理当地资产和业务。
- **成为一家独立的非英国公司。** 如果家族的资产和业务更多地分布在英国以外,这可能是一个更合适的选择。
- **作为现有非英国公司的分支机构。** 这适用于已经在海外有业务运作的家族,希望通过分支机构来扩展或管理其国际业务。

如果家族办公室作为一个独立实体存在,就需要明确它与家族其他结构或成员之间的关系,并通过投资授权书、服务合同等正式文件来确定严格的范围边界。

海外企业在英国设立家族办公室时需要接受英国监管机构的监管,在获得相应的授权后才能运行,因此企业必须先向监管机构提交申请并获得批准。在获得许可之前,需要进行相关信息披露和资源评估。通常,准备申请需要4~6周,一旦提交申请,监管机构将有6个月的时间来审查。

- **授权通常包括以下两个主要阶段:**

第一,初步评估阶段。明确家族办公室的目标和所属监管类别,以确定所需权限和授权类型;确定所需的资本、人员和操作方式,如投资建议、自主决策权和托管服务等;评估家族办公室实际控制人,因为监管机构需要了解家族办公室的归属权和控制情况。

第二,向监管机构申请阶段。准备并提交申请表格和所需文件,如业务计划、财务报表等;在获得授权之前,需满足特定要求,并确保已建立合适的内部合规政策和程序。

- **授权成功后**：家族办公室可以在政策监管范围内运营，但必须定期进行检查和评估，确保符合各项规则和要求。
- **税收问题**：由于英国的税收体系比较复杂，所以在设立家族办公室之初，家族企业就应当仔细考虑税收筹划事宜，尤其应关注英国本土以外的资本收益对应的税收问题以及母国的税收政策，避免因税收问题产生不必要的损失。

比如，在税收管辖区的选择上，家族办公室的总部可以设置在税率较低的国家或地区，而在英国设置子公司，用于支付母公司的服务费用。通过类似的结构设置，提高税务处理效率、降低成本。

其他问题：在英国设置家族办公室，家族企业还需要考虑其他各类因素，如家族成员或家族办公室员工的移民问题，包括移民政策和流程、工作签证的办理以及长期在英国工作、居住涉及的一系列行政手续。

关于家族办公室的总体思考。从流程和实操角度来说，在英国设立家族办公室并非难事，因为英国本身已经是一个成熟的市场，积累了丰富的家族办公室行业从业经验。但在英国设立家族办公室应当经过深思熟虑，尤其对于海外家族来说，除了要考虑家族本身的需求，还需要对当地服务体系进行全面的了解，并判断二者是否匹配。

在家族需求方面，首先要明确家族及其财富的愿景与目标，即从长期的愿景来看，家族企业需考虑是否要在英国长期发展，是设立分支机构，还是仅仅将英国作为财税处理的中转站。其次需要明确家族成员和家族办公室成员是在英国长期生活，还是只需要定期前往英国。

这一战略规划将直接影响家族办公室的结构设置、资产配置以及税务和法律策略的制定。例如，如果家族计划在英国长期发展，那么就要考虑如何更好地融入当地市场，包括投资当地企业、购买房产或参与当地社区活动等。如果家族成员和办公室团队计划在英国长期生活，则要考虑语言、教育、医疗、社会融入等要素。

在设立家族办公室的过程中，家族企业常常会犯很多错误，如家族内部没有经过充分沟通和信息交换而仓促下决定，或者在重要事项上没有形成统一意见，而导致一些家族成员配合度不足。另外，家族办公室在成立之前也需要学习专业知识，包括财务、法律和税务知识，并选择合适的机构进行深入沟通。

在英国，很多家族企业已经传承了百年以上，并且有贵族身份背书，因此对家族办公室的业务较为熟悉。但是在英国之外的国家，尤其是新兴国家，一些有需求的高净值家族对家族办公室整体的概念相对陌生，也不知道如何选择适合的机构，这时候就应当放慢节奏，做好准备工作。

首先，要进行广泛的市场调研和专业咨询。他们需要了解家族办公室的不同模式，评估哪一种模式最适合自己家族的特定需求和目标。为此，家族企业成员们可以对国内外的家族办公室案例进行研究，了解其成功要素及其在不同文化和法律环境中的运作方式。

其次，建立适合的内部沟通机制。由于家族成员可能对家族办公室的概念不够熟悉，因此必须确保所有关键成员都能充分了解家族办公室的功能和潜在价值。这需要一些教育和培训工作，以确保家族成员能够有效地参与到决策过程中。

最后，选择合适的专业团队也非常关键，包括财富管理顾问、法律顾问和税务专家，他们能够提供关于本地和国际法律、税务与投资的专业意见。通过专业顾问的帮助，家族企业可以更好地制定长期的财富保护和增值战略。

社会影响：英国家族办公室的社会责任

英国的慈善文化积累。英国是世界上慈善文化兴起较早的国家之一，拥有深厚的慈善文化基础，英国民间有丰富的慈善捐赠和志愿活动经验，并且对此怀有较高的热情，这为慈善事业的长期和可持续发展奠定了坚实基础。

同时，英国在法律层面上也对慈善事业作出了明确支持。1601年，英国颁布了《济贫法令》（*An Act for the Relief of the Poor*）及《慈善用途法》（*The Statute of Charitable Uses*）。这两部法令的颁布标志着英国从传统的教会主导的救济模式转变为国家层面的救济。《慈善用途法》着重对慈善活动的规范化和引导。该法律的前言部分详细列出了当时存在的慈善事务，内容包括：

- 支持老年人、弱势群体、贫困者，照顾病人和残疾军人；
- 赞助义务教育和大学学术活动；
- 维护基础设施，如桥梁和码头；

- 教育孤儿；
- 支持扶贫机构的成立；
- 帮助贫困女性结婚；
- 资助青年商人和手工艺人；
- 救助那些无力支付税费的民众。

这些条款为构建现代公益慈善的基础框架提供了参考依据。英国从此将《慈善用途法》作为一个重要的独立法律领域，与其他法律条款分开落实。同时，这部《慈善用途法》也帮助英国社会缓解了城市化进程中出现的各类社会矛盾。

到了现代社会，英国也不断推进慈善事业的发展，1954年出台了《慈善信托法》，2006年、2011年又先后颁布及修订《慈善法》。其中影响范围较大的是2011年修订的《慈善法》，该法律以现代法律的方式，引领并促进了英国慈善事业的健康发展。这一法律的条款及其思想和原则，不仅继承了英国慈善的先进理念，还促进了慈善活动与各种社会经济活动相结合，从而产生了更广泛和深远的影响。

2011年修订的《慈善法》的重要贡献之一在于：给慈善的定义和慈善组织的认定方式提供了更宽泛和普适性的解释，为慈善组织提供了广阔的发展机会。根据该法案，慈善组织的定义包括以慈善活动为目的成立，并在高等法院行使与慈善相关的管辖权的相关机构。这种对慈善组织的宽泛界定，为慈善事业的开展和组织机构的成立提供了极佳的环境。在实际操作中，英国的慈善组织认证方式相对灵活，组织可以单独注册为慈善组织，也可以同时以企业和慈善组织的身份注册。只要相关机构的活动符合慈善要求并遵守相关法律规定，就可以获得慈善资格，并享受所得税、增值税、房产交易税和遗产税等方面的税收优惠。

英国慈善事业法律体系，具有明显的特点和优势：首先，法律高度重视保护慈善组织的独立运作。慈善组织被授权可以通过各种方式筹集资金，并依据自己的章程自主决定筹资方法。其次，慈善组织的管理人员在进行与资金筹集相关的决策时必须确保这些决策有利于慈善组织的整体利益，并符合慈善目标和公共利益。最后，慈善组织及其负责人在筹款的全流程中都须遵守严格的问责要求，防止个人滥用慈善组织以谋取私利或进行非法操作，同时维护公共秩序和法律权益。

虽然在法律上，英国政府对慈善机构进行相对宽松和灵活的管理，但这并不代表对慈善机构没有实施监管，事实上，英国有一套成熟完善的慈善监管体系。

英国的慈善监管主体主要由英国慈善委员会、英国志愿组织国家委员会（The National Council for Voluntary Organisations，NCVO）以及公共监督机制组成，三者形成了一个包含行政、行业、法律和社会多方面参与的综合监管体系，具体实施监管措施。

对于英格兰和威尔士地区的慈善活动，英国慈善委员会承担监管职责，而苏格兰和北爱尔兰则由各自的独立慈善委员会管理。作为一个独立的监管实体，英国慈善委员会虽然独立于政府，但仍接受政府的授权和指导。

自2016年起，英国政府赋予慈善委员会更多权力，包括在必要时介入慈善机构的决策、冻结资产等。发生重大责任事件时，慈善委员会可以直接任命或解除慈善组织的受托人和管理人员。

英国志愿组织国家委员会作为一个有着百年历史的慈善联盟，支持慈善委员会对社会组织的管理，尤其是对未注册慈善机构的监管。社会监督同样是英国慈善监管体系中不可忽视的一环，主要内容包括媒体曝光、公众舆论监督、内部人员监察以及第三方机构的信息审计和披露。慈善委员会规定慈善组织需定期公开信息，以便公众更有效地参与监督。

英国慈善信托的典型案例。经过几百年的发展，英国慈善信托在各方面都已经相当完善和成熟，截至2022年12月，已经有超过92万人成为慈善信托的受益人。同时，英国的慈善信托在发展过程中，衍生出不少创新发展信托。

英国国民信托，全称是"国民历史古迹或自然名胜信托组织"（The National Trust for Places of Historic Interest or Natural Beauty），其历史可以追溯至1895年，其成立主要是"为了增进英格兰、威尔士和北爱尔兰的人民永久福祉，保护美丽的自然风景和历史遗迹免遭破坏"。目前它已经是世界上最大的保育组织和慈善团体之一，也是全英国会员最多的组织。该机构的主要收入来自会费、捐款、遗产捐赠和商业活动所得利润。英国国民信托目前拥有超过537万名会员、超过50000名志愿者和大约10000名员工。该机构负责管理超过250000公顷的农地、超过780英里[①]的海岸线以及500个历史遗址、花园和自然保护区。

英国国民信托的收入来源相对多样化，首先是会员费。该机构划分了不同等级的会员，并制定了相应的收费标准，这笔收入约占总收入来源的1/3。其次是直接资本收入、遗产捐赠及其他投资收入。在英国，遗产税税率为40%，个人遗产总额超过32.5万英镑就需要缴纳遗产税，而通过慈善机构可以免交或少交遗产税，因此英国国民信托的其中一大收入来源就是富人们的遗产捐赠。

同时，英国国民信托还制定了规范的管理条例，每年的股东大会都会在9月1日至12月31日的某一天举办，具体时间和地点由董事会决定。在股东大会上，董事会应当提交机构上一财年的活动报告以及当年的账目情况。

类似的例子还有诺曼家族的慈善信托。诺曼家族起家于1939年巴德利大街（Budleigh High Street）的一家小杂货店，随着二战后经济恢复，其业务量不断增长，逐步形成诺曼巴德利公司（Norman's Budleigh Ltd.）。从1960年前后开始，这家店发展成为西南地区首家采取"现购自运"模式的商店，业务量再次实现飞跃式增长。接着，诺曼家族在巴德利车站场地又开设了新店面，并从1971年开始陆续在朗塞斯顿、蒂弗顿、比迪福德、克鲁肯、汤顿和海布里奇等地开设分店，其经营范围从最初的杂货业扩展到了家具、家居用品和园艺等其他行业。诺曼家族是一家典型的英式家族企业，多年来，家族成员都参与了企业经营管理。1979年，随着创始人夫妻退休，公司被出售给其他企业，利用这部分收益，家族在同年成立了慈善基金会。

诺曼家族慈善信托与其他普适性的慈善机构不同，它专注于家族驱动的慈善活动，依靠家族资金运作，无须从外部筹资或引入志愿者援助。自设立以来，信托至少由一名家族成员作为主要管理者。不同于面向全国的慈善机构，诺曼家族慈善信托更侧重服务特定区域——埃克塞特和德文郡。它主要支持德文郡、康沃尔郡和萨默塞特郡的慈善及非营利机构，包括资助公立学校的各种项目，如图书馆、交通工具、体育设施、娱乐设备、教材、艺术活动及实验室设备等。

---

① 1英里 ≈ 1.609344千米。

资金用途涉及新建筑物的建造以及关键资源的增强，如增聘人员。

在项目内容上，该机构明确规定，不会资助维护或修复宗教建筑、任何具有宗教性质的项目或使用活体动物实验的项目。同时，受助项目仅限于英国本土，而且仅限于机构申请，不对个人开放。通过这种"小而美"的运作方式，诺曼家族慈善信托建立起了指向明确的慈善路径，并在区域范围内最大限度地发挥家族影响力，从而保证资金的使用效率和项目的实施效果。

虽然机构规模、运作方式、公众参与程度不同，但以英国国民信托和诺曼家族慈善信托为代表的机构，在英国慈善事业中起到了不同寻常的作用，并真正将家族财富传承与社会责任结合起来。同时，它们也代表着典型的英国慈善文化——在已经成熟的体系框架中不断创新并在某个特定领域中发挥巨大作用。

霍尔家族和慈善事业。 我们在前文提到了知名的霍尔家族和霍尔银行的发展历程，实际上，霍尔家族一直到今天都非常重视慈善事业。他们在1985年建立了家族的金瓶子信托（Golden Bottle Trust），由现年61岁的亚历山大·S.霍尔担任受托人，此人是霍尔家族的第十一代合伙人和董事。

亚历山大曾在采访中表示，家族银行会将收入的约10%分配给该基金。自成立以来，金瓶子信托基金已经向如教育、卫生、环境可持续性及社会投资等多个领域捐款，累计数额超过2280万英镑。在2017财年中，银行向基金捐赠了720万英镑，实现了对344个受益人共计170万英镑的赠款，其中有27%的受助人为首次受助者。

金瓶子信托基金并非霍尔家族首次参与慈善事业。早在基金成立2年前的1983年，亚历山大的表亲理查德·Q.霍尔（Richard Q. Hoare）就成立了斗牛犬信托（Bulldog Trust）基金并担任主席。自2013年起，斗牛犬信托基金向资金紧张的慈善机构提供资金。目前斗牛犬信托基金由理查德的儿子查尔斯（Charles）担任主席。

2011年，霍尔银行创立了捐赠者建议基金（Donor Advised Funds, DAF）、大师慈善信托（Master Charitable Trust），并将其作为独立慈善基金会运营。大师慈善信托在DAF中广受赞誉，在这里每位捐赠者都拥有一个以自己名字命名的子基金，被称为"捐赠基金"，最低余额要求为25万英镑。通过这种架构设计，所有子基金都被整合进慈善信托，形成了一个高效的结构，既能够实现税务优化又能够保持成本效益。

霍尔家族不仅以自己的基金会的名义积极参与慈善活动，也与外部基金会进行合作。2017年，金瓶子信托基金会与斗牛犬信托基金会和FORE（Foundation for Opioid Response Efforts）基金会达成了合作。FORE基金会是一家专门为小型慈善机构解决资金问题的慈善机构，其目标是通过将慈善事业同专业的商业知识、商业精英结合起来，用更灵活及更合适的方式帮助小型慈善机构。金瓶子信托基金会在慈善方面如同一个热情的风险投资家，专注于为慈善初创企业提供资金支持，斗牛犬信托基金会拥有良好的渠道和网络，而捐赠者们则自发提供专业知识和服务，三者一拍即合。

三者的合作以高度专业和正规的方式进行，FORE基金会每年举办三轮为期12周的资金筹集活动，每轮活动通常会收到数千份申请。FORE基金会制定了严苛的筛选标准，以确保最优秀的慈善机构能够入选，并保证它们能最高效地利用霍尔家族的资金。

通常，在100份申请中，约有30个项目能够进入尽职调查阶段。约5%的申请者能够获得资金审议，而最终只有3%的申请者获得资助。与常规的资金方不同，三方不仅合作紧密，而且均保持了极高的参与度，FORE基金会的创始人包括霍尔家族成员和员工，均会亲自参与资助小组并作出最终决策。未获资助的申请者也会收到有益的反馈。通常获批的初创慈善机构可在1~3年内获得高达3万英镑的赠款。

为了保证资金的正常使用，申请者需提出一些关键绩效指标（KPI）以评估资金的使用效果，这也是FORE基金会制定的评估过程的一部分。对于捐赠者来说，他们能够清楚地知悉资金的流向及使用情况。

实际上，慈善基金会对家族财富管理和传承的作用不仅体现为优化税务结构和改善资产配置，更体现为对家族成员的教育意义。亚历山大在一次采访中讲述了家族观念，他希望家族成员在成为出色的银行家的同时，也成为优秀的公民。全公司上下将以此理念激励管理层及年轻员工。他认为，在家族传承的300多年中，正是这种精神帮助家族不断传承、家族成员不断成长。

如今，霍尔家族的年轻成员正在学习并逐步参与到慈善事业当中。霍尔家族第十一代合伙人之一——37岁的雷尼·霍尔，担任银行的慈善事业负责人。

他管理着家族成员、员工和客户的慈善活动，并通过他的家庭对金瓶子信托和斗牛犬信托基金的投资，积极参与其中。雷尼是投资委员会的成员，参与建立与组织的联系，通过委员会的工作，他不断学习如何与众多社会组织相处及合作。因为工作出色，他被亚历山大评为家族中"最出色的毕业生之一"。

霍尔家族作为最古老私人银行的管理者，展现了现代化的慈善事业的运营模式和价值理念，即寻求家族利益、慈善机构、社会效应之间的平衡，并将这种理念和精神通过实践，灌输给家族年轻成员。这种方式在英国乃至全世界范围内都具有极高的参考价值。新兴国家的慈善信托可以参考并学习的经验包括：

- 有效的经营模式和可持续发展的理念；
- 家族成员的高度参与和持续贡献；
- 机构运作与家族成员的教育、培养相互融合，共同作用；
- 与成熟的社会慈善机构合作，更好地发挥二者的职能。

第2章
中国香港家族办公室的独特地位

中国香港金融发展历程

中国香港是世界重要的金融中心之一，长期以来一直以开放、活力和富有韧性的经济结构与市场而享有盛誉。它特殊的经济文化背景和发展历程，造就了今天独具特色的市场力量，成为家族办公室发展的源泉和沃土。

在中国近代史上，香港有过一段屈辱的历史。19世纪中叶，香港的命运由清朝与英国间的一系列条约决定。1842年签署的《南京条约》导致香港岛被英国实行殖民统治。这一条约是清政府在近代史上首次与西方国家签订的不平等条约。第二次鸦片战争后，清政府在1860年与英国签订《北京条约》，根据该条约，九龙半岛南部地区被割让给英国。

19世纪末，英国进一步加强对香港的控制。1898年6月9日，英国利用清朝在甲午战争后的劣势地位，迫使清政府签订《展拓香港界址专条》。根据这项条约，包括九龙半岛北部和新界在内的领土被英国租借99年，直至1997年6月30日。这一阶段，香港深受英国的经济、文化和社会影响，如众多洋行和金融机构的设立为香港引入了英国的金融系统。时至今日，不少机构仍在中国香港和全球金融市场中发挥着重要作用。

怡和洋行和汇丰银行。怡和洋行的起源可以追溯到19世纪初期，由两位苏格兰商人创立，最初专注于中英之间的贸易活动。随着香港的发展和开埠，该公司迅速抓住机遇，购入了香港岛上的第一块土地。公司在鸦片战争后迅速扩张，后来更名为怡和洋行。随着业务的发展，该公司不仅在鸦片贸易上扩大了业务范围，还涉足商品代理、航海、码头运营、金融和保险等多个领域，成为香港早期商业活动的重要参与者。

怡和洋行刚在香港创办时,中国还没有建立现代化的银行及金融体系,相关的业务均由洋行兼职办理。怡和洋行的金融类业务主要包括垫付款、汇兑、存贷款。贷款业务包括向广州十三行提供商业贷款用于对外贸易,汇兑业务则与鸦片、茶叶等贸易息息相关。在第一次鸦片战争前后,以怡和洋行为首的大型金融机构把持了中国的国际汇兑业务。以香港为前哨站,随着上海等城市的开放贸易,怡和洋行的银行业务得到了显著扩展,业务范围不仅包括商业汇款,还涉及英国政府的汇款业务。直到1855年,各国领事馆向香港汇入的官方资金均通过怡和洋行的汇票处理。

除怡和洋行之外,其他外资银行也相继来到香港。东方银行(原名东藩汇理银行,后改称丽如银行)先是将总部由印度孟买迁至英国伦敦,然后在香港和广州设立分行。1858年和1859年,英印跨国银行有利银行和麦加利银行(最终并入渣打银行)也在香港开设了分行。这些银行的加入虽然给怡和洋行带来了一定竞争压力,但由于它们主要关注的市场并非香港,因此对怡和洋行的业务并没有造成严重影响。然而,随着汇丰银行的兴起,这一格局开始发生变化。

汇丰银行(HSBC)创建于1864年,由苏格兰籍商人托马斯·萨瑟兰(Thomas Sutherland)——当时香港黄埔船坞公司的第一任主席——发起成立。银行的初始资本额为500万港元。最初的发起委员会由除怡和洋行以外的15家洋行的代表组成。1878年,左宗棠正在为第五次西征筹集资金,由于长期外债引发的舆论压力,朝廷本身并不想找外国资本筹资,于是左宗棠让胡雪岩找国内商人筹了一部分款。当时汇丰银行主动提出用同样数量的资金"附入华款出借",从而解决了清廷的燃眉之急。3年后,左宗棠从汇丰银行处再次借得400万两白银,用于第六次西征。

香港在被殖民者统治的过程中,迅速发展为区域性金融和商业服务中心,尤其以怡和洋行和汇丰银行为中心。虽然二者带有殖民色彩,汇丰银行通过向清廷贷款从而获取利润,但客观上带来了现代化的银行体系和金融运行机制。在对华贸易中,怡和洋行衍生出的保险业务,也在某种程度上带来了新的金融业务模式。

怡和洋行旗下有一家保险公司，名为谏当保险，1881年该公司被改组，正式成为有限公司，标志着中国成立第一家现代化的保险机构。谏当保险公司的前身是谏当保安行，也称广州保险行或谏当保险行，"谏当"是对"Canton"（广州的英文名）的音译。1840年以前，外国保险公司在中国的业务多数由在华洋行代理，这是因为处理与远洋运输相关的中国保险业务相当复杂。当渣甸—马地臣行接管了谏当保险公司后，它继续代理了多达8家的保险公司业务。随着香港开埠，谏当保险公司从澳门迁移到香港，成为最早在香港设立总部的保险公司之一。

1866年，怡和洋行响应业务的多样化需求，创立了香港第一家火险公司——香港火烛保险公司（Hong Kong Insurance Society）。这家公司由香港的商业巨头何东经营，何东曾长期担任怡和洋行的买办，后成为香港首富。公司初期年均盈利高达50%，后来股价亦大幅攀升。香港火烛保险公司以香港为总部，随后逐步将机构开到上海、厦门、广州、汉口、北京、汕头、青岛、重庆等多个城市，不断拓展业务版图。

1875年，怡和洋行在上海和香港成立了谏当保险公司的华人部门，专门服务于希望在外国船只上投保货物的中国商人。这个部门开业后迅速发展起来，为华商出具的保单数量远超外商。到了1890年，谏当保险公司已在厦门、广州、烟台、福州、汉口、九江、宁波、上海、汕头、天津等10余个城市建立了办事处或代理网点。

汇丰银行、怡和洋行等在香港的建立和发展，客观上给当地带来了近代金融体系和金融知识。首先，它们提供了稳定可靠的银行平台，有利于香港商业和贸易活动的开展。其次，外资的引入和业务多元化发展促使香港成为区域金融中心，为当时积贫积弱的中国搭建了连接国际资本的桥梁，也促进了香港融入国际金融市场。当然，这些外国资本也存在致命的问题。首先，它们的起源以鸦片战争、中外不平等条约为前提，根本目的是侵占中国的主权，这与现代化、商业化的平等交易有本质区别；其次，这些洋行的出发点并不是帮助香港实现现代化，本质上是为殖民者服务。

现代化的香港。 从近代被殖民统治开始，香港数次受到重大历史进程的影响。1912年，中国最后的封建王朝清朝覆灭，整个中国进入了数十年的不稳定时期。到了20世纪30年代，世界性的大萧条和白银价格的波动也造成了严重影响。随后漫长战争的影响也使得中国乃至世界的经济存在相当多的不确定因素。

但香港在二战后快速发展，这得益于跨境制造商和劳动力的流入。当地在人口红利的浪潮之下迅速发展成为劳动密集型的工业中心，而不再只是一个传统的转口港。

在自由市场原则的指导下，香港于20世纪六七十年代实现了出口导向型经济体的快速工业化。低税率、宽松的投资管制、开放的国际贸易以及自由竞争的市场，共同造就了一个极具弹性和活力的经济体系。这一体系在低成本劳动力、坚实的法律基础以及有利的地理位置等因素的支撑下蓬勃发展。到了20世纪八九十年代，香港被誉为亚洲"四小龙"之一，被认为是出口导向型增长和自由贸易参与全球化的成功范例。

简言之，开放的国际贸易、自由的市场和高度国际化的社会环境，是香港快速崛起的主要原因。但在这个过程中也伴随着经济结构的不断调整。早期现代化的香港，通过纺织品、玩具和其他轻工业制造业的兴起，迎来了劳动密集型产业的快速发展，带动了人均收入的提升。但20世纪60年代后，随着人力成本的快速提升，此类产业开始丧失竞争力。

20世纪70年代末，中国对外贸易和投资的开放对香港经济产生了深远的影响。在其历史的大部分时间里，香港的主要经济职能是作为中国的转口港。然而，这一功能在1949—1978年停止了。在此期间，香港大力发展劳动密集型制造业，并开始将产品出口到海外。到了20世纪70年代末，制造业日趋成熟，香港企业家已准备好在海外设立生产基地。中国内地拥有丰富的土地和劳动力资源，但仍然缺乏运转良好的交通、电信和金融部门。这些互补的要素禀赋是两岸经济一体化的推动力，也是香港实现经济结构转型的主要力量。

香港与内地经济的融合发展。1978年中国内地开始实行改革开放，为香港经济结构转型提供了新契机——香港开始将劳动密集型产业转移到内地，而将自身的发展重心放在国际化的金融、物流、旅游等产业上。1978—1997年，香港与内地之间的有形贸易平均每年增长28%，劳动力转移加深了香港与珠三角地区的融合度。到 1997 年年底,香港对广东的直接投资累计高达 480 亿美元,这几乎占到了广东外商直接投资总额的 80%。

自 1980 年以来,香港经济每年增长 6.5%,并经历了三个经济周期。这些周期的增长呈现出三种不同的形式:出口拉动型增长(1980—1989 年)、内需拉动型增长(1990—1994 年上半年)和整合(1994 年下半年到 1996 年上半年)。在每个阶段,实际 GDP 增速逐渐走低、趋于稳定,这反映出市场的成熟和从制造业向服务业的结构性转变。

1988—1995 年,制造业占香港 GDP 的比重下降了 12 个百分点,而贸易、运输、金融、房地产和商务服务业的比重却相应上升。到 1995 年,香港制造业占 GDP 的比重已降至不足 9%。

在此过程中,香港再度成为中国内地经济衔接国际市场的前哨站,但这一次的背景和情况完全不同——香港公司不再仅充当中介机构,而是充当国际商业活动的发起者,具有更强的选择性和主动性。这一角色使香港在中国内地经济的改革开放过程中发挥了重要作用。对于香港来说,与中国内地的融合程度不断加深,意味着其经济周期与中国内地的经济周期更加同步。港元与美元之间的联系汇率制度,有时代表着货币状况与香港的经济周期不相符,因为主动权往往被美国掌握。

经过货币政策和宏观经济政策的调整,20 世纪 80 年代香港发展迅速,批发贸易、进出口贸易、交通运输、通信、金融和商务服务业均以年均两位数的实际速度增长,劳动生产率保持较高增长率。劳动密集型产业逐步被轻量级的服务业替代,如贸易、运输、金融和商务服务业。

20 世纪 90 年代初,香港经历了个人消费、转口和资本市场的繁荣。1993 年股票价格翻了一番,仅 1994 年第一季度住宅物业价格就上涨了 1/3。这些"繁荣"也造成了严重后果,通货膨胀率接近两位数水平,外部市场的平衡被打破。1994 年美国连续加息以及中国实施稳定措施逐渐冷却了香港的需求并导致香港资本市场长期盘整。1994—1996 年,经济增长率从每年约 6% 放缓至 3.5%。1995 年,失业率 10 多年来首次超过 3%,消费者信心受到极大影响。但香港经济具有极强的韧性,仍然维持住了基本面。1994—1996 年,实际工资和房地产价格迅速下降,而企业则升级办公和生产技术并削减成本,从而为抑制香港通货膨胀和恢复经济增长创造了必要条件。

经过 100 多年的发展，1997 年的香港已有了全新的面貌——世界首屈一指的贸易、商业和金融中心之一。尽管香港人口仅有 640 万人，面积也较小（1095 平方千米，约比纽约市大 1/3），但它已发展成为一个强大的经济体。1996 年，香港贸易总额超过 4400 亿美元，银行资产超过 1 万亿美元。随着在全球服务经济体系中地位不断提升，香港到 1996 年已成为：

- 全球第七大贸易实体和第七大股票市场。
- 按对外金融交易量计算，为全球第五大银行业中心；按日均成交量计算，是世界上第五大外汇市场。
- 全球第四大外国直接投资来源地。
- 世界上最繁忙的集装箱港口。

香港经验与未来展望。在当今世界的重要金融中心的案例中，香港是极其特殊的一个，它是近代中国打破封建社会，走向现代经济，建立现代化金融体系的桥梁，但也是殖民主义历史的印记。香港金融体系的建立和整个经济发展史是社会经济不断碰撞和调整的过程，在这个过程中，香港特区政府把握了关键要素，从而极大地提升了本地的竞争力和国际化水平。

- **自由市场经济**：香港作为自由港和自由市场经济的代表，其发展历程强调了市场自由度对于金融中心的重要性。低税率、开放的贸易政策、无汇兑控制等因素对于吸引国际资本和进行金融活动来说至关重要。
- **法治体系的建立和高透明度**：香港拥有完善的法治体系和高透明度的政策环境，为国际投资者和金融机构提供了稳定可预测的经营环境。完善的法律框架和独立的司法系统是保障金融交易安全和公正的基石。
- **国际化和多元化**：香港具有高度国际化的历史背景和发展路径，与国际市场的融合程度较深，这一点吸引了世界各地的投资者和金融机构。金融产品和服务的多样性以及对国际资本的开放性，是其作为国际金融中心的重要特征。
- **不断深化区域优势**：香港利用其在亚洲的地理位置优势，成为连接中国内地和国际市场的桥梁，1997 年以后，随着两地经济融合程度加深，香港的区位优势不断放大，这种地缘优势在全球化背景下显得尤为重要。

这些要素使香港成为一个极具活力的金融中心，也为家族办公室的发展和传承提供了极佳的环境。

中国香港家族办公室的优势：政策支持

香港是家族办公室发展的沃土。 香港在亚太地区乃至世界范围内，都是公认的家族办公室发展的沃土，一方面是因为香港在百年的金融历程中奠定了良好的基础，其监管制度、法律法规均已相对成熟；另一方面是因为香港兼具了国际金融市场的自由度与开放性。目前，香港是国际上最具活力的金融中心，不仅拥有成熟的政策及行政管理体系，而且业务全面、服务体系健全，为家族办公室的设立及业务落地提供了极佳的市场环境。

截至2021年年底，香港的资产及财富管理业务总值高达35.5万亿港元[①]，其中约65%的资金来自非香港投资者。2022年年底，香港管理的私募基金资本总额超过2083亿美元，位居亚洲第二。政府不仅提供了优惠的税收政策，还积极采取各种措施来增强资产及财富管理行业（包括私募基金行业）的竞争力。

具体来说，香港特区政府提供了不同的基金结构以吸引投资者。2018年7月，香港引入了开放式基金型公司（Open-end Fund Companies, OFC）制度，允许基金以公司形式设立。OFC的主要特点是灵活，它可以方便地发行和注销股份，使投资者轻松购买和赎回基金份额。这一制度的实施大大增加了香港作为基金管理中心的吸引力。截至2023年1月底，香港已成功设立了近120家开放式基金型公司，反映了该地区基金业务的快速增长和市场对这种新型基金结构的认可。

2020年8月，香港特区政府推出了有限合伙基金（Limited Partnership Funds, LPF）制度，吸引私人投资基金以有限责任合伙形式在香港设立和运营。截至2023年1月底，已有超过580个LPF在香港注册。此外，香港特区政府在2021年11月还引入了外地基金迁册至港的机制，以吸引外地基金将注

---

① 数据来源：中华人民共和国香港特别行政区政府税务中心. 立法会六题：吸引私募基金在港注册和营运［EB/OL］.（2023-02-22）［2024-01-20］. https://www.ird.gov.hk/chs/ppr/archives/23022201.htm.

册和运营地点迁移至香港。

香港作为全球主要的离岸人民币中心，截至2022年年底已积累了近万亿元的存款量，成为家族办公室关注的焦点。环球银行金融电信协会（SWIFT）的数据表明，全球约3/4的离岸人民币交易通过香港进行。2022年，香港人民币即时支付系统的日平均交易额高达16540亿元，较上年增长近10%，这些数据显示了香港在处理国际人民币业务方面的核心作用，同时展示了其作为金融交易和管理平台的优势。

根据国际结算银行的最新数据，香港保持着全球最大离岸人民币外汇和场外利率衍生品市场的地位。2019年4月至2022年4月，人民币外汇的日均交易量显著增长，从1076亿美元增至1912亿美元，增幅达77.7%。同期，人民币场外利率衍生品的日均交易量也从127亿美元增至147亿美元，实现了15.7%的增长。这些数据凸显了香港在处理大规模离岸人民币交易中的关键作用，同时反映出其金融市场的成熟度。

从交易结构和产品类型来看，香港的离岸人民币投资产品类型丰富，涵盖了外汇交易产品、点心债、人民币计价的股票、交易型开放式指数基金、房地产投资信托基金、贵金属期货等。

针对家族办公室的政策

除本身良好的金融业基础、活跃的金融业务外，香港特区政府对家族办公室的发展一直秉持着积极的态度。香港特区政府一直致力于把香港建设成为世界级的家族办公室枢纽。为了实现这一目标，香港特区政府入境事务处、财经事务及库务局、税务局等多个政府机构紧密合作，共同为家族办公室的发展提供必要的支持。

此外，香港推出了虚拟资产交易牌照，这一措施进一步加强了对家族办公室行业的支持。该政策被认为是改变香港数字资产生态系统的关键一步，标志着香港在金融科技和数字资产领域进入新发展阶段。在新政策的支持下，散户能够同专业机构进行数字资产的交易，这也引起了家族办公室行业的广泛关注。

2020年11月18日，香港成立了家族办公室协会，协会主席为万方家族办公室创始人、首席执行官关志敏。该协会以推动香港家族办公室行业的发展为己任，作为行业代表与政府及其他相关方的交流渠道，协助资源融通与信息对接。

2021年4月，香港特区政府推出单一家族办公室的税收优惠政策，为在港营运的合格有限合伙基金所分发的附带权益（投资回报抽成）提供税务宽减。

2021年6月，香港投资推广署成立Family Office HK专责团队，为投资者提供"一站式"支持服务，吸引客户在香港设立家族办公室。

2023年3月24日，香港特区政府发布了《有关香港发展家族办公室业务的政策宣言》。该宣言提出八大措施，旨在为全球家族办公室和资产所有者在香港的业务繁荣发展营造一个优质且具有竞争力的环境。

2023年5月10日，香港立法会正式批准了家庭投资控股工具免税计划的法案，并于5月19日正式公布实施。

《有关香港发展家族办公室业务的政策宣言》解读

针对香港的整体情况，2023年出台的《有关香港发展家族办公室业务的政策宣言》对家族办公室的发展战略目标、实施纲领进行了整体规划，计划到2025年年底支持或协助不少于200家家族办公室在香港落地或拓展业务。具体举措包括：

引入新的资本投资者入境计划。资本投资者入境计划不仅是为了吸引投资者和资金进入香港，也是着眼于未来香港人才库的建设，其计划的投资范围包括在香港上市的股票；由香港上市公司、香港特区政府或由政府全资拥有或部分拥有的实体发行或全面保证的债券；认可机构发行的后偿债券，以及符合相关要求的集体投资计划（包括投资连结保险计划）。在货币方面，除港币资产将被视为标的物之外，人民币资产也将纳入其中。香港特区政府还在不断研究金融范围之外的投资类别，来吸引长期资金进入香港市场，提升当地经济活力。

提供税务宽减。针对家族办公室的税收，香港特区政府也在不断研究和更新专项政策。他们为单一家族办公室在香港管理投资控股工具提供相关的税收优惠政策，覆盖范围包括证券投资、期货合约、外汇交易合约、银行存款、交易所交易的商品、场外衍生工具产品以及对私营公司的投资等。

提供便利的市场措施。香港的证券及期货事务监察委员会专门针对常见的牌照问题撰写了一份指南,其中特别强调了家族办公室的相关事宜。同时,该机构还为解答关于设立家族办公室的咨询设立了专用渠道。另外,香港本地监管机构也正在与财富管理行业进行紧密合作,在保护投资者的基础上,根据风险导向原则,简化针对高净值个人客户的中介机构的评估和披露流程。

成立香港财富传承学院(Hong Kong Academy for Wealth Legacy)。香港当局特别注重对家族传承的教育,承诺向该行业的专业人士和财富传承者提供可持续的教育和信息交流平台。为此,香港特区政府将资助新成立的香港财富传承学院,致力于加强本地私人财富管理专业人才队伍的建设。该学院将在香港金融发展局的支持下运营,并已获得行业、专业服务提供商、高校以及投资推广署Family Office HK专责团队等多方支持。

该学院将推出全球性的培训项目,专注于为家族办公室行业的从业人员和财富继承者提供培训服务。培训内容将涵盖财富管理的关键技能,如资产保全和继承策划,也包括艺术文化、绿色可持续投资和慈善活动等多元化课程,以满足全球高净值人群的广泛需求。此外,该学院计划与全球范围内的类似机构合作,建立合作网络,发挥协同作用,为香港的财富管理行业带来最大的价值和影响。

该学院目前的负责人郑志刚是香港上市公司新世界发展的首席执行官兼执行副主席,香港房地产大亨郑家纯之子、郑裕彤之孙。学院的董事会成员包括香港金融发展局行政总监区景麟、香港科技大学金乐琦亚洲家族企业与家族办公室研究中心创始人金乐琦、的近律师行合伙人林俊明、瑞士银行财富管理亚洲区主席卢彩云、信和集团副总裁黄永光。

推广在香港国际机场的艺术品贮存设施。香港作为一个国际化的大都市,以丰富的文化艺术活动著称。2021年开放的M+当代艺术博物馆和香港故宫文化博物馆及即将启用的其他文化设施,将进一步提升香港作为艺术和文化中心的地位,促进全球文化交流。香港是全球最大的艺术品拍卖市场之一,在亚洲处于领先地位。2021年,香港的艺术品、珍藏品和古董交易总额超过660亿港元,充分展示了成为全球艺术品拍卖和交易中心的潜力。

为进一步发展香港的艺术品拍卖和交易市场,香港特区政府计划加强基础设施的建设。香港机场管理局正积极考虑在香港国际机场增设艺术品和珍品的储存、展示和鉴赏设施。作为重要的国际航空枢纽，香港国际机场的航线网络遍布全球，并与大湾区的其他城市紧密连接。严格的安全措施和舒适的环境让香港国际机场能够高效安全地处理各类特殊货物，并为全球艺术品收藏家和爱好者提供一流的服务。这些新设施的增设，将巩固香港作为亚洲主要艺术品展览和交易中心的地位，有助于全球家族办公室在香港蓬勃发展的艺术环境中发展。

将香港发展成为慈善中心。 香港金融服务业在促进当地慈善事业发展方面发挥了关键作用。这些金融服务通过提供各种工具和平台，帮助慈善家们有效管理和扩大财富，并确保资金被有效地用于对社会效益最大的项目上。金融机构在咨询服务领域中尤为活跃，包括进行尽职审查和跟踪慈善资金的使用等。在法律层面，香港提供了稳固的框架以确保慈善机构的合规运作和可持续性。此外，随着绿色和社会投资行业的迅猛发展，慈善家们现在可以利用这些金融工具获得财务收益和社会回馈。

为了推动香港慈善行业的发展，香港特区政府计划进一步优化免税慈善组织的申请流程。香港税务局将制作一个包含检查清单和关键问题的标准表格，用以简化申请程序。同时，香港税务局还将提供额外的指导，以便申请者在其章程中明确阐述自己的慈善目的。目前，香港已有超过9700个慈善机构享受免税待遇。2020—2021年度，这些慈善机构从利得税和薪俸税方面获得的扣税捐赠总额分别达43.5亿港元和74.5亿港元。香港具有成为全球慈善中心的潜力，作为全球家族办公室和慈善家们管理慈善资金的理想基地，造福香港、内地乃至全球。

关于为家族办公室在香港管理的家族投资控权工具提供的税务优惠，香港特区政府计划进一步改进立法提议，以增加免税慈善组织在这些工具中的收益。这将帮助财富拥有者将免税慈善组织纳入家族投资控权工具当中，并真正享受到税务优惠。

进一步强化投资推广署 Family Office HK 专责团队的职能。 香港特区政府计划在接下来的3年内，向投资推广署投入10亿港元，以吸引更多的家族办公室在香港设立。为了能更好地协助全球家族办公室在香港成立和扩展，

Family Office HK 专责团队将强化其服务职能，提供定制化的"一站式"服务。主要服务内容包括：

慈善事业支持。 考虑家族办公室与慈善事业之间的密切关系，Family Office HK 专责团队致力于为目前已在香港运营或计划在此开展业务的高净值人群在慈善领域提供必要支持。专责团队将协助这些组织与政府各决策机构和部门进行沟通及协调，推动不同机构之间的合作，促使香港成为一个会聚全球财富拥有者的慈善中心。

教育需求服务。 家族办公室的需求远不止金融服务，也包括家族成员的教育等方面。因此，Family Office HK 专责团队将提供有关教育的专业服务。团队将与政府相关部门和决策机构保持联系，确保家族办公室了解香港国际学校的最新入学信息，并在必要时协助安排相关会议。同时，团队还将加强信息发布工作，确保全球家族办公室能够及时了解有关香港国际学校的细节。

成立新的家族办公室服务提供者网络。 香港特区政府高度重视与家族办公室机构的合作伙伴关系，并希望共同推进商业机会和扩大合作空间。因此，投资推广署下属的 Family Office HK 专责团队将着手建立一个全新的家族办公室服务供应商网络。这个网络将整合各个综合服务机构，包括私人银行、会计师和律师事务所、信托机构以及其他专业服务公司。该网络旨在创建一个互动平台，一方面使政府能够向行业传达最新的政策动向，另一方面作为征询反馈和寻求支持的平台服务于广大投资者。通过全球联系网络，该平台将向家族办公室宣传和推广香港的丰富商机。

《有关香港发展家族办公室业务的政策宣言》体现了香港特别行政区政府对发展家族办公室的巨大决心，主要体现在以下四个方面：

- 投入力度大、支持范围广，政策覆盖全面；
- 专业性强，通过税收、市场环境保障等多种手段共同提升服务质效；
- 开放性强，注重与家族办公室专业机构的合作与长期稳定关系；
- 注重教育和慈善，而不是单纯依靠金融手段促进家族办公室的发展。

《2023年税务（修订）（家族投资控权工具的税务宽减）条例》

针对家族办公室的税务问题，香港税务局作出了具体的制度安排。2023年香港特区政府颁布了《2023年税务（修订）（家族投资控权工具的税务宽减）条例》（以下简称《税务条例》），并自5月19日起正式实施。该条例的宗旨是为合格的单一家族办公室在香港管理的合格家族投资控权工具（以下简称家控工具）以及家族特定目的实体提供相关的利得税优惠。

该条例对家控工具的标准作出了具体的要求。比如，在结构上，家控工具须具有实体属性，该实体可以在香港地区或之外的地方成立，但是必须具有实体的法律安排，并且区别于一般工商业实体。在所有权方面，家控工具应与单一家族的一个或多个成员相关联，并满足一定的所有权比例要求。在管理权方面，家控工具应当受合格单一家族办公室管理，并且需要达到一定的资产门槛。同时，该条例对家控工具在港的经营活动、全职人员数量、经营开支资金额度等均作出了具体规定。

该条例对合规单一家族办公室作出了明确规定。在管理权限上，无论单一家族办公室是否注册在香港本地，都必须受香港行政机构的管理。在所有权结构上，家族成员必须直接或间接掌握95%以上的机构实控权益（慈善机构除外）。在服务事项方面，单一家族办公室必须在对应的税务年度内向家族办公室成员提供服务，并收取服务费。这部分服务费用需要按规定纳税。同时，该条例还明确了安全港原则，即单一家族办公室的应纳税额度中75%及以上的部分应来自家族成员的服务费。

该条例还规定了合格单一家族办公室对家控工具的管理活动的范围，包括对家控工具的潜在投资标的进行研究并提出专业建议；家控工具财产的获取、持有、管理和处置流程；为家控工具的基础项目建立家族特定实体的操作流程。此外，该条例还规定单一家族办公室管理的家控工具最多不超过50个。

除了基本的定义和范围，该条例还对家控工具的选择机制、最低资产门槛、《税务条例》附表16C的指明资产、家控工具的实质活动、家族特定目的实体等方面作出了明确规定。

在税率方面，该条例规定，自2022年4月1日起开始计算的税务年度内，家控工具或家族特定目的实体通过合格交易及相关附带交易所获得的应税利润，将享受利得税减免，即税率为0。另外，因为香港的法律规定私人公司可以投资并持有香港所有类型的资产，为了防止单一家族办公室利用家控工具投资私人公司规避课税，该条例还提出了一系列的反避税规定，包括不动产测试、持有期测试、控制期和短期资产测试等。

《税务条例》是香港为进一步规范和推动家族办公室发展制定的精细化政策，从税务优化、业务规范、特定标的及对象等各个维度对家控工具进行说明和引导，充分体现了香港特区政府大力推动家族办公室的决心。同时，细致的条款内容能够帮助专业团队快速、充分地了解香港特区政府的监管要求，从而顺利地开展业务。

中国香港家族办公室的投资策略

香港家族办公室目前的整体状况。香港特区政府下属的 Family Office HK 专责团队透露，自 2023 年 3 月大力推广以来，已成功吸引了大约 30 家家族办公室在本地设立分支机构，并收到了超过 100 份相关咨询。截至 2023 年 5 月底，Family Office HK 专责团队收到的咨询中，约 30% 的家族承诺或者已经开启了设立办事处的进程。此外，该团队在 2023 年 6—10 月还协助 14 家家族办公室在香港建立分支机构。按照香港特区政府的计划，预计到 2025 年吸引至少 200 家家族办公室落户。

这些新设立的家族办公室来自全球多个地区，包括中国内地、东南亚、欧洲和中东等。其中中国内地是主力军，它们大部分来自生命科学、金融科技、绿色科技等新兴技术产业或知识密集型产业。近年来，由于中国与中东外交关系密切、经贸往来紧密，中东的家族办公室和高净值人群被视为重点挖掘的潜在客户。尽管目前来看发展情况并不如预期，但香港特区政府仍然希望吸引这部分客户来港。

除大力吸引新设立的家族办公室外，香港本身已有的家族办公室已具备过硬的业务能力和巨大的发展潜力。各家族办公室以家族企业为依托，找到了各具特色的投资方式和经营理念。

RS Group 和长期投资策略。RS Group 是恒隆集团陈氏家族建立的单一家族办公室。恒隆集团是香港头部房地产开发商之一，主营业务包括大型购物中心、办公楼以及住宅租售，公司成立于 1960 年。目前，集团的内地房地产投资组合包括在上海的两项大型投资，即集购物中心、写字楼和住宅功能于一体的上海港汇恒隆广场，以及集购物中心和写字楼功能于一体的上海恒隆广场。此外，集团在沈阳、济南、无锡、天津、大连、昆明、武汉等多个内地城市均有项目。

恒隆集团是一家典型的家族企业，通过明确的分工安排，保持了家族企业经营的稳定性。其创始人陈曾熙、陈曾焘是亲兄弟，目前公司的董事长是陈曾熙之子陈启宗。而 RS Group 的创始人陈恩怡（Annie Chan）是恒隆集团有限公司创始人和前董事长陈曾焘的女儿。陈恩怡出生于中国香港，曾就读于美国哥伦比亚大学并取得了法律博士学位，后在旧金山和香港从事税务律师工作，并与家族成员一同参与家族财富的传承与管理。

在家族办公室的运营方式上，陈恩怡及其团队最初采用的惯常方式，就是将投资板块与慈善业务分开处理。在这种模式下，家族基金会管理慈善基金会相关资金，而投资业务的标准只要保持在"避免负面影响"的水平线即可。后来，陈恩怡接触了"混合价值"（Blended Value）的管理理念，对公司策略作出了调整。

混合价值是一种新兴的评估框架，用于评价非营利组织、商业企业和投资在财务、社会和环境方面创造的价值。这个概念最初由杰德·爱默生（Jed Emerson）提出，其核心思想是，价值的创造不应用单一维度来判断，而是由多种性能标准共同构成。例如，在混合价值的视角下，一个营利性企业在评估其财务业绩时，会同时考虑其对社会和环境的影响。相应地，非营利组织在评估其社会和环境影响的同时，也会考虑财务效率和可持续性。混合价值强调，衡量任何组织的标准应该是它在这三个领域的整体表现。

在混合价值理念的影响下，陈恩怡团队计划在长期经营中，逐步构建对应的财富与资产管理体系。他们将不同的收入预期和影响力作为衡量标准，RS Group 资产配置分为三种：社会责任投资（Socially Responsible Investing，SRI）、基于正面影响力的投资（Impact Investment）以及战略性慈善。

● 社会责任投资，是指以 ESG 的整体框架和概念来指引投资决策过程和具体动作，运用正向和负向筛选、行业内最优选择和代理投票等多种 ESG 策略，在保持市场竞争力的同时实现财务收益。

- 基于正面影响力的投资，是指专注于主动创造、评估社会及环境维度带来的正面效益的投资决策。
- 战略性慈善为争取系统性地解决社会和环境挑战的行业论坛、研究项目和慈善组织提供资金支持。这些项目涉及的范围包括助力弱势群体、环境保护（如水和空气质量）以及在中国内地、中国香港和亚洲其他地区发展影响力投资行业的基础设施等。

在实践中，为了保证上述体系能够真正落实，RS Group 建立了一套严格的影响力跟踪体系。该集团规定所有直接或间接的被投资企业都必须定期提交其对社会和环境的影响的详细报告。对于那些规模较大的投资实体，RS Group 要求它们在关键领域的营收要占总收入的 30%，这类领域包括缓解气候变化和提升边缘群体生活水平等。RS Group 还要求该比例随着企业业务的增长而持续增加。

为了在长期维度内更好地实现影响力决策战略体系，RS Group 团队制定了清晰的战略规划，通过三个步骤来实现最终目标。

第一步，围绕战略目标制定高度匹配的投资策略。

在制定任何的投资决策和采取动作之前，团队都需要对其影响力程度进行评估。资产持有者和财富顾问在进行资产配置前，除确定财务目标外，还需关注其潜在的社会和环境影响。这包括规避对某些负面行业或公司的投资、增加对积极影响力企业的投资，或将整体投资组合调整为支持解决气候变化等全球性问题的公司和项目。投资政策声明（Investment Policy Statement, IPS）可以帮助公司团队明确财务目标和了解项目影响力，确定关注的主要领域，并在这一框架下评估现有投资组合和识别新的投资机会。

RS Group 在 2012 年正式制定了 IPS，确立了完全契合使命的总体目标。次年，其又撰写了《全方位组合管理政策说明》（TPPS），制定了机构的使命和目标、投资和捐赠的具体指引，并特别强调将"应对和缓解气候变化问题"作为工作重点，并撤出了化石燃料相关投资。

RS Group 的团队在投资组合的总体目标、资产配置、各类资产的财务表现、风险承受度和流动性等方面达成了共识，设定了最低财务回报目标。通过 TPPS，该集团推动其投资组合实现与传统投资组合相匹敌的财务回报，并以此类行动证明了关注影响力的投资同样能够获得良好的财务效益。

在投资策略方面，RS Group 采用了"核心 + 周边"的投资管理模式。其中，核心投资主要集中在社会责任投资领域，主要是二级市场股权投资和固定收益类资产投资，以维持投资组合的整体稳定收益。而周边投资主要聚焦于以正面影响为导向的投资领域，这部分投资通常涵盖私募股权或不动产。这样的投资策略不仅追求利润增长和健康发展，还重视在社会和环境层面带来的长期影响。

RS Group 采用信托结构进行运营，董事会成员主要为资深传统投资者，负责监督公司的慈善和投资策略。尽管董事会最初对全方位影响力投资组合的管理方式并不认同，但了解到 TPPS 具体内容和核心与周边投资的具体战略后，他们转而大力支持这种创新的管理模式。

第二步，确定系统化的资产配置。

按照现代投资组合理论（Modern Portfolio Theory，MPT），最理想的投资组合是那些在保持一定风险水平的情况下能够最大化预期收益的组合。在涉及影响力投资时，这一原理依然适用：每种资产类别都能产生独特的社会或环境影响。例如，在传统私募股权领域，投资者追求的是通过支持技术或商业模式的创新来获得较高的潜在回报，但这通常伴随着较高的风险。同理，要实现更广泛的社会或环境影响，公司可能需要投资于风险较高但影响力较大的项目。因此，为了在投资组合中保持风险平衡，投资者应考虑那些在影响力方面相对稳定的固定收益类资产投资。

RS Group 在其投资策略中融入了多种资产类型。在社会责任投资类型中，该集团主要关注采用负责任投资策略的上市股票和固定收益类产品。而在以正面影响为主导的投资类别中，则关注相关公募基金、绿色债券等固定收益类产品，以及致力于社会和环境福祉的私募影响力基金、为低收入家庭提供住宅的房地产或相关农业项目，或者直接投资于具有显著社会影响力的企业。其中一个著名的投资案例是对 ESG 研究和评级机构 Sustainalytics 的直接投资，该机构后来被晨星（一家美国金融服务公司）以 1.7 亿欧元的估值收购。

RS Group 最早设定的投资组合主要由现金和其他高流动性资产构成。2010 年集团调整了策略，将大约一半的资产分配到社会责任投资这一核心类别中。在选择资金管理机构的过程中，集团特别看重这些机构是否遵循环境、社会和企业治理标准，并且会评估它们是否将 ESG 投资策略融入企业日常运营中，从而对机构的可持续性和影响力投资方面的能力和经验作出判断。为了更好地梳理管理条线，集团在每个主要资产类别中选择 3~4 个管理机构。

与此同时，RS Group 在以积极社会影响为核心的投资领域开展了长期的探索性工作，包括深入研究投资策略、建立行业资源和网络、筛选合适的投资项目。在此过程中，集团看重不同资助项目和投资项目之间的协同作用，尤其是在 SRI 类核心投资周围寻找更多补充性的投资机会。

在战略性慈善领域，RS Group 改变了以往选择项目的方式。因为以往的方式具有一定的随机性，并不能客观公正地评价项目影响力，所以集团转而采用更为科学的评估方法。执行团队不仅要深入评估项目本身的影响力，还要考虑项目是否符合整体投资组合的核心战略，并深入考虑该项目与组合中其他投资项目的协同效应。由此，将整个投资流程和工作方法确定下来，形成了一套更加科学、客观和理性的工作机制。

比如，针对气候问题，RS Group 注资了英国的碳追踪倡议（Carbon Tracker Initiative）。这家智库的研究强调"碳泡沫"对商业增长的潜在风险，促使 RS Group 决定退出所有与化石燃料相关的投资，并开始重视企业碳足迹的财务影响。此外，RS Group 还支持一家专注于保护农民土地权益的非营利组织 Landesa，它们不仅引导后者在投资中考虑土地权益问题，还为其在投资 Althelia Climate Fund 之前提供了重要的尽职调查协助。实际上，家族办公室对香港社会创投基金（SVHK）等社会企业的培育和中介机构的资助，不仅有助于建立更成熟的行业生态系统，也有利于通过这些伙伴关系为投资业务提供帮助。

第三步，建立有效的绩效管理机制。

按照传统的投资行为模式，投资机构通常将财务收益与市场基准相比较，并据此调整投资组合。相比之下，全方位影响力组合管理则要求评估投资产生的实际社会效益和环境效益，并将其与预期或类似项目进行对比。

就财务表现而言，RS Group 采用了 MSCI ACWI 指数和贝克莱全球综合债券指数等作为标的。截至 2015 年，在过去的 5 年半内，它们取得的平均年度净回报率达到了 5.0%。年度基准的波动范围较大，这主要是因为投资组合偏重于成长型公司、中型企业和新兴市场。但是采用长期资产配置策略的 RS Group 能够承受短期波动带来的影响，并且持续调整相关投资策略。

而对于新兴的影响力投资，目前由于标准的缺乏以及被投资企业所处的发展阶段和行业差异，RS Group 采用了多元化的评估方法，应用于不同类型的资产。例如，它们利用 Sustainalytics 的 ESG 评分和碳足迹数据来评估上市公司的社会和环境影响；使用 B Lab 的 B Analytics 工具和全球影响力投资网络（GIIN）开发的 IRIS 指标集来评估私募股权和债券基金的表现。而对于慈善项目，它们采用定性和定量相结合的评估方法，单独评估每一个具体项目。

RS Group 非常重视财务指标和影响力指标的平衡发展，因此在选择资金管理机构时采用一套严格的流程，每年通过自行开发的问卷调查评估这些机构在财务和影响力方面的表现。

除了上述步骤，陈恩怡和家族办公室其他负责人都已经意识到网络分享和传播的重要性。她和团队长期关注平台型机构，积极投身于公开演讲和分享经验。2018 年，RS Group 孵化并成立了社群"可持续金融倡议"（Sustainable Finance Initiative，SFI）和"自然资本倡议"（Natural Capital Initiative，NCI），并投入 300 万美元专门用于支持保护自然资源的创新金融解决方案的开发和设计。

RS Group 的投资理念和策略，代表了新时代家族办公室的 ESG 观念，即家族财富的传承不仅依靠典型的商业运作，也需要考虑长期的社会和环境影响，并且达成三者的协调统一。在慈善项目上，RS Group 采取战略性方法，不仅支持传统的慈善项目，还投资于能够推动社会和环境变革的项目。这种方法有助于实现更大的长期影响。而所有的资产配置和投资策略，仍然是基于专业团队对金融产品的理解以及对标的产品的投资经验。

郑志刚及其家族投资策略。郑氏家族是香港知名的"Old Money"。第一代掌门人郑裕彤是周大福珠宝金行创始人周至元的女婿，也是房地产巨头新世界发展的创始人之一和第二任董事会主席。其子郑家纯是新世界发展及新创建董事会主席。郑家纯之子郑志刚是家族第三代继承人，目前担任新世界发展执行副主席及首席执行官、香港财富传承学院的主席。

通过设立家族办公室，郑志刚建立了一套系统化的投资方法论和思路。其资产管理公司 ARTA 不仅涉足传统金融业务，还积极拓展区块链和金融系统资源领域，呈现出一种混合型业务模式。在传统金融方面，ARTA 既是一家基金公司，又兼具投资银行的职能，业务范围广泛，涵盖交易经纪、投资银行服务、资产管理以及保险业务等多个领域。

2017 年，郑志刚成立了 VC 机构 C Capital，开展风险投资业务，专注于消费、科技和区块链等行业的投资，目前已在全球范围内投资了 60 多家具有高发展潜力的公司。在私募股权投资方面，C Capital 的投资案例包括希音、蔚来汽车、小鹏汽车、小红书、满帮、京东物流、商汤科技、货拉拉等。目前它们对芯片、人工智能、机器人等硬科技赛道也较为重视。

郑志刚的投资版图明显倾向于新兴科技和未来产业，这与他的个人经历息息相关。不同于祖辈和父辈，郑志刚的人生剧本更加多元化，他身兼企业家、艺术家、慈善家和投资人等多重身份。在完成哈佛大学的学业后，他并未立刻接手家族企业，而是分别在高盛、瑞银等世界级投资银行工作，这段经历为他日后的商业和资本操作奠定了坚实的基础。

在家族企业的领域，郑志刚以其独特的创新理念闻名。他将个人对艺术的热情与商业策略巧妙融合，创建了融合艺术与商业的 K11 购物中心，并成功打造了奢华酒店品牌"瑰丽酒店"。同时，在资本市场上，他的活跃表现也充分展示了他作为一个多元化、创新性的商业思想家的实力。

2021 年 5 月，郑志刚启动的特殊目的收购公司 Artisan 在纳斯达克上市，成功募集了 3 亿美元的资金。Artisan 主要着眼于医疗保健、消费和科技行业的投资机会。其在 IPO 过程中引起了亚太区两大投资巨头 Aspex 和 PAG 的关注，其中后者是管理资产超过 160 亿美元的亚洲顶级投资管理集团。目前 Artisan 锚定了一家香港医疗企业 Prenetics，并打造了香港首个独角兽公司。

Prenetics 成立于 2014 年，专注于革新医疗保健行业。这家公司以独特的方式，结合预防医学、诊断测试和个性化护理服务，为医疗保健领域带来了新的思路和方法。该公司目前在全球 10 个国家运营，拥有超过 700 名员工。2020 年，Prenetics 实现了 6500 万美元的营收，未来几年，公司营收将持续实现显著的增长，2025 年预计年收入超过 6 亿美元。

Prenetics 通过与特殊目的收购公司 Artisan 的合并达成了一笔总计 4.59 亿美元的融资。这笔资金的组成包括 Artisan 信托账户贡献的 3.39 亿美元，以及 Aspex、太盟投资集团、力宝集团、龙石资本和施源资本等机构通过私募股权融资和远期购买协议提供的 1.20 亿美元。

这笔投资帮助 Prenetics 在医疗保健行业内扩大了业务范围。Prenetics 和 Artisan 还利用郑志刚的多元化业务网络在零售、酒店、房地产等领域，为被投公司挖掘了更广阔的市场。这样的战略联盟不仅提升了 Prenetics 在全球市场上的竞争力，而且有助于推动其在医疗保健领域的创新与发展。[①]

国际化发展：中国香港家族办公室的成功经验

国际化：家族办公室的成功之因。 香港因为历史、经济和政策等因素，目前已经被普遍认为是家族办公室发展的沃土。但我们在研究香港经验的时候，也需要重点了解香港的另一大特点——国际化。

香港是世界金融中心城市之一。作为连接中国内地和国际市场的桥梁，香港不仅具备极佳的地理位置，同时其本身也是大湾区及亚太地区财富管理和家族企业发展的重要平台。香港的金融市场活跃、产品品类丰富、监管体系健全，能够为亚太地区乃至全球金融市场提供广阔的投资机会，尤其是在 ESG、数字资产、新科技和人工智能等领域。

近年来，随着亚洲地区超高净值人士数量的增长、家族财富总量的不断提升，推动家族办公室的发展已成为香港巩固其国际金融中心地位的关键策略之一。因此，香港特别行政区政府推出了各项政策积极鼓励家族办公室发展。

在国际合作方面，香港不断扩大影响力。2023 年 7 月，香港特别行政区行政长官李家超访问了新加坡、印度尼西亚和马来西亚，积极推动香港地区同这些东南亚国家之间的经济贸易往来，并鼓励各国企业来港投资。在对内方面，香港经济正在与中国内地不断深度融合。粤港澳大湾区建设的加速、内地与香港金融服务领域的不断融合，让香港内接内地、外向国际的作用不断彰显。

---

① 2024年9月，郑志刚宣布辞任新世界发展公司行政总裁，调任非执行副总裁及非执行董事。此次人事变动并未影响其投资领域的事业，但引发了外界对其家族企业传承事宜的质疑。

万方家族办公室：国际化的践行者。万方家族办公室是典型的国际化策略的践行者，这家年轻的联合家族办公室成立于2016年，一直坚持为超高净值个人及家族提供个性化的服务，包括资产配置、财富管理和家族财富传承规划等。其总部设立于香港，业务辐射范围包括新加坡和中国台湾、上海等地。

万方家族办公室的核心业务是独立资产管理（Independent Asset Management）。为了使该板块业务更加多元化，他们在中国香港、瑞士、新加坡和列支敦士登总共设立了15家托管银行和证券公司，保证了资产服务的全球化。在提供具体服务之前，万方家族办公室会对每一位客户的特定情况进行深入的风险评估和目标回报分析，确保所提供的投资策略完全符合客户的个性化需求。

除核心的投资管理服务外，万方家族办公室还提供保险规划、房地产投资、基金结构设计、私募基金管理、海外公司设立、移民身份规划以及高端医疗咨询等多元化服务。同时，他们还擅长为客户构建离岸信托架构，为客户家族资产的安全传承和持续增值保驾护航。

在国际化战略上，万方家族办公室拥有两大优势：第一是全球银行网络和位于亚洲多个地区的办事处，这让他们能够高效、便捷地整合当地资源，发挥本地化优势；第二是高端定制化的解决方案，万方专注于为各个家族提供量身定做的财富管理方案，旨在满足每个家族独特的结构和财富管理需求，确保家族价值观和财富的持续传承。

除坚持专业化的主营业务外，万方家族办公室还不断开展多元化的国际合作。2020年9月，万方家族办公室与国际知名足球俱乐部、意大利知名的阿涅利家族旗下的俱乐部尤文图斯达成为期3年的合作，此后万方家族办公室成为俱乐部官方区域合作伙伴，业务范围覆盖到大中华区及新加坡等地。

对于万方来说，"家族办公室 + 足球俱乐部"等方式能够赋能家族办公室的主营业务，并极大地提升品牌影响力。除能够帮助高净值客户安排与球员见面等专项活动之外，尤文图斯背后的阿涅利家族本身也是家族企业传承的杰出代表。阿涅利家族第一代创始人乔万尼·阿涅利在1899年创办了意大利菲亚特公司。企业发展至今，已经成为意大利最大的集团企业，旗下囊括了克莱斯勒、Jeep、道奇、法拉利、玛莎拉蒂、阿尔法·罗密欧等多个知名汽车品牌。

阿涅利家族能够传承至今，离不开家族企业的科学管理和合理的股权架构安排。通过对家族资产的提前布局和配置，阿涅利家族成功地将资产分散在不同地区、行业和分（子）公司中，既降低了主营业务对家族本身的黏性，又提升了财富传承的安全性。阿涅利家族不断进取、精心安排财富传承的精神，与万方家族办公室十分契合，双方的合作既符合商业宗旨，也符合万方家族办公室的核心价值理念，极大地提升了万方家族办公室在国际市场上的品牌形象和影响力。

除此之外，万方家族办公室也致力于开展专业机构间的国际合作。2023年5月，万方家族办公室与全球头部房地产开发商、私人房产经营公司、专业投资管理公司铁狮门（Tishman Speyer）达成了合作，双方共同推出"铁狮门/万方家族办公室亚太基金一期"（Tishman Speyer/Raffles Family Office APAC Opportunity Fund Ⅰ）。

铁狮门公司成立于1978年，深耕全球房地产市场，其业务范围涵盖美洲、欧洲、亚洲和拉丁美洲的33个核心区域，经营范围包括住宅、高端办公空间、商业地产、工业园区等不同种类的产品和项目。自成立以来，该公司已经具有581个项目的开发运营经验，总面积超过200万平方米、总价值约为1300亿美元。其中知名的项目包括纽约的洛克菲勒中心、上海的尚浦领世、法兰克福的陶努斯大厦，以及旧金山正在建设中的米慎石社区等。该公司一直以高度全球化的视野、深度本地化的方针以及高度专业化的服务体系闻名。

万方家族办公室与铁狮门公司深入合作，能够最大限度地发挥家族办公室的职能，从而为客户创造更大的价值。双方共同推出的房地产基金以亚太地区为主要区域，既是为了满足客户投资区域国际化、资产配置多元化的财富管理需求，也是出于对亚太地区发展潜力的看好。万方家族办公室希望通过与顶级房地产企业合作，充分发挥自己在投资、管理方面的专业能力，从而能够穿越经济周期为客户带来资产增值。

除与不同行业的国际巨头合作之外，万方家族办公室也非常注重中国内地市场的发展。事实上，随着中国内地高净值人群外部需求的日益提升，中国内地已经成为国际家族办公室非常看重的市场。

近年来，中国金融业正不断提升对外开放水平。自2018年起，中国已在金融领域制定并执行了超过50项开放政策。除此之外，中国政府进一步完善了监管体系，根据外资银行和保险公司的不同运营特性实行多元化监管，鼓励外资机构借助与母公司的协同效应，更有效地服务中国市场。在人民币国际化方面，中国政府也在不断努力，针对投资便利化、金融市场制度型开放、离岸人民币发展等方面不断推出积极措施，并建立更加完善的监管和风险防控体系。

在整体利好的政策体系下，万方家族办公室以前瞻性的眼光在中国内地布局。2020年10月22日，上海办公室正式成立，标志着万方家族办公室正式触达内地市场。对于万方家族办公室来说，虽然内地家族办公室市场仍属于新鲜事物，起步相对较晚，但是随着高净值人群数量和财富的快速上升，其需求将呈现爆发式的增长。同时，中国内地的企业家正处于创业一代和继承一代的关键交接时期，财富管理和传承的需求日益多样化。因此，来到内地市场是其必然的战略选择。

万方的中国办事处，由新加坡上市公司奕丰控股下属公司奕丰国际控股私人公司投资成立，其他合作方还包括中国国内的国际信托、商业银行和金融机构。通过紧密的合作，万方家族办公室旨在把国际的家族办公管理模式带入内地市场，并借助深耕内地市场进一步扩大国际影响力与企业美誉度。

万方家族办公室的另一大优势是能够很好地克服"水土不服"的问题。中国内地的家族企业大部分仍然由创业一代实际控制，他们对于海外职业经理人的管理模式相对陌生，对家族之外的人信任度也十分有限。因此早期进入中国内地的海外家族办公室常常感觉举步维艰。随着近年来家族办公室概念的快速普及，以及对海外市场相对熟悉的"继承者们"逐步走到台前，在内地市场开展家族办公室业务也已具备充分的条件。万方家族办公室原本深耕亚太地区多年，也具备强大的国际化业务能力，因此能够有效地克服"水土不服"的问题，并满足内地客户对国际市场的需求。

万方家族办公室能够充分发挥国际化优势的另一大因素是联合家族办公室的属性。以中国内地的客户需求为例，这部分客户目前的主要需求集中在维护家族财富的安全性和稳定性、获取家族治理服务、代际财富传承规划等方面，而内地的私人银行和相关金融机构目前尚没有能力完全满足以上需求。

中国内地的私人银行，很多是大型银行的下属部门，大部分的服务体系是以业务发展需求为导向建立起来的。同时由于组织架构和管理模式问题，私人银行往往需要在股东和投资者的利益间寻找平衡点，这就导致客户经理在提供服务时需要考虑银行的业绩目标。在这种情况下，客户的个性化需求可能并不会被机构放在首位。

而联合家族办公室作为独立的财富管理机构，其运作模式和目标实现路径与私人银行截然不同。这类机构不直接销售特定金融产品，而是着眼于客户的独特需求，提供更中立、更全面的财务建议。通过与包括私人银行在内的不同金融机构合作，联合家族办公室能够提供广泛的金融方案选择，如多样化的投资组合、私募股权、股票投资和外汇交易等，从而帮助客户作出更科学、更合理的选择和决策。

在这种模式下，客户经理根据客户的特定要求和目标进行综合分析，比较不同金融机构的服务品质、专业能力和策略，从而制订个性化、高品质的财富管理方案。这种个性化服务有助于加强与客户的信任和长期联系，使客户经理能够更有效地满足客户多样化的财富管理需求。

万方家族办公室的国际化战略离不开其作为联合家族办公室本身具备的巨大优势，以及精英化、专业化的团队的精准服务。同时万方团队对不同阶段的客户具有清晰的认知，为不同行为特征的用户提供配套服务。

在香港众多家族办公室的成功案例中，万方家族办公室只是其中的一个典型，但其成功经验具有一定的代表性，主要有以下几个方面。

- **充分利用香港的先发优势**。万方团队以香港作为总部，并策划布局国际化战略，充分利用香港市场的开放性和流动性。以成熟的金融体系、监管机制和开放的市场为依托，家族办公室更容易接触丰富的国际资源，并将其转化为增长性较强的业务。

- **与国际知名企业展开合作**。与国际知名企业合作既能够促进业务拓展，也能加大家族办公室的营销力度，提高品牌影响力。在选择合作对象时，家族办公室团队需要考虑二者在业务范畴、价值体系、全球网络布局等方面的契合度，从而实现双方共赢的理想局面。

- **全球网络布局**。国际化策略的重要一环是在全球不同的金融中心设立办事处，广泛的地理分布不仅能够扩大服务范围，还能增强家族办公室对不同市场的理解和适应能力。在选择不同区域时，家族办公室应当正确评估自身的状况和当地市场情况、相关政策等。

- **全球银行关系网络**。在全球网络布局的前提下，丰富、强大的全球银行关系网络能够为客户提供更多的金融产品和更优的交易条件。家族办公室在国际化战略的过程中，需要考虑国际金融资源的扩展。团队不仅需要提高金融产品的覆盖率，而且需要考虑不同地区与国家之间的协同，形成资源的互联互通。

- **定制化服务**。高度个性化的财富管理解决方案是实现家族办公室国际化发展的前提，因为需要进行资产国际化配置的客户，整体需求往往更加复杂和多元。家族办公室需要对此进行深入分析，了解客户的真实需求和目标，制订专属的财富保全和传承计划。

- **独立资产管理**。作为一个独立的资产管理机构，能够客观中立地为客户提供咨询和服务，是专业家族办公室的必备本领。尤其涉及业务出海或客户希望进行国际资产配置时，专业和独立就显得异常重要。

- **重视人才和知识**。家族办公室国际战略的实施离不开国际化人才的培养。这一点香港走在了世界前列，除因为香港本地有众多知名高校外，也因为近两年当地政府加强了专业人才的引进。而万方家族办公室就很好地利用了香港的人才储备优势。

万方家族办公室的成功，既是作为一家机构自身经营的结果，也是香港经验的浓缩。香港以其独特的市场环境为沃土，在政府的大力支持下，走出了一条具有强大竞争力的家族办公室国际化之路。

经营与运作：中国香港家族办公室的实施路径

单一家族办公室 vs 联合家族办公室。由于香港特区政府大力支持家族办公室的发展，因此在港设立家族办公室已经不是一件烦琐的事情。不过，香港家族办公室的政策会区分单一家族办公室和联合家族办公室，因此在选择家族办公室的类别时，客户需要仔细考量和综合对比。

单一家族办公室专注于服务单一家族的需求，其结构和运作都是为了满足该家族成员的特定财务和非财务需求。香港监管机构在判定单一家族办公室时，并不是依据家族成员的关系来界定，而是通过家族办公室的实质性活动来确定是否需要申领执照。根据香港证监会的相关指南，如果一个单一家族办公室的成立目的仅是回应家族成员的投资需求，而非营利，则一般不会被认为是在进行商业经营，故不必申请牌照。

联合家族办公室通常服务于多个高净值家族，一般以商业实体的方式运作。由于其服务范围更广，这类办公室通常需要根据投资咨询机构的要求申请相应的牌照。在香港，很多高净值人群已经建立了自己的财富管理团队，或者选择特定的机构来打理相关事宜，但这些机构尚未被认定为家族办公室。

实际上，目前香港市场上对于单一家族办公室和联合家族办公室的划分仍然比较模糊，也没有准确数据显示二者的数量。如果只是针对"家族办公室服务"的业务，客户的选择范围就更加广泛，因为香港市场上有大量机构能够提供类似的服务，如私人银行、资产管理公司、信托公司、保险公司、律师事务所和移民服务机构等。但这些机构在行政手续上并没有注册为家族办公室，这就导致家族办公室的实际数量难以统计。同时，对于有需求的客户来说，在设立家族办公室之前，应当仔细评估自身需求，判断是要建立家族办公室，还是以委托机构的形式来满足需求。

从香港特区政府目前收到的关于家族办公室的咨询来看，单一家族办公室相对更受客户关注。正如上文所讨论的，香港关于家控工具的税收宽减政策是针对单一家族办公室的，同时在整体监管上，香港特区政府对单一家族办公室的管理也相对宽松。根据Wealth-X的最新调查，2022年上半年，香港的超高净值人群数量相较于2021年下半年下降了6.8%，这影响了家族办公室对外融资的能力，而单一家族办公室受到的影响相对较小。

在服务内容和灵活度方面，单一家族办公室显然具备更高的定制化水平。有业内人士在受访时指出，单一家族办公室未来在全球范围内都会有较大的发展空间，因为随着家族代际传承需求的增长、家族业务的不断复杂化，单一家族办公室提供的解决方案能够更好地满足家族的长期需求，并做好信息隔离、隐私保护等相关工作。而联合家族办公室的优势在于，通过同时服务不同的家族，帮助它们彼此接触，实现信息互通、资源共享。同时，联合家族办公室一般体量较大、团队人员齐全、外部资源网络丰富，能够形成规模效应。

在客户决定是否在港成立家族办公室以及成立哪种类型的家族办公室时，

除考虑进入门槛、设立难度、香港特区政府监管程度等因素外，还需要考虑自身的需求和定位。

- **财富管理目标**。对财富增值的预期和风险承受能力。根据家族办公室结构设计不同的资产配置方案，判断是否符合自身需求。
- **家族治理需求**。对于一个大家族而言，一个体系化的家族治理结构是必要的。这个结构包括家族议会、家族宪章和后继计划，从而能够有效处理家族内部的决策和冲突。如果家族的需求相对复杂，那么单一家族办公室更加适合。如果家族治理需求相对常规，联合家族办公室则更具性价比。
- **财富传承规划**。此类需求包括遗产规划、家族治理结构的建立、家族教育和下一代培养等。
- **隐私和保密需求**。如果家族对隐私要求较高，那么单一家族办公室更加适合。
- **家族办公室设立难度和管理成本**。对于香港来说，单一家族办公室的设立门槛相对较低，但是单一家族办公室的运营成本会随着家族业务的变化而增加，同时设立单一家族办公室还需要综合考虑用人成本、家族成员的身份规划等需求。设立联合家族办公室则前期投入大、门槛高，对专业度的要求也比较高，需要进行更全面的规划和设计。

家族办公室的法律结构

在香港设立家族办公室时，一定要弄清楚不同家族办公室类型对应的法律结构。通常来说，家族办公室是作为家族投资控股工具（FIHV）的服务提供商而建立的，必须通过签署投资管理协议等方式，规范两个实体的角色定位、责任划分和相关重要安排。

如图 2-1 和图 2-2 所示，家族办公室作为提供服务的主体，负责管理专业投资团队，并负责家控工具的管理。常见的家控工具包括法团、信托、合伙等。在香港，家族办公室通常注册为私人股份有限公司，必须满足对应的合规要求、企业监管等制度，并缴纳对应的企业所得税。单一家族办公室只管理家族对应的家控工具（通常不得超过 50 个），而联合家族办公室则为不同的家族管理不同的家控工具。

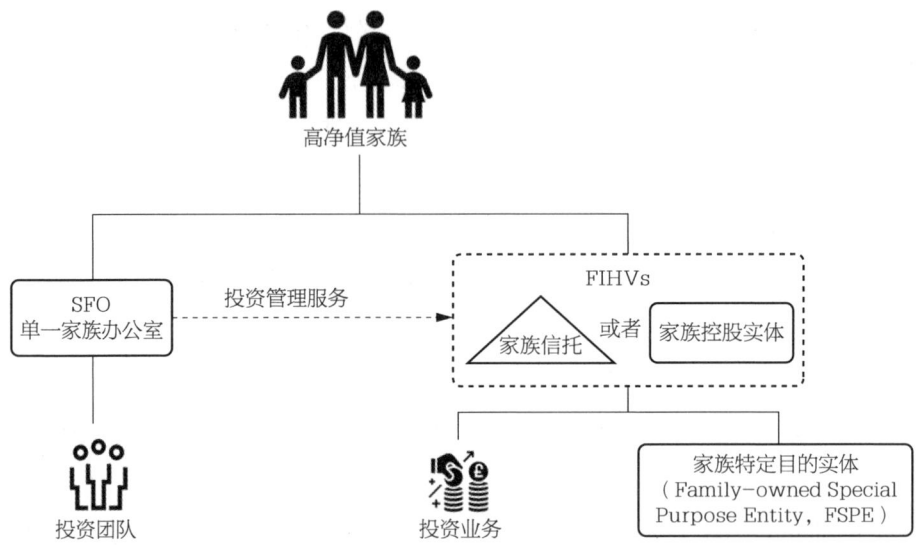

图 2-1　单一家族办公室提供的 FIHVs 服务

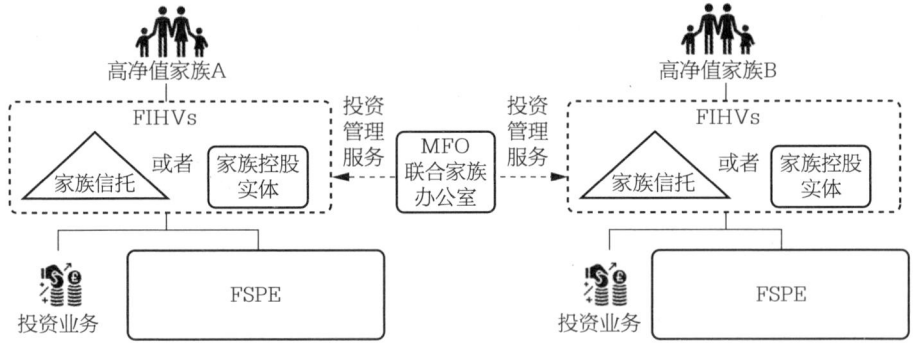

图 2-2　联合家族办公室提供的 FIHVs 服务

为了符合香港税务局规定的单一家族办公室的标准，该办公室必须管理相关家族的一个或多个家控工具，其《税务条例》附表 16C 所列资产的总净值至少需要达到 2.4 亿港元。在评估是否满足这一最低资产门槛时，审批部门将考虑家族办公室在特定课税年度结束时管理的所有相关家控工具的净资产值。

如果在评估的特定年度（标的年度）末，这些家控工具的净资产值合计少于 2.4 亿港元，但在此之前的两个连续课税年度的任一年度结束时达到或超过这个数额，则仍可认定为满足最低资产门槛的要求。

此外，在计算净资产值时，由家控工具持有的家族特定目的实体的资产也将被纳入考虑范围。这意味着，家族办公室需要精确地评估和管理其所涉及的所有资产，以确保其运作满足香港税务局的标准。

根据香港税务局的要求，下列各项由家控工具及家族特定目的实体通常投资的资产都在投资范围内：

- 证券；
- 私人公司的（或私人公司发行的）股份、股额、债权证、债权股额、基金、债券或票据；
- 期货合约；
- 符合以下说明的外汇交易合约：在该合约下，合约各方协定在某特定日期兑换不同货币；
- 符合规定范围的存款（以放债业务的形式作出的存款除外）；
- 符合规定的、存放于银行的存款；
- 符合规定范围的存款证；
- 交易所买卖的商品；
- 外币；
- 符合规定的场外衍生工具产品。

如何在香港设立家族办公室

通常在香港设立单一家族办公室需要以下步骤：

- **客户情况分析与风险评估**。专业团队深入了解客户的财务状况、风险偏好以及特定需求。
- **全面法税规划**。结合家族的财务状况，专业团队进行全面的税务和法律规划，以达到资产保护和税收优化的目的。
- **明确家族办公室的目标与设立方案**。根据家族的独特需求和目标，专业团队规划家族办公室的具体运作模式和服务范围。
- **正式成立与税务申报**。按照法律程序正式设立家族办公室，并进行必要的税务申报。单一家族办公室的注册手续与一般公司的工商行政手续基本一致，按照规定办理即可，多数情况下，单一家族办公室在香港设立为私人股份有限公司。

- **申领牌照（如需）**。若家族办公室的业务涉及需申领牌照的活动，如资产管理等，则需按照香港相关法规申请相应的牌照。

在整个流程中，申请牌照的手续相对复杂。目前，香港暂时没有专门针对家族办公室牌照的具体规定，只是在实质活动事项上作出了一定约束。根据《证券及期货条例》的内容，家族办公室的牌照需求取决于其提供的服务类型和业务范围。其中可能涉及牌照问题的条款包括：

1.不同类型的牌照需求（见表2-1）

- 第1类（证券交易）牌照：若家族办公室涉及证券交易。
- 第2类（期货合约交易）和第5类（就期货合约提供意见）牌照：若家族办公室的资产包括期货和期权合约。
- 第4类（就证券提供意见）牌照：若家族办公室提供关于证券投资的建议。
- 第9类（提供资产管理）牌照：若家族办公室涉及资产管理服务。

表2-1 不同类型的牌照需求

受规管活动	申请所需的时间	申请人的主体条件
第1类：证券交易 第2类：期货合约交易 第4类：就证券提供意见 第5类：就期货合约提供意见 第9类：提供资产管理	香港证券及期货事务监察委员会处理一宗新加入行业参与者的申请，一般需时约： ● 7个营业日（适用于临时持牌代表的申请）； ● 8个星期（适用于普通持牌代表的申请）； ● 10个星期（适用于负责人员的申请）； ● 15个星期（适用于持牌法团的申请）	香港的《证券及期货条例》的第Ⅴ部第116条第（2）款第（a）项规定了申请人的主体条件： ● 一间公司；《公司条例》（第622章） ● 第2（1）条所界定的注册非香港公司； ● 符合一定条件的非公司或非香港公司的法团

2.申领牌照的判断标准

- 是否进行《证券及期货条例》所界定的一类或以上受规管活动。
- 是否在香港经营提供相关服务的业务。
- 是否属于《证券及期货条例》附表Ⅴ和《发牌手册》第1.3段（豁免）所指的豁免情况。

3.家族办公室牌照申请的考虑因素
- 家族办公室是否提供涉及监管的金融服务。
- 家族办公室的业务是否主要在香港进行。
- 家族办公室的服务是否涉及广泛的金融产品和交易类型。
- 联合家族办公室的设立必须申请牌照,一般是第1类、第4类、第9类牌照。

在实际操作中,如果涉及牌照申请的相关事宜,申请企业需要达到一定的门槛,包括:

- **公司注册要求**。申请牌照的公司必须是在香港注册成立的有限公司,或者在香港注册的非香港公司。
- **办公地点规定**。公司需在香港拥有实际办公地点,且办公地点必须位于甲级写字楼内。
- **管理团队和内部管理要求**。公司需组建专业管理团队负责运营板块,包括业务内容设计、企业内部控制,并且至少聘请一名合格的负责人员(Responsible Officer,RO)。
- **持牌人和负责人员要求**。公司至少需要两名持牌人。持牌人和负责人员的国籍没有特别的限制。至少有一名负责人员需要以香港为常驻地,直接监督相关业务。
- **董事会成员要求**。公司至少需要一名属于董事会成员的负责人员。
- **资本要求**。公司的注册资本需达到500万港元,并且实缴股本和流动性资本要超过300万港元。同时,公司必须具有香港本地银行的活跃账户。

总之,香港是家族办公室经营和发展的沃土,近几年特区政府也推出了相关的优惠政策鼓励家族办公室行业整体发展。但是作为成熟的金融市场,香港有相对健全的监管制度和准入门槛,需要客户在进入香港市场时格外关注。另外,由于家族办公室本身的定义和业务在逐步变化,香港特区政府对家族办公室的数量统计、管理措施和税收政策仍然在不断优化调整当中,这也是需要客户格外注意的部分。

第 3 章
新加坡家族办公室的崛起

新加坡金融市场概况

在几个国际金融中心中,新加坡是极其特殊的一个。新加坡地处东南亚,面积仅为 728.6 平方千米,不到中国香港的 1/3。新加坡人口数量为 568.6 万人,以华人、马来人等种族为主,其自然资源匮乏,大部分资源需要依靠进口。如今这个弹丸之地却成为当今世界金融活动最活跃的地区之一,并以发达的离岸金融业务而闻名。实际上,新加坡的离岸金融也不是一蹴而就的。

新加坡离岸金融发展历程。 20 世纪 60 年代,随着以美国为代表的西方跨国公司将投资焦点转移至东南亚,不少银行业巨头开始寻找亚太地区建立离岸金融中心的机会。当时它们的主要目的是绕开美国政府对资金外流实施的限制政策,挖掘更多新兴市场的潜力和空间。这时,新加坡政府凭借敏锐的前瞻性思维,开始大力发展国际银行业务。

1968 年 10 月 1 日,新加坡迎来了金融行业的发展里程碑,当地政府授权美洲银行开设亚洲货币单位(Asian Currency Unit,ACU)。这一举措让美洲银行能够为非居民提供外币存款服务,并开展外汇交易与资金贷款业务,其运营方式类似于欧洲货币市场。ACU 的落地标志着新加坡离岸金融市场的形成,并推动新加坡在国际金融界确立重要地位。此后新加坡以离岸金融业务为主导,金融行业进入了快速发展时期,主要分为以下三个阶段:

第一阶段:1968—1975 年的起步时期。

这一阶段的发展离不开新加坡政府的大力推动。为了进一步发展亚洲美元市场,新加坡政府在 1968 年采取了重要措施,如推出财政激励政策来吸引银行参与 ACU 业务。其中关键的一环是取消了对亚洲美元市场的外汇管制，这一决策大大提升了市场的开放度和国际银行的参与度，为市场的繁荣和成长奠定了基础。

1972 年，为了与欧洲美元市场竞争并吸引更多小型国际银行，尤其是欧洲银行到新加坡落地经营，新加坡金融管理局（Monetary Authority of Singapore，MAS）取消了存款所需的 20% 流动性准备金要求。这些战略性举措对提升新加坡的国际影响力、优化国际支付平衡以及刺激经济发展起到了关键作用。亚洲美元的资金来源主要是亚太地区的跨国公司、世界各国的央行和政府部门，以及银行之间的相互存款。

到 1975 年，新加坡的 ACU 机构数量达到 66 家，表现出强劲的增长势头。这些机构的存款总额激增至 125.97 亿美元，年均增长率达到 85.5%，总额相当于当时新加坡国民生产总值的 2 倍多。此外，亚洲美元债券市场也在这一时期迅速发展起来，成为新加坡金融市场的一个重要组成部分。

1972 年，新加坡首次踏入国际银团贷款领域。至此，新加坡逐渐成为一个高效的国际货币和资本市场，以经营美元交易为核心，同时参与了包括德国马克、英镑、法郎和日元在内的多种主流货币业务。

第二阶段：1976—1998 年的高速发展时期。

在前几年发展的基础上，新加坡政府再接再厉，进一步深化金融系统的改革。1976 年 6 月，新加坡政府放宽了外汇管制，与东盟各国建立了货币自由流通的机制，并允许各国在新加坡本地发行证券，同时采取更多税收激励措施。

1977 年，新加坡政府进行重大财政政策调整，将 ACU 的税率大幅降低，从先前的 40% 下调至 10%。这一调整旨在吸引更多国际银行和金融机构在新加坡开设 ACU 业务，以增强其作为离岸金融中心的吸引力。随后的 1978 年 6 月，政府进一步放宽了外汇市场的管制，即完全开放外汇交易，以提升离岸金融市场的活跃度和新加坡在全球金融领域的竞争地位。

1981 年，新加坡政府实施了新的法规，让 ACU 能够通过货币互换协议取得新加坡元。紧接着在 1984 年，新加坡国际金融交易所（Singapore International Monetary Exchange Ltd，SIMEX）成立。作为亚洲的首个金融期货交易所，SIMEX从一开始就引入了创新性金融产品，如欧洲美元存款利率期货和欧洲日元期权交易，为区域金融市场注入了新的动力。

1990年，新加坡进一步开放金融市场，并放宽了对外国投资者在本地银行的持股比例限制，由原本的20%提高至40%。同年8月，政府进一步放宽了离岸银行在新加坡元贷款方面的限制，将贷款限额从原来的5000万新加坡元提升至7000万新加坡元。这些调整极大地促进了新加坡离岸金融服务行业的发展。

进入20世纪90年代末期，新加坡已经崛起为亚洲的美元交易枢纽。这一时期，外资银行在新加坡银行业的总资产中占比达到80%，同时，亚洲货币单位经营机构数量激增，超过100家。与此同时，亚洲美元债券市场也经历了显著的增长，累计发行量达到361笔，总额高达20.54亿美元。

随着外汇交易业务的蓬勃发展，新加坡逐渐在国际金融市场中崭露头角，占据了全球外汇市场的重要地位。1998年，这一市场的交易总额已攀升至1390亿新加坡元，将新加坡推上了全球外汇交易市场的前四名。此外，新加坡也在离岸保险领域取得了显著进步，其1992年的总收入超过11亿新加坡元，显示出该市场的巨大潜力和增长空间。

第三阶段：1998年之后的转型时期。

自1998年起，新加坡金融行业阶梯式增长极大地推动了国家经济的全面发展。金融服务业成为新加坡经济的新增长极，在产出、就业和增长率方面为新加坡的社会经济带来了正面影响。

20世纪80年代后期，新加坡在金融领域取得的成就激励东南亚其他国家实施更加灵活的政策。这些国家纷纷朝国际金融中心的方向转型。但这也带来了一些问题，如过度借贷和国外投资者在当地市场的投机行为，引发了东南亚金融危机。由于新加坡有效地区分了境内外金融市场，将本国金融市场隔离在风险之外，因此，1997年的金融危机并未严重影响其国内经济。

在金融危机后，泰国等东南亚国家采取更加开放和自由的金融改革政策，这对新加坡的离岸金融业务造成了一定的冲击。面对这些挑战，新加坡金融管理局再次调整管理思路，着眼于金融管理体制的转型和升级，以增强新加坡在金融领域的竞争力。

1999年5月17日，新加坡政府发布了一系列影响深远的银行业改革政策，包括取消对外资银行股权40%的最高比例限制，废除银行股双轨制，提高符合条件的离岸银行新加坡元贷款最高额度，将其从3亿新加坡元大幅提升至10亿新加坡元。

自2000年起，新加坡的金融市场经历了一系列重大改革。其中一个显著的变化是外资机构交易最低限额大幅下调，由原来的500万新加坡元降至50万新加坡元。这个调整大大降低了市场进入门槛，吸引了更多投资者。与此同时，新加坡政府开始放宽对交易佣金的限制，让证券公司能够根据市场条件自主设定佣金。这些改革措施提升了市场的活力与竞争力，促进了金融行业的整体发展。

除此之外，新加坡还积极促进国外证券在其国内市场上市，吸引了许多国际公司到新加坡证券交易所发行各种证券。这种做法极大地丰富了新加坡资本市场的多样性并增强了市场活力。同时，新加坡积极开发和宣传新型金融衍生产品，以提升其在东南亚和全球金融市场的竞争地位和影响力。

这些广泛的改革已经将新加坡金融体系从以往强调严格监管和风险管理的模式转变为重视信息披露透明度、促进金融创新和灵活性的模式。此外，新加坡的离岸金融市场亦经历了一场深刻的转型，从一个相对孤立的体系发展成为一个更加整合和开放的市场，成为区域乃至全球金融领域的关键枢纽。

新加坡金融市场的吸引力。经过多年的不懈努力，新加坡已经成为全球最佳离岸金融市场之一。除此之外，新加坡的整体社会经济状况也吸引着全球的投资者、富豪和高净值移民人士。主要包括以下特点：

- **高度发达的经济和高质量的商业环境。**2022年，新加坡的人均国内生产总值（GDP）高达82807美元，每个财政年度GDP增长率约为2%。同时，其规范的制度和稳定的发展方式，让其在全球商业环境中享有极高的声誉。

- **政治稳定。**新加坡在1965年正式独立，在人民行动党的长期领导下，国家政局稳定、人民团结统一。政府廉洁度较高、法律体系完善，在国际市场上的整体形象比较可靠。

- **自由的市场。**新加坡政府管理思路清晰、明确，并较少对市场进行干预，因此外部投资者能享受到相对自由、开放的市场环境。

- **金融监管体系健全。** 新加坡金融管理局（MAS）建立了规范、严格的监管制度，通过《证券及期货法》等法律对违规公司进行制裁。MAS除监管之外，还发布了全面的指导方针，并严格遵守国际标准，对各市场主体起到标杆作用。

新加坡银行业作为全球金融枢纽的关键部分，持续吸引着众多投资者的目光。诸如星展银行（DBS）、大华银行和华侨银行等主流银行，都以其具有竞争力的股东回报和稳健的股息政策获得了市场的青睐。尤其是星展银行，作为东南亚地区最主要的银行之一，它连续多年赢得了全球最佳银行的荣誉。在全球经济充满不确定性的大环境下，这些银行证明了自身的经营韧性，并有效地把握了亚洲市场的发展机会。

新加坡的房地产投资信托基金（REITs）是较为热门的投资领域，如广受投资者欢迎的Capita Land Mall Trust、Ascendas REIT等。这些REITs能够让投资者们广泛参与不同类型的房地产投资，如购物中心、工业房产和办公楼等，并获得相对稳定的投资回报。

除此之外，新加坡的科技公司也是热门投资标的。这一趋势受到了新加坡政府的高度重视，政府不仅为科技公司提供资金支持，而且为投资者们营造有利的创新和商业环境，这些举措共同促进了科技产业的快速发展。

新加坡的重要市场主体。 新加坡市场制度健全、各主体活跃度高，这离不开市场参与者们的共同努力。从监管端到金融机构、投资机构，再到企业，新加坡市场展现出生机勃勃的健康态势。

MAS成立于1971年，担负着多方面的关键任务。其主要职责包括制定并执行国家货币政策，以及监控支付系统和货币发行流程。作为政府的财务咨询机构和经济策略顾问，MAS在维护国家财政健康方面扮演着核心角色。此外，MAS也负责监管金融机构，确保金融体系的安全，管理国家外汇储备，保障财政安全和货币价值稳定。为了巩固新加坡作为国际金融中心的地位，MAS积极推动金融市场的国际化和多样性。为了达成这些目标，MAS实行了包括再贴现国库券和商业票据在内的一系列政策，并制定了金融机构须遵守的流动性和最低现金储备标准。

新加坡的金融市场极为重视商业银行部门。这些银行紧紧跟随国家在国际贸易、投资及经济增长等方面的步伐，不断发展壮大。新加坡独立前殖民时代的制度造就当地商业银行业的独特结构，即本地银行和外国银行在同一市场内共存，共同促进金融市场的发展。

国家独立后，新加坡的银行体系经历了几次重大转型。在早期阶段，外国银行能够开展所有本地银行可经营的业务。随后，为了支持和保障本土银行业的发展，政府逐步加强了对外国银行的业务管制，并要求办理限制性银行执照以及离岸银行执照。

这些政策的实施，逐渐塑造了现今新加坡的商业银行体系。在这个体系中商业银行可以大致分为三类。

第一类是完全执照银行。这类银行在新加坡能够从事所有银行类业务，并且有权开设一家以上的分行。此类执照在1971年之后就不再发放，在停止发放前共有13家本地银行和24家外国银行成功取得。此外，这些银行有权获得ACU执照，用以开展主要的离岸业务。

第二类是限制性执照银行。1971—1973年，14家外国银行被授予一种特定类型的执照。根据规定，这些银行不能接受新加坡元作为存款，并且不能接受少于25万美元的定期或储蓄存款。同时，持这种执照的银行在新加坡只被允许设立单一办公地点。然而，这些机构有资格申请ACU业务许可，从而合法地参与离岸金融交易。

第三类是离岸性执照银行。自1973年起，新加坡向外资银行颁布了专注于离岸业务的执照，随后成立的许多银行获得了这种许可。这类银行根据政府规定，必须将ACU的交易作为它们的核心业务。从1978年开始，这些银行可以在新加坡开展国内金融业务，但必须遵守以下条件：

- 不允许开展新加坡元普通存款业务。
- 不允许吸纳新加坡居民的新加坡元定期存款。
- 对于非新加坡居民的新加坡元定期存款业务，金额在25万新加坡元以上时，业务方可办理。
- 每家离岸性银行的新加坡元存款总额不得超过5000万新加坡元。
- 在新加坡境内最多只能设立一个分行。

目前，新加坡本地最大的商业银行是星展银行（DBS）。自1968年成立以来，DBS一直致力于通过长期信贷来促进工业发展，进而推动经济增长。DBS的主要业务包括中长期贷款、股权投资以及担保等。随着时间的推移，DBS的业务范围已经扩展到私人银行业务、商业银行业务及商业投资银行业务等多个领域。不过DBS对融资活动持审慎态度，这在一定程度上限制了其对本地小型工业企业的贷款能力。

新加坡金融市场上另一个主体是财务公司，这些公司大部分成立于20世纪50—60年代，当时新加坡对存款和贷款利率采用了最高和最低限制。这些政策促使多家银行成立了自己的财务公司，从而能够以更高的利率吸收存款。

财务公司主要接受定期存款和储蓄存款，但不涉足活期存款业务。定期存款是它们的主要资金来源，且其存款利率一般高于传统银行利率1~2个百分点。因此，财务公司的贷款利率通常也比银行的贷款利率高。这些公司主要从事住房贷款、分期付款信贷、租赁融资、房地产和证券投资等业务，但它们不能从事离岸金融或外汇交易，也无法发放超过5000新加坡元的无担保贷款。

邮政储蓄银行（POSB）的前身可以追溯至1876年，最初作为邮政系统的储蓄部分运营。1972年，它从邮政部门独立，发展成为一个自主的金融实体，并从此走上稳健发展之路。POSB专注于服务个人客户，不吸纳企业存款，因此个人储蓄成了它的主要资金来源。这些资金主要用于投资政府发行的证券，以及向政府所有的企业提供贷款。POSB的一部分资金也被投资于股票市场和私营企业的证券。此外，POSB还通过其子公司——邮政储蓄银行信用私人有限公司，向客户提供房地产贷款等服务。

新加坡家族办公室的政策与发展环境

新加坡完善的资本市场。 新加坡在建国之初，与邻国马来西亚共同使用一个证券市场。1973年，马来西亚政府改变了政策，两国的证券市场由此独立开来。从此，新加坡的资本市场开始从独立经营转向成熟和完善。

新加坡证券交易所（SES）是新加坡资本市场的中流砥柱，它由两个核心机构组成。

其中一个机构是成立于1973年的证券行业委员会（SIC），它作为MAS的顾问机构，主要负责制定股票行业的整体政策并指导其发展方向。SIC的职责包括贯彻实施《证券行业法》和《接管和合并法》，以保障市场的合规运作。该委员会的主席通常是MAS的资深官员，其成员则由MAS从政府和私营部门中挑选，大多数成员来自私营领域。新加坡对证券市场的监管主要通过证券行业委员会来实施，旨在保证市场的高效运行和公正监管。

另一个机构则是交易委员会。交易委员会是SES下设的自律组织，负责对SES的日常运作进行监督。这个委员会共有9名成员，因而又被称为"九人委员会"。其中，MAS直接指定5名成员，股票交易所的资深经纪人占据其余4个席位。这种委员会的结构设计旨在确保其在执行职责时能够保持公正性和客观性。

交易委员会作为SES的执行机关，拥有较大的权力，包括达成交易所的运营目标和执行相关决策。负责交易所日常运营的总经理和团队由委员会指派。作为交易所的核心成员，经纪人负责执行自营交易、参与新股认购以及提供经纪服务。同时，他们负责向客户提供投资建议和其他金融服务。不过根据相关规定，这些经纪人被禁止开设任何分支机构。

自1975年起，新加坡股票交易所在组织架构上划分成了第一交易部和第二交易部两部分。在第一交易部上市的公司必须满足更高的标准。如果公司不再符合这些标准，它们将被转移到第二交易部。要在第一交易部挂牌，公司必须满足以下条件：

- 已发行股本至少为500万新加坡元。
- 股东数量不少于500人。
- 每年至少有25万股股票或实收资本的5%进行上市交易。
- 在过去3年中，每年至少保持5%的股息分红或10%的总收益。
- 必须遵守交易所的上市规定以及公开财务信息的规则。

在1978—1983年的新加坡证券市场第二个五年计划中，新加坡股票交易所实施了多项关键改革以提高市场的现代化水平和效率。交易所为提高运营效率，引入了证券金融公司的成交和保证交易系统。同时，还创建了一个中心化的票据清算系统，使所有交易所会员公司可以通过该系统进行交易，这样既提高了交易效率，也降低了运营成本。此外，在这一时期，新加坡股票交易所启动了政府债券和企业债券的上市交易。根据交易所的规定，要求上市的企业债券必须满足以下条件：

- 每一期限的债券价值必须至少为 350000 新加坡元。
- 持有该债券的投资者至少应有 200 人。
- 发行债券的公司应具有良好的发展前景，其业务对投资者具有吸引力，并且公司本身有能力证明这一点。

尽管新加坡拥有庞大的政府债券市场，但私人企业发行的公司债券在市场上相对稀少，政府证券的实际交易量也较低。这主要是因为大部分的政府债券被各类金融机构持有至到期。

在新加坡的资本市场上，尽管公共债务获得了大量投资，但私人企业股票交易依然是市场的主要活动。面对新加坡股票交易所债券市场的低交易量和流动性问题，政府采取了几项措施以提升债券二级市场的活跃度。这些举措包括允许 MAS 和中央公积金局积极参与政府债券的交易，减少政府债券交易的佣金费用，以及逐步取消单笔交易所需的最低金额限制。

1977 年 2 月，新加坡股票交易所正式开启期权交易业务，成为亚洲第一个能够开展期权交易的市场。1984 年，新加坡又率先在亚洲引入金融期货交易。从此以后，外国公司的证券也可以在新加坡股票交易所上市，但需满足相关规定，即申请上市的外国证券必须在本国已经上市。尚未在本国上市的，则需满足以下条件：

- 持有 100 股以上股票的股东数量不得少于 2000 人。
- 公众持有的股票数量必须超过 200 万股。
- 在全球范围内的有形资产净值至少为 5000 万新加坡元。
- 过去 3 年的累计税前收入至少为 5000 万新加坡元，或在过去 3 年中的任何一年税前收入至少为 2000 万新加坡元。

新加坡自动报价与交易系统（SESDAQ）市场自 1987 年 2 月成立以来，致力于为新兴的中小企业提供一个高效的融资渠道。该市场的准入门槛设计得相对宽松，以满足中小企业的资金需求。1988 年 3 月，SESDAQ 市场实现了与美国纳斯达克证券市场（NASDAQ）的联动，为新加坡投资者提供了直接参与美国场外交易市场的机会。

SESDAQ运用先进的电子交易平台，同时引入了多个注册造市商来确保市场的流动性和活跃度。有意进行SESDAQ证券交易的投资者，需要通过注册的平台参与者进行操作，这些平台参与者包括新加坡股票交易所的会员公司以及获得授权的SESDAQ证券交易伙伴。

所有SESDAQ市场的交易活动都由新加坡中央保管有限公司（CDP）进行清算处理。同时，CDP还负责保持交易记录的更新和管理所有SESDAQ证券账户。1990年3月，SESDAQ市场上共有13家新加坡本土公司的股票进行交易，同时该平台也开放了对NASDAQ上市证券的交易服务。

1987年5月，新加坡推出了一个全新自动报价系统，专门用于处理政府证券的交易。该系统通过电脑自动处理政府证券整个生命周期的业务，包括发行、交易、兑换、转让、过户和注册等环节，实现了政府证券交易的数字化和自动化。

CLOB国际市场于1990年1月成立，成立的目标是减少马来西亚公司在新加坡股票交易所的重复上市现象。随着时间的推移，由于投资者对马来西亚公司股票的兴趣与日俱增，CLOB国际市场逐步发展成为一个专业的交易平台，专注于那些未在新加坡股票交易所上市的马来西亚公司的股票。

1990年3月底，该市场已经吸引了144家公司进行股票交易，其中包括131家马来西亚企业、12家中国香港企业及1家菲律宾企业。为了在亚洲新兴工业化国家及东盟成员国公司股票交易中占据头把交椅，新加坡政府正致力于推动CLOB国际市场的发展。未来将有更多来自该区域的企业选择在CLOB国际市场上市。

新加坡家族办公室政策体系。随着新加坡在国际市场上的金融中心地位日益凸显，该国对家族办公室业务逐渐敞开了大门，为了进一步提高新加坡财富管理中心的地位，政府也推出了相关政策，推动家族办公室业务发展。2019年，新加坡经济发展局与MAS共同成立了新加坡家族办公室发展团队，目标是创建一个完善的财富管理生态体系。这一举措着重于三个核心战略：①优化家族办公室业务的营商环境；②提升金融服务以及相关行业的专业水平；③构建沟通畅通、信息共享的家族办公室网络社区。

2023年7月5日，MAS发布了一项新的政策，对家族办公室适用的税收优惠条件进行了更新。这些修订涵盖了若干关键领域，包括资产管理的规模、在当地的最低运营支出以及本地投资的类别等。此举的目的在于激励单一家族办公室在新加坡及亚太地区进行更有效的资金投入，并鼓励这些机构为环境和社会福祉提供更多帮助。

在概念界定方面，新加坡《证券及期货法》并未对单一家族办公室的概念进行明确阐释。MAS将单一家族办公室解释为，那些专门为一个家族或代表一个家族管理资产的实体，且这些实体完全由该家族的成员直接或间接控制。对于联合家族办公室，新加坡当局的普遍定义为服务于多个家族、管理代表多个家族财富的机构。在这里，"家族"一词通常指一个共同祖先的直系后代及其配偶、前配偶、养子女和继子女。

在牌照许可方面，根据新加坡当局的规定，资产管理（常称为基金管理）活动受《证券及期货法》的管制。依据该法规，任何进行受管制的基金管理活动的机构都须向MAS注册，并持有资本市场服务许可证，或得到持有此类许可证的豁免。不过，MAS对单一家族办公室并没有设定特别的许可要求或监管规定。单一家族办公室通常可以申请两类许可豁免：一是关联法团豁免；二是个案监管豁免。

关联法团豁免，是指任何符合该条款定义的公司，均不需要持有相关牌照，其架构如图3-1所示。

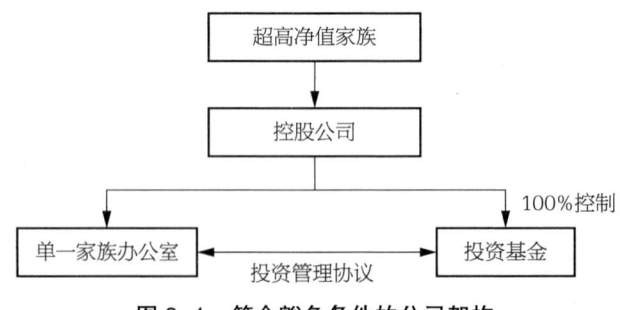

图3-1　符合豁免条件的公司架构

个案监管豁免，是指那些实际上仅代表单一家族进行基金管理但不符合现有持牌豁免条件的单一家族办公室，可以依据《证券及期货法》相关条款向 MAS 申请特定的持牌豁免。

在税收优惠政策方面，符合相关规定单一家族办公室管理的基金可享受税收豁免。这项豁免特别针对来自所谓"指定投资"的特定类型的收入，而这个术语在税法中被广泛解释为包含多种投资回报，但不包括与新加坡房地产相关的收益。

MAS 对家族办公室依据《所得税法》第 13O 条和第 13U 条提出的税收优惠申请要求作出了修订，该修订法案自 2023 年 7 月 5 日起生效。此举的目的是扩大对新加坡家族办公室的税收优惠范围，激励单一家族办公室在新加坡及亚太地区投资，从而推动社会经济进步，尤其在环境和社会公共事业方面。政策条款的修订为第 13O 条和第 13U 条计划的申请者提供了更多满足税收优惠政策的方式（如年度最低开支和本地投资要求，现称为资本部署要求），极大地提高了家族办公室业务的灵活性（见表 3-1）。

表 3-1　第 13O 条和第 13U 条

项目	第 13O 条	第 13U 条
资产管理规模门槛	基金在申请时及整个税收优惠期间，指定投资额度达到最低 2000 万新加坡元	基金在申请时及整个税收优惠期间，指定投资额度达到最低 5000 万新加坡元
投资人员	在申请和享受税收优惠期间，管理基金的家族办公室机构需要雇用至少两名从事投资的专业人员，其中至少有一名必须是家族成员以外的人	在申请和享受税收优惠期间，管理基金的家族办公室机构需要雇用至少三名从事投资的专业人员，其中至少有一名必须是家族成员以外的人
	● 合格的投资专业人员需要担任投资组合经理、研究分析师或交易员等专项职务； ● 这些投资专业人员必须是新加坡税收居民。任何非新加坡税收居民的个人均不符合作为投资专业人员的条件	
开支下限规定	对应于每个税收评估年度的基准期间，基金在新加坡发生的本地运营开支必须至少达到 200000 新加坡元（可根据阶梯计算）	
	为了达到最低开支的要求，机构可以向本地慈善机构捐赠合格款项或向混合融资机构提供资助。但是这类开支须确保基金在新加坡的本地业务开支至少为 200000 新加坡元	

续表

项目	第13O条	第13U条
资本安排规定	单一家族办公室的基金规模至少10%或最低1000万新加坡元（取两者中的较低值）必须投资于以下本地项目： ● 在MAS认可的交易所上市的权益、房地产投资信托（REITs）、商业信托（参照《新加坡商业信托法》相关规定）或交易所交易基金（ETF）； ● 符合资格的债务证券（依据《所得税法》的相关规定）； ● 新加坡持牌或注册的金融机构所分销的非上市基金； ● 在新加坡拥有实质性业务运营并注册的非上市公司，包括通过提供私人信贷方式的投资； ● 气候相关投资（可以是本地也可以是国际投资）； ● 由新加坡持牌或注册的金融机构实际参与的混合融资结构	
私人银行账号	在申请税收优惠期间及整个有效期内，基金需要在新加坡持牌金融机构持有一家私人银行账户	
继续适用的条件	基金需满足以下条件： ● 在新加坡注册公司； ● 具有新加坡税务居民身份，业务控制和管理应位于新加坡； ● 采用位于新加坡的基金行政管理人员； ● 其收入不得来源于之前已经在新加坡运营且享有税收豁免的实体转让的投资（若未进行转让，该实体所获得的收入将不符合税收豁免条件）	基金必须： ● 委托设立于新加坡的基金行政管理人（前提是该基金作为公司在新加坡注册成立），同时作为新加坡税务居民，在新加坡进行业务控制和管理； ● 不得同时受益于新加坡的其他税收优惠计划

独特优势：新加坡家族办公室的枢纽作用

活跃的金融市场、灵活的家族办公室政策与支撑体系，让新加坡成为全球瞩目的财富管理中心。不少专业人士谈及新加坡的家族办公室市场时，常常会使用"枢纽"一词。何谓枢纽？即联通四方、传递信息、共享资源的渠道。新加坡作为枢纽能够解决的是家族办公室客户的具体问题。

国际身份问题。李女士是中国北方地区的一名商人，主要从事投资和商业地产开发。其儿子曾先后在新加坡和美国接受教育。目前，儿子已成家并有两个孩子，他们都是美国国籍。在完成学业之后，李女士的儿子曾在东南亚某国工作了几年，之后回国帮助她打理家族企业，同时做一些个人投资项目。此前，李女士并未对家族财富管理事宜太过在意，但当儿子回国后，他们遇到了一些麻烦。因为李女士的家族业务跨越多个国际法域，包括中国内地、中国香港、新加坡和美国，因此在个人财务上面临跨国税务问题。由于她的儿子是美国公民，他需要对全球范围内的收入在美国缴纳所得税，并对全球资产缴纳遗产税和赠与税。

他们选择新加坡作为家族财富管理地点，因为新加坡法律制度完善、营商环境成熟稳定。同时，从家庭生活来讲，新加坡社会稳定、治安良好、国际化氛围浓厚且包容度强，李女士家人也希望在新加坡养育第三代子女。因此他们决定在新加坡成立家族办公室，因为一个正式的、专业化的机构能够帮助他们解决现实的身份问题，并就资产管理和财富传承进行各类安排。在此过程中，他们考量了以下问题：

第一，李女士儿子的身份问题。由于他曾经在东南亚某国工作数年，曾经是该国的税务公民，所以，在到新加坡生活之前，必须厘清他的税务身份问题，判断他在美国、该国及中国内地的身份的影响，并确保他履行各个司法辖区的纳税义务。在专业的税务顾问的帮助下，他们一家厘清了李女士儿子的税务身份，并获得了家族办公室架构上的建议。

第二，关于家族目标规划和长期愿景的问题。作为第一代创业者，李女士当然希望保障家族财富的稳定安全，并确保子孙后代能够享其福泽。而李女士的儿子则希望移居新加坡，并在此管理家族财富和个人资产。家族办公室能够很好地满足他们的这类需求。通过家族办公室，李女士的儿子将获得新加坡的身份，并在此工作生活，他的子女也可以在此接受教育。以新加坡稳定的环境和专业的金融机构为基础，李女士家族财富的长期规划和传承需要也可以得到合理的安排。

在落地家族办公室的过程中，李女士一家也遇到了一些小插曲，如李女士的儿子计划放弃美国身份。在按照美国税法规定填报税务情况时，他漏掉了一些信息，不过在专业机构的帮助下，这个问题得到了妥善解决。之后，他们在新加坡注册了一个家族办公室和一个实体基金。考虑李女士的儿子目前仍然是美国公民，而美国实施全球征税政策，他需要在美国进行税务申报。为此，李女士考虑成立一个外国受托人信托来管理基金。按照外国受托人信托的规定，通常情况下，信托设立人不需要为信托资产产生的收入向美国纳税，除非这些收入在美国产生或者在与美国相关的业务中产生。因此，他们仅在需要向美国分配信托资产或进行美国税务申报时才需要缴纳税款。而在新加坡，他们的基金实体符合新加坡《所得税法》中的"指定投资收入"条款，可以免予缴纳公司税，同时他们符合持牌豁免的规定，因此也不必大费周章地申请金融牌照。

目前，这家人相关的身份手续均已办理妥当，家族办公室也逐渐落地。该家族办公室现有 6 名工作人员，包括专业的投资团队和家族成员组成的服务团队。投资团队成员资历深厚，全部具有超过 5 年的从业经历，他们为李女士家族管理的资产总额达到 4.5 亿新加坡元。在这一系列安排之下，李女士的家族办公室已经在新加坡投资了一些科技公司，后续他们还希望投资不同的行业和公司，扩展业务版图。

业务架构问题。王先生是一名中国企业家，来自南方某省份，是一家跨国集团的创始人，也从事相关业务投资。他涉足的领域包括地产、教育、健康医疗等。王先生育有两名子女，且年龄相差较大。目前，他所持有的资产为数亿新加坡元的银行存款和某家境外上市公司的股份。

王先生目前仍然是自己房地产业务的"一把手"，也亲力亲为打理个人财富。但这样也产生了一些问题，例如他私人投资的财务问题一般交由公司的会计处理，但这些非常规性的工作难以保证质量，而且会产生大量临时性的业务。在时间紧张的情况下，会计团队有可能犯错，如相关材料未完整保存记录、未得到妥善保存，长期来看会影响他个人投资的正常进行。

随着个人财富的增长，公司事务与个人投资两条线混乱的问题越发明显，王先生开始考虑在新加坡设立一个家族办公室、基金和信托机构，以便梳理不同的业务线，让自己的资产管理思路更加清晰。他计划设立一家私人信托公司（Private Trust Company，PTC），作为家族信托的受托人。在这种设计框架下，王先生的子女及后代可以实现财富的传承和保值，同时他的子女可以在私人信托公司担任董事会的职位，从而深度参与管理家族财富。在这个过程中，他考虑了三个方面的问题：

第一，资产转移过程中的跨境税务问题。专业机构对可能的税务影响进行了分析。王先生通过家族信托控制的资产,主要包括高达 2.5 亿新加坡元的金融资产和在中国香港地区一家上市公司的股份。在评估主要业务所在地、资产原始地和搬迁至新加坡的税务风险时,他们发现虽然有税务方面的挑战,但仍有可能利用特定税收优惠政策来减轻负担。具体来说,王先生可以利用新加坡第 13X 条款的优惠政策,该政策对来自某些特定类型投资的收入(如股票、股份、债券、证券和金融衍生产品)提供免税优待。

第二,私人信托公司的治理框架。考虑王先生的两名子女年龄相差较大,他们需要应对未来可能存在的冲突和矛盾,专业的法律和税务专家为此设计了一套治理框架。该框架将由私人信托公司具体执行,并在收益分配策略、资产管理策略、决策过程和慈善活动管理上制订了完善的解决方案。为了确保自己过世后,信托公司的运营仍然能得到有效监督,王先生打算在董事会中引入外部独立董事,这样可以在管理层之间建立有效的平衡,确保公司的长远稳定发展。

第三,慈善事业的系统性规划。王先生目前已经开展了一些慈善活动,但随意性较强,常常缺乏计划,他希望能在新加坡继续参与慈善事业,尤其是与医疗相关的行业。为了实现这一目标,王先生的家族办公室中有专人负责管理和规划他的慈善事业。他们在提供详细的慈善规划和战略服务的同时,也提供有关慈善管理的技术和运营方面的指导,这样可以让王先生的慈善活动更加有条理。

作为一名资深的投资者,王先生深刻认识到新加坡的投资潜力,并且认为在新加坡置业有助于提升其业务的经济效益,在新加坡设立家族办公室能够享受法律和税务优势。因此,他决定带领全家移居新加坡,发展家族企业并实现家族财富的稳健传承。

王先生本人已经成功取得了新加坡的永久居民身份,他的配偶和年幼的儿子则选择了通过新加坡全球商业投资者计划(GIP)的基金选项进行申请。这个计划要求他们在新加坡的公司中至少投资 250 万新加坡元。后来,王先生在新加坡创办了自己的医疗保健企业,用来拓展现有业务并抢占东南亚市场。由于王先生的长子已年满 21 岁,不符合作为直系亲属加入其 GIP 申请的条件,他通过家族在新加坡的医疗保健公司获得了 EP(工作签证)。

为了达成家族的发展目标,在专业团队的帮助下,王先生家族创建了一种特殊的个人财富架构。该架构涵盖了家族办公室、一个由私人信托公司(PTC)

运营的信托基金机构以及一家在新加坡注册为担保有限公司的私人基金会。

家族委任了一位独立家族管理顾问，主要围绕家族的核心议题提供专业性意见。家族成员定期会面，共同讨论关键议题，并制定了一份家族宪章。该宪章详细阐述了家族成员的职责与义务，确立了对家族企业和资产的有效管理监管模式，约定董事会与家族成员之间的互动方式并商议了家族共同应对未来可能出现的争议的方式。

在这个过程中，各方面的专家都发挥了不同的作用。法律顾问负责起草建立家族信托所必需的家族协议、股东协议及其他相关法律文档。税务专家和独立家族管理顾问对这些文件进行全面审核，以确保没有偏离家族本身的出发点。

在政策方面，根据新加坡"增强型层级基金免税计划"，该基金能够享受对特定投资所得的税收优惠。同时，家族办公室也得到了MAS的特许经营许可豁免。

目前，王先生的家族办公室已经落地并正常运营，团队成员超过15人，包括投资分析师、法律顾问和财经专家。在全球金融市场行情的影响下，家族办公室目前管理的资产总值已超过3亿新加坡元。家族通过家族办公室继续开展一系列的专业性慈善活动，并在新加坡快速扩展医疗健康业务。

居住多年以后，王先生及其妻子和幼子均已获得新加坡公民身份。其长子则因在新加坡的医疗保健公司任职而获得新加坡永久居民身份。总体来看，家族办公室的建立不仅巩固了王先生家族的投资，而且促进了其医疗保健业务的进一步扩张。凭借医疗保健领域的快速增长，他们家族收获了丰厚的回报。而由新加坡本地专家组成的法律和财务团队，也确保了家族安全及其业务活动符合法律。

移民问题。对于华人或华裔来说，新加坡是一个绝佳的移民通道。因为对于不少高净值人群来说，一方面，他们希望获得海外身份或完全移民海外；另一方面，语言、文化和生活习惯的差异让他们望而却步。而新加坡本身作为华人社会，语言、文化、习俗与中国相对接近，文化包容性强，同时气候宜人，居住环境干净，是华人移民的最佳选择之一。

郑先生就面临这样的情况。他年过五十，名下有多家公司，曾经在中国南方某省工作生活。随着个人财富的积累，他多年以前就考虑过移居海外，也曾经尝试申请新加坡身份，但未能成功，之后移居中国香港。随着近些年国际环境持续变化，郑先生仍然将新加坡视为理想的目的地。当他了解到可以通过设立家族办公室的方式获得新加坡居民身份后，迅速开始了申请程序，一路畅通无阻，申请仅用了大约两个月便获得了批准。

林先生也是如此，他是中国某上市公司的创始人兼董事长。几年前，他开始考虑移民新加坡，最终在专业机构的帮助下成功办理新加坡身份，子女也就读于当地国际学校。他在新加坡设立的家族办公室投入的资金已超过800万新加坡元，主要标的为金融产品，这部分收益享有税收豁免，因此他不仅取得了身份，还获得了资产增值。目前，这位企业家着眼于在新加坡扩展其家族办公室的财富规模。他的计划包括投资海外多种金融产品（这些投资享有免税优惠），为其家庭成员购置大额保险，以及向一家位于新加坡的教育技术公司投资，目的是增强他在东南亚地区的业务影响力。

巨富家族的国际化。 除普通高净值人群的移民、身份、海外业务、资产及税务需求外，在新加坡设立家族办公室也是一些巨富家族的选择。这类家族的特点是，财富规模大、企业国际化程度高、家族成员人数多、家族成员有海外身份需求。新加坡单一家族办公室 Golden Alpha 就是一个典型案例。

Golden Alpha 是苏海文家族的家族办公室。包苏海文是中国香港已故船王包玉刚的大女婿、九龙仓集团主席吴光正的襟兄，曾担任环球航运及亚洲航业有限公司高管，在船王包玉刚去世后掌管环球航运主要业务。

Golden Alpha 是苏海文家族的核心投资角色，涉足家族的多项投资活动，既包括直接投资项目，也包括借助外部资金管理者的私募和公共投资。而 Golden Alpha 这个名称的灵感来自船业巨头包玉刚购买的第一艘船。

Golden Alpha 的直接投资涵盖了处于不同生命周期的企业——从初创企业到成熟企业乃至 Pre-IPO 阶段的企业、上市公司的股份，不一而足。在投资范围上 Golden Alpha 主打多元化投资理念，涉及领域包括信息技术、消费品类、教育、商业服务、医疗健康、金融及金融科技、工业、媒体与娱乐、基础设施、新能源、矿产资源、农林业和房地产等。Golden Alpha 在欧洲、美洲和亚洲等地区进行投资，单笔投资额通常为100万~1000万美元，但实际投资额经常超过这个区间。

Golden Alpha 是一个典型的国际化家族办公室，其总部设在新加坡，在美国和印度设立了分支机构。首席投资官（CIO）Yag Patel 曾强调，Golden Alpha 的投资方式以价值为基础，追求长期机会，并在海外投资策略中保持高灵活度和耐心。目前公司董事会主席是包苏海文之子、包玉刚外孙包苏文刚，他是包氏家族的第三代继承人。

船王家族选择新加坡作为家族办公室的总部，正是出于对新加坡国际化的视野、多元的环境及业务契合度的看重。包玉刚是中国香港人，其大女婿、包氏家族主体公司 BW group 的掌门人包苏海文是奥地利人，因此家族办公室的地点设置非常看重国际化环境以及友好的金融政策。苏海文家族还在列支敦士登设立了苏海文家族基金会（Sohmen Family Foundation），用以满足家族在欧洲的业务需求。

除此之外，不少国际巨头也在新加坡设立家族办公室分支机构。桥水基金的创始人瑞·达利欧在美国设有家族办公室，2022 年，他宣布在新加坡成立另一个家族办公室。据悉，新设立的家族办公室将主要负责管理他在亚洲的投资和慈善活动。

达利欧一直高度关注亚洲地区的发展，同时和中国保持着良好的关系。在新加坡设立家族办公室，能够进一步完善他的国际化投资版图，形成国际业务上的协同。世界吸尘器巨头詹姆斯·戴森（James Dyson）在个人购置新加坡的房产之后，宣布在新加坡正式成立家族办公室，后来索性将英国家族办公室总部搬到了新加坡。

谷歌联合创始人谢尔盖·布林（Sergey Brin）的家族办公室也在新加坡设立办事处。谷歌是布林和劳伦斯·爱德华·拉里·佩奇（Lawrence Edward Larry Page）于 1998 年联合创办的，如今已成为字母表公司的一部分。随着谷歌在国际上的扩张，新加坡已经成为其在亚洲的重要枢纽。据报道，这两位创始人在 2016 年访问新加坡期间，对这个亚洲金融中心表现出极大的兴趣，并与当地领导进行了深入交流。Bayshore Global Management 是为布林提供家族办公室服务的公司，该公司在新加坡开设了办事处。

各国际化巨头纷纷在新加坡设立家族办公室，是对新加坡金融地位和综合条件的充分认可。

第一，新加坡的政策环境为家族办公室提供了理想的营运条件。新加坡政府提供了一系列的优惠政策，包括税务优惠、资本流动的自由和较低的监管门槛，这些都极大地方便了家族办公室的运营和资产管理。

第二，新加坡的地理位置和多元文化背景极具吸引力。位于亚洲心脏地带的新加坡，不仅交通便捷，而且是东西方文化的交汇点，这为国际企业和家族提供了一个既熟悉又充满机遇的环境。

第三，新加坡稳定的政治环境和经济状况为家族办公室提供了一个安全稳定的投资环境。在全球经济多变的背景下，新加坡的稳定性成为资产安全和增值的重要保障。

第四，新加坡在金融服务领域丰富的专业知识和专业人才也是其吸引力的一部分。从银行业务到投资管理，新加坡提供了一流的金融服务，能够满足家族办公室在资产管理、财富规划、遗产规划等方面的复杂需求。

第五，随着亚洲经济的快速发展，特别是中国和东南亚市场的崛起，新加坡作为亚洲金融中心，自然成了国际家族办公室的首选地。这些家族办公室通过新加坡这个平台，不仅能管理在亚洲的资产，还能捕捉到亚洲乃至全球的投资机会。

国际化特色：新加坡家族办公室的发展动因

家族办公室的职责之一就是财富的传承、家族成员的培养和家族精神的继承。而要达成家族不断延续的目标，合适的环境就显得尤为重要。只有具备较大的生存空间，家族办公室才能不断成长，并赋能于各个家族企业，让财富一代代延续下去。因此，我们可以认为，新加坡能成为家族办公室的沃土，不仅是因为金融的发展、政策的推动，也源自其高度国际化的社会。

新加坡对跨国公司的吸引力。 一个国家或地区国际化程度的标志之一就是它是否能吸引和容纳世界各国的企业，为它们提供广阔的商业空间、精细的服务和支持。这一点新加坡无疑是出类拔萃的。以该国注册的公司来看，尽管外国控股的企业只占新加坡全部企业的18%，但这些公司的员工占总员工数的31%，并且对新加坡的国内生产总值的贡献达到惊人的62%（2018年数据）。

这些数字说明了跨国公司对新加坡经济的重大贡献。

在全球企业设立区域总部方面，新加坡也是非常成功的。根据2016年的经济与合作组织（OECD）数据，新加坡已引入了4200多家跨国公司的区域总部。与之相比，中国香港有1400家跨国企业设立亚太区总部或其他区域机构，东京有531家、上海有470家、北京有149家，均远低于新加坡。在全球头部的跨国公司中，有近46%选择在新加坡建立亚太总部。

对于科技公司来说更是如此，全球Top 100的科技公司中有高达59%的公司选择将新加坡作为其亚太总部，包括微软、谷歌、亚马逊等行业巨头。新加坡的外资公司总数超过26000家，其中超过10000家是北美、欧洲和日本等地的公司。

新加坡对全球企业的极大吸引力，主要得益于其优惠的税制。该国的企业所得税税率仅为17%，明显低于中国内地25%的税率、德国近30%的税率以及OECD 21.5%的平均税率（截至2020年）。虽然中国香港的税率略低于新加坡，为16.5%，但新加坡制定了一套完善且精准的税收优惠政策，通过对企业分类，推出对应的指标，真正降低了企业的实际税负。针对符合相关要求的特定企业，其税收优惠包括：

- 贸易公司的税率优惠。符合相关标准的区域性或全球性的大型贸易公司可以适用于最低5%~10%的税收优惠。

- 金融企业的税收优惠。符合相关标准的金融企业可享受不同等级的优惠税率，主要分为5%、10%、12%或13.5%等不同档次。

- 财务管理公司的税率优惠。符合特定标准的财务管理公司可适用于8%的企业所得税税率。

- 研发支出和知识产权收入的税务抵扣。许多公司的研发支出和知识产权收入可享受高达100%或更多的税务抵扣和奖励。

- 总部经济的税收优惠。在新加坡设立区域或全球总部的公司，在一定时期内可免税，或适用于5%或10%的优惠税率。具体税率根据公司的重要性来确定，具体衡量指标包括员工数量、企业经营费用和人才数量等。

新加坡政策规定，企业在新加坡无须缴纳资本利得税，这为跨国公司在新加坡投资提供了巨大便利。相较于美国、中国、韩国和丹麦等国家征收的

15%~42%的资本利得税，新加坡的政策显著增加了企业的投资收益。此外，如果符合相关规定，新加坡公司的海外子公司汇回的股息可以免税，这也鼓励了众多跨国企业将新加坡作为资本流通的中转站，用以减少在本国的税负。新加坡还与50多个国家和地区签署了避免双重征税的相关协议，有效降低了跨国公司的税务负担和运营成本。在资本的流动性方面，新加坡不实施任何外汇管制，允许国际资本自由进出。对跨国公司而言，从新加坡汇出的利润没有任何限制和额外税负。

在个人所得税方面，新加坡也走在世界的前列。新加坡的最高税率只有22%，相较于美国的37%和英国、德国、中国等国家设定的45%的最高税率，这一税率显得更为优惠。此外，自2008年以来，新加坡已经废除了遗产税，这对高收入人群具有额外吸引力。不少高净值人士选择在新加坡建立家族办公室，也是出于遗产税方面的考虑。

在营商环境方面，新加坡为国际企业提供了理想的条件，包括与英美法律体系相似的法治体系、高度自由的资本流动、高度透明便利的信息流动以及优质的人居环境，如高质量的住宅建筑、完善的医疗保障和完善的教育体制。2020年世界银行发布的排名显示，新加坡在全球营商环境相关指标中排名第二。而在美国一家权威机构发布的2020年全球经济自由度排名中，新加坡也位居第二，紧随中国香港之后。

在法律结构方面，1826年，英国东印度公司开始管辖新加坡，从此新加坡沿用了英国的法律系统。1965年独立后，新加坡在继续使用英式法律架构的同时，进行了若干调整，如在1995年废除了陪审团制度。虽然新加坡的某些法律规定（如《内部安全法》）在西方社会引发了一定争议，但法律体系总体上与西方相似。对于大部分跨国企业来说，了解和学习新加坡当地法律成本很低。

科技创新提高国际竞争力。新加坡作为一个"小而美"的国家，在完全没有自然资源优势的情况下，一步步成为发达市场、跨国公司和资本的集聚地，依靠的是极具活力的科技创新能力。

从全球各项指标的评估情况来看，新加坡在科技创新方面处于领先位置。首先，新加坡在全球创新排名中名列前茅。根据2019年世界知识产权组织的《全球创新指数》报告，新加坡在创新投入的次级指标上位列榜首，尤其在制度、基础设施、高等教育的国际学生比例和知识密集型行业就业率等方面表现优异。其次，在全球城市的创新竞争力评估中，新加坡以其良好的科技创新环境拔得头筹。日本一家市场调研机构于2018年发布的《全球城市实力指数》显示，新加坡在创新环境指标中排名第四，在以科研人员维度衡量的城市科研创新吸引力方面，新加坡在全球排名第八。另外，就研发经费投入和强度而言，新加坡表现出稳定的发展趋势。2000—2017年，新加坡的全社会研发支出从30.2亿美元增至90.9亿美元，2017年的研发强度为1.85%。

从本国宏观经济来看，新加坡经过多年发展已形成成熟的产业结构，主要由高端制造业、金融与保险服务、批发零售业和商务及专业服务业构成，同时包括房地产、信息通信、物流和运输等辅助产业。高端制造业作为新加坡的主要产业，在GDP中的占比从2015年的19.2%增至2022年的21.6%，年均增速为7.97%。该行业以电子和信息技术为核心，约占行业总比重的40%，化工、新材料、生物医药和精密工程等领域也呈现出显著的增长，年均增长率分别达到19.3%、10.1%、1.9%和9.2%，均超过新加坡总体GDP的年增长率（6.2%），对经济增长贡献显著。

在电子信息产业领域，新加坡汇聚了50个全球顶尖的研发中心和区域总部、超过300家的半导体企业，是亚太地区最成熟的半导体产业基地。在精密工程方面，在全球市场中，新加坡的半导体引线焊接机的占有率约为70%，助听器约为30%，制冷压缩机约为10%。在生命健康行业方面，全球前十大制药公司都在新加坡设立了研发中心。另外，该国拥有JCI认证①的医院和医疗机构数量占亚洲的1/3。

在高新技术企业的孵化方面，新加坡也走在了世界前列。大量国际性风险投资机构聚集在新加坡，为初创的科技公司提供了通畅的融资路径，因此新加坡的创投行业极具活力。新加坡以本地及国际金融机构数量众多而著称，其中包括B Capital Group、金门创投、丛林创投等顶级创投机构，这些投资机构为科技创新领域提供了大量的金融支持。

---

① JCI认证：全称为Joint Commission International，意为"国际联合委员会"，主要职能是为全球各国家和地区的医疗机构进行权威认证。

国际化的教育机制。新加坡作为东西方文化的交汇点，在教育模块具有高度国际化的特点。20世纪末，全球化浪潮为新加坡的高等教育领域带来新机遇。新加坡教育部发布的关于"21世纪人才素质"的文件，强调了全球化发展趋势、人口结构持续变化以及科技创新将成为新时代的核心动因，并鼓励学生们不断努力，做好准备以应对这些挑战。

20世纪80—90年代，新加坡的教育体系采纳了全球化教育观念。因此，许多国际高等教育机构开始参与新加坡的教育体系建设，由此促进了国际知识和信息共享，推动了具有全球竞争力的优秀人才的培养。

新加坡教育体系融合了西方教育的兴趣激发方式和东方教育的规范性、系统性的优势。新加坡普遍实行以英语为主导的双语教学模式，在高等教育中，英语是主要的教学语言，同时开设华语课程。通过普及英语教育，新加坡能快速方便地吸收外来思想、积极融入国际竞争、学习国际先进科学技术。

在基础教育阶段，新加坡注重平衡发展双语教育、体育、道德教育、创新能力和独立思维，并大力推行计算机教育。该国规定所有儿童必须完成包括6年小学和4年中学在内的10年基础教育。新加坡政府希望在教育方面最大化地发挥孩子们的潜在能力，提升其自主创造、主动思考和融入团队的能力，并加强国家意识和道德教育。在道德教育方面，新加坡从小学阶段就开始强调道德教育的重要性，小学生每周有一个半小时的道德课，中学生为每周一小时。

截至1994年，政府为学生提供的教育补助占其教育总费用的90%。学校系统主要由公立学校组成，包括170所小学、154所中学和14所初级学院，还有新加坡国立大学、南洋理工大学、管理大学和科技大学4所高等教育机构。在2022年QS全球大学排名中，新加坡国立大学和南洋理工大学分别荣获第11名和第12名。这2所学校在计算机科学与信息系统、工程技术、生命科学、医学、化学工程和材料科学等领域均表现卓越，排名居世界前列。新加坡还拥有新加坡癌症科学研究所、高性能计算研究所、生物工程与纳米技术研究所以及与哈佛大学合作的癌症科学研究院（CSI）等国际级科研机构，为该国家各个行业的发展提供了强大的科学研究支持。

良好的人居环境和社会福利。虽然新加坡国土面积狭小，但城市建设规划合理、环境优美，加之气候宜人，因此适合绝大部分人居住。为改善居民的生活水平和居住环境，新加坡政府采取了一系列行动，包括升级基础设施建设、开发新城区和建造公共住房。同时，政府对城市的基础设施如道路、桥梁、水电供应和排水系统进行了精心规划与设计。除此之外，政府还建造了多种公共娱乐和文化设施，如体育场馆、图书馆、博物馆及公园等。

新加坡每个新建的镇区都设有完备的体育设施，如篮球场、网球场和游泳池。绿化工程也十分出色，整个城市随处可见平整的草坪和安静的花园。这一系列措施使得新加坡的每个新镇都成了设施先进、环境宜人、住宿舒适且景观优美的住宅区。

在社会福利方面，新加坡并不标榜自己是典型福利国家，但政府高度重视社会福利体系的建设。新加坡保障系统主要通过政府的补贴和强制性储蓄来满足公民的医疗需求。这个系统的核心是被称为"3M 计划"的医疗储蓄计划（Medisave）、医疗保险计划（Medishield）和医疗援助计划（Medifund）。

新加坡福利政策的焦点在于鼓励个人自助和相互帮助，而不会将资源花费在社会闲散人员身上。政府推出的福利计划鼓励人们实现自给自足，促进经济增长，提升生活品质。中央公积金、职业伤害保险和医疗储蓄是政府强制性储蓄措施中的主要板块。新加坡政府还积极鼓励社会各界参与社会福利和慈善活动，并为参与社区、慈善及文化教育事业的基金会提供免税优惠。

机遇与挑战：新加坡家族办公室未来发展展望

随着新加坡家族办公室业务体系不断成熟、监管制度不断完善，新加坡已经成为全球知名的家族办公室集聚地。虽然最近 3 年全球局势和地缘政治形势的变化给新加坡市场带来了一定的不确定性，但是全球资本配置和财富管理的需求仍然有较大的增长空间，因此新加坡家族办公室未来仍然有较大的发展机遇。主要体现在以下几个方面：

第一，以中国为代表的亚太地区高净值人群将是新加坡家族办公室的主要来源之一。

根据一家权威机构的调查报告，预计未来 5 年内，亚洲将成为全球超高净值个人数量增长最快的地区，增长率达 39%。到 2025 年，亚洲超高净值个人在全球的比重预计将从 10 年前的 17% 增加到 24%，成为全球亿万富翁最多的地区。特别是中国，预计到 2025 年，拥有超 2500 万美元资产的家庭数量将达到 6 万户。如果保持目前 13% 的年增长率，中国有望在 2029 年超过美国，成为拥有最多超高净值个人的国家。

自 2019 年年末新冠疫情暴发以来，中国资金正持续流向海外。数据显示，2022 年有 10000 名中国百万富翁将资产转移到海外，仅次于俄罗斯。同年，2022 年至少有 500 名中国富豪移居新加坡，人均资产约为 480 万美元，总计约有 24 亿美元流入新加坡市场。此外，中国香港、中国澳门和中国台湾地区的家族企业近年来也在不断向新加坡转移资产，以降低税务问题的影响并规避地缘政治风险。根据新加坡官方数据，截至 2022 年第一季度，新加坡新设立的 143 家家族办公室中，有 44%（63 家）源自中国（包括中国香港、中国澳门）。

这些在新加坡设立家族办公室的华人，为新加坡带来了巨额财富。中国知名餐饮企业海底捞创始人张勇夫妇早前在新加坡设立家族办公室，并入籍新加坡，曾一度登顶新加坡福布斯富豪榜。而在新加坡整个富豪群体中，有不少是各国移民，包括迈瑞医疗创始人李西廷、Facebook 的联合创始人爱德华·萨维尔林、印度尼西亚的美籍华裔富商廖凯原、复星集团联合创始人梁信军、欢聚集团联合创始人李学凌等。这些富豪家族子女后代通常在新加坡接受教育、参加工作及进行企业管理，他们既能够通过家族办公室继承家族企业财富，又能够自然地融入新加坡社会，从而在接班之后，更好地促进企业发展，这为新加坡家族办公室产业乃至整个商业经济带来了正向循环。

第二，新加坡家族办公室的欣欣向荣推动了私募股权投资等金融细分市场的快速发展。

根据瑞士银行的调查，全球范围内的家族办公室正修改其投资方针，逐步提高对私募股权、环境可持续项目及另类投资的投入。当前，全球家族办公室将大约 39% 的资金投入私募股权、不动产及个人债务等备选投资中，亚太地区的这一比例大约为 35%。

全球通胀加剧、利率上涨和地缘政治的紧张态势可能是推动这种变化的关键因素。瑞士银行预计，在今后的 4~5 年内，家族办公室在私募股权领域的投资可能会持续上升。在亚太地区，约 53% 的家族办公室正在进行可持续投资，其中一半投资者相信这类投资将优于普通投资标的市场表现。随着新加坡逐渐成为亚洲家族办公室的集聚地，这些机构也在调整自己的战略资产配置，以便更有效地应对市场变化。

为了更好地满足多元化需求，新加坡政府也在考虑进一步完善政策。据悉MAS正考虑加强可变动资本公司（Variable Capital Companies，VCC）框架，它是一种创新型基金架构，不同于传统的有限合伙企业和单位信托结构。具体来说，VCC的结构类似于一个动态的资本池，投资者将资金注入其中，由专业人员负责管理，以实现基金的投资目标。VCC的主要特点是具有高度灵活性，并能够享受税收优惠或免税政策，因此与传统公司结构相比它具有显著的优势。

截至2023年3月，新加坡已经建立了879个活跃的可变动资本公司，覆盖面超过1300个子基金。这些基金有些是在新加坡注册的，有些是在海外注册后转移至新加坡的。

VCC的主要优势在于其运营的灵活性和私密性，因为在运营过程中公司不会公开账户和股东信息。此外，VCC结构的设计有助于达到税收优惠的条件。虽然开曼群岛、毛里求斯和中国香港等其他金融中心也设有类似结构，但新加坡透明的法律体系和良好的声誉让当地的VCC更具吸引力。

采用VCC结构的基金能从新加坡宽泛的税收条款中受益，从而帮助提升其业绩。目前，传统基金经理越来越倾向于采用VCC，尤其是在与零售投资者开展业务的过程中。甚至有不少人推测，未来VCC会逐渐取代单位信托，成为市场主流选择。

基于客户的巨大需求和当前VCC的发展态势，MAS正在考虑加强VCC结构，如支持公司、单位信托和有限合伙等转换为VCC架构。此外，MAS还考虑将房地产管理人和单一家族办公室纳入VCC结构中，目前这二者还不允许进入VCC。当然，在政策调整的过程中，对于洗钱问题的担忧也日益显著，这需要新加坡当局采取配套的安全措施。

未来，如果VCC结构能够进一步发展，将标志着新加坡市场进一步完善、家族办公室拥有更加灵活多样的选择。

新加坡家族办公室面临的挑战。 主要体现在以下几个方面：

第一，新加坡家族办公室未来面临的内外部环境变化。整体来看，新加坡家族办公室具有较广阔的发展前景，但从客观角度讲依然存在一些挑战。

其一，外部的国际形势及新加坡宏观经济的问题。新加坡目前处于经济发展的放缓期。因为新加坡是一个高度开放的经济体，经济增长极度依赖国际市场。而全球需求的减少、地缘政治风险的增加、更严格的货币政策和不断上升的通胀等因素将对其经济造成一定冲击。尽管新加坡预计2024年经济情况可能会有所好转，但仍然存在一定的不确定性。新冠疫情期间，新加坡市场表现强劲，其GDP在2021年和2022年分别实现了8.9%和3.6%的增长。然而，经济增长具有一定的滞后性，随着全球需求的减少，预计2024年新加坡实际GDP增速为2.1%。

在中长期内，新加坡的经济前景可能会持续受到多个外部因素的影响，如地缘政治紧张的加剧、中美贸易关系的波动、西方国家对成品特别是电子产品的需求下降、中国市场的需求减缓、本国的高利率环境和能源成本上升等。在长期内，全球贸易格局的深刻变化可能对新加坡的供应链形成显著的挑战，这将给新加坡作为金融枢纽的风险防范能力带来一定的压力。

另外，新加坡经济依然具备一定的恢复能力。一是全球交通恢复后，新加坡的旅游行业能够带动经济发展；二是新加坡通货膨胀率相对稳定（4%），目前没有伤及经济发展的根基；三是新加坡在前几年已大力布局各类高新技术行业，这些行业在商业化成熟的过程中，能够帮助新加坡经济从过去几年的影响中恢复过来，甚至成为新的经济增长点。

因此，新加坡宏观经济对家族办公室产生的影响还需要长期观察。

其二，内部环境。随着热钱的涌入、家族办公室的无序扩张，新加坡家族办公室行业开始出现一些乱象。新加坡目前已有几百家各种类型的家族办公室，还有将近600家正在申请。但业内人士指出，目前该行业存在两个问题：一是已有家族办公室的真实投资能力和投资意向存疑，如有部分高净值人群希望通过在新加坡设立家族办公室解决移民身份问题，并非真正在新加坡管理资产和开展业务；二是现有家族办公室真实活跃度存在问题，目前这方面的信息不够透明，无论是投资人还是家族办公室的所有者都无法确切了解相关情况。

在新加坡家族办公室行业如火如荼发展之时，美元基金也纷纷进入新加坡市场，寻求募资机会或与潜在投资者进行更多交流。此前欧美大型投资者对国内美元基金持谨慎保守的态度，这些基金面临募资难题。事实上，美元基金涌入新加坡也产生了一些问题。一是市面上的"虚假繁荣"。比如，新加坡频繁举办行业高峰会议吸引了众多参与者，各国各地的投资人和知名企业家都聚集于新加坡，导致当地酒店价格显著上涨，有些酒店的价格甚至飙升至每晚上万新加坡元，但实际的募资是否达到了预期效果则不得而知。二是美元基金本身在"洗牌"。家族办公室现在更倾向于主动投资，而不是轻率或盲目地将资金投给普通合伙人（GP）。它们更倾向于直接投资或与其他家族办公室合作，共同分享高质量项目的投资份额。未来，新加坡国内美元基金的竞争将变得更加激烈，顶尖的基金可能会在行业内更加突出，而其他中小型美元基金可能面临募资的困难。这个"洗牌"的过程可能对现有家族办公室的业绩和业务开展造成一定冲击。

另外，新加坡家族办公室市场的繁荣还催生了一些行业乱象。由于短期内市场迅速升温，一些投机分子也伺机行动起来。他们利用部分美元基金迫切寻求募资的状况，以家族办公室的名义开展金融顾问（FA）业务，利用GP的迫切需求来谋利。在这些投机者中，有些来自联合家族办公室，有些是打着联合家族办公室的旗号私下开展中介活动，用以收取业务撮合费用，甚至有些是单一家族办公室的专业雇员，为GP介绍他们认识的其他家族办公室。

由于目前新加坡整体上对家族办公室行业采取了相对宽松的政策，对这些乱象尚未出台彻底整治措施。目前，市场繁荣暂时掩盖了这些问题，但是未来新加坡家族办公室想要发展，就需要政府加强监管、净化市场。

第二，新加坡家族办公室的政策变化。2022年4月，新加坡修改了家族办公室具体政策，总体上有三个较大变化：一是等待时间拉长，新政策规定审批时间延长至8个月，是之前的2倍。二是抬高了资金门槛。正如前文所讨论的第13O条（原第13R条）计划的最低资金要求现已提高至1000万新加坡元，明显高于之前市场普遍认可的500万美元。同时，家族办公室必须在2年的宽限期内将其资产管理规模增加至2000万新加坡元。新政策还规定，家族办公室需要在新加坡本地市场投资至少10%或1000万新加坡元的资金（以二者中的较低值为准）。此外，政策还提高了家族办公室在新加坡的年度运营支出要求，并规定必须雇用本地的投资专业人员。政策的调整不仅提高了家族办公室设立的门槛，而且提升了运营的成本。三是 BEPS 2.0 新政的出台（防止税基侵蚀和盈利转移）。这个政策的背景是各国要应对数字经济下，人们的跨辖区经营活动产生的税务问题。人员的大量流动、业务迁移和移民可能会带来税基侵蚀和盈利非法转移的问题。如果不妥善处理好此类问题，不仅不能提高经济活力，反而会给合法合规的企业带来不公平的税负。

BEPS 2.0 的两大核心组成部分包括将征税权从企业的实际经营地点改为客户所在地点；对全球年收入超过 7.5 亿欧元的大型跨国企业实施不低于 15% 的全球最低有效税率。根据规则设计，如果这些大型企业的实际税率低于 15%，其注册国可以征收额外的税款，用以达到理论上应缴纳的税额。这与 2013—2015 年实施的 BEPS 1.0 改革形成鲜明对比，BEPS 1.0 的核心原则是税收应与价值创造的地点保持一致，而 BEPS 2.0 为了适应数字化时代下的全球化发展，更改了这一核心原则。

据新加坡《联合早报》的消息，为了响应 BEPS 2.0 新政，新加坡计划从 2025 年起采取两项新政策，以确保跨国公司达到全球最低的 15% 税率。预计这些措施将对跨国公司的税收负担、资本结构、无形资产归属地和商业模式产生重大影响。

对于家族办公室，新加坡政府表示将继续支持和吸引高质量的家族办公室。政府的策略包括积极参与全球税收改革的讨论，并增强新加坡在非税领域的竞争力，以帮助家族办公室适应这些变化。除了应对 BEPS 2.0 的挑战，新加坡也在提供其他机会，如通过慈善捐赠和环境、社会及治理（ESG）投资来促进财富的有效分配，这些都为家族办公室提供了新的机会。

但是当全球最低税率规定生效时，家族办公室仍然将面临较大的税收冲击，特别是那些目前享受免税政策的家族投资工具。相比之下，虽然新加坡运营的跨国企业通常不享受零税率并已获得某些税收优惠，但也将受到新规的影响。新加坡已宣布将实施有效税率的"补充"，因此，家族办公室需要重新评估其家族资产的持有结构和所有权，以确保适应新的税收规则。

尤其需要注意的是，家族办公室在其他司法管辖区设有实体的情况下可能会面临更复杂的税收环境。这是因为它们可能需要在 2024 年按照这些地区的规定报告来补缴税款，即使母公司设在不要求根据授权的财务会计准则编制财务报表的管辖区，根据 BEPS 2.0，它们仍需承担相应的赋税责任。

尽管 BEPS 2.0 或许会在一定程度上缩小税收上的竞争空间，但这并不代表新加坡在全球范围内投资的吸引力会下降。事实上，新加坡最近对其税收优惠政策的调整突出了其作为财富管理枢纽的特殊优势。新推出的慈善税收优惠计划以及扩展到混合融资结构和海外环境相关投资的税收优惠资格，能够促进该地区高效的资产配置，并提升新加坡在高净值人士中的吸引力。面对这些新变化，家族办公室有机会重新考虑自身的投资策略，同时将资金用于支持慈善活动和 ESG 相关目标。

在新加坡设立家族办公室需考虑的因素。综合新加坡家族办公室市场目前的情况来看，新加坡市场发展速度快、政府推动力度大、对国际资本具有极大的吸引力，虽然面临一些中长期的挑战及问题，但总体上新加坡仍然值得选择。从客户的角度来讲，选择前往新加坡设立家族办公室，需要综合、全面考虑以下因素：

- **安全问题**。新加坡国内治安稳定，社会环境优良，但是新加坡地处东南亚，国土面积小、资源依赖进口。地缘政治环境变化导致的区域冲突可能会威胁新加坡的国家安全。

- **税务问题**。新加坡政府最近几年通过税收优惠、改善移民制度等方式吸引了大量高净值人群，但这类优惠政策是否可持续，需要进一步观察。因为目前新加坡面临 4% 的通胀率，如果通胀率继续提升，新加坡政府可能会调整对应的政策。

- **成本问题**。在新加坡设立家族办公室对于很多高净值人群来说并非难事，但家族办公室的经营和持续发展需要付出一定的成本。即使是不活跃的家族办公室，家族每年也需要承担运营成本。在决定前往新加坡之前，客户应该仔细、全面地衡量此项成本问题，并评估自身的承担能力。

- **选择问题**。中国香港近几年也在大力发展家族办公室业务，对于亚太地区的客户而言，新加坡并非唯一选择。在进行家族办公室的选址时，可以将新加坡和中国香港进行全面的对比，从而选择更适合自己的地区。

- **企业发展问题**。对于中国内地企业家而言，如果希望通过家族办公室来拓展企业的业务，需要考虑东南亚市场的特点。东南亚市场的规模较小并且存在一定保护主义政策，可能不利于产业链的延伸和布局。

第 4 章
美国家族办公室的模式与影响

历史背景：美国家族办公室的起源

美国是现代意义上的家族办公室的发源地。历史上第一个被认定为现代家族办公室的机构是由梅隆家族在1869年创办的梅隆银行。

梅隆银行的创办离不开美国金融体系的建立和快速发展。美利坚合众国于1776年正式建国。1784年纽约银行成立，其建立者是亚历山大·汉密尔顿（Alexander Hamilton）。汉密尔顿是美国宪章的起草人之一、美国首任财政部部长，他帮助美国建立了中央银行、开设了货币厂，同时创办了纽约银行。他的卓越贡献推动了美国现代金融体系的成型。1792年，纽约银行成为纽约证券交易所的第一家上市公司。

梅隆家族来自宾夕法尼亚州的匹兹堡，是在美国建国后快速发展起来的富豪家族。家族中最著名的成员之一为曾任美国财政部部长的安德鲁·梅隆（Andrew Mellon），他是美国历史上任期最长的一位财政部部长。家族中还出过司法、银行、金融、商业和政治等多个领域的杰出人物。梅隆银行由家族第三代成员托马斯·梅隆（Thomas Mellon）以及他的两个儿子安德鲁·W.梅隆（Andrew W. Mellon）和理查德·B.梅隆（Richard B. Mellon）创立，当时的名称为 T. Mellon & Sons' Bank，主要用于管理家族财富。1902年，该银行正式更名为梅隆国家银行。目前梅隆的家族办公室业务主要由梅隆资产管理公司负责，他们的全球业务包括投资服务与信息管理、私人银行、投资管理、信托服务及财富与遗产规划等。

美国另一家在历史上颇具地位的家族办公室则是大名鼎鼎的洛克菲勒家族

办公室。

1839年7月8日，约翰·戴维·洛克菲勒（John Davison Rockefeller，以下简称洛克菲勒）出生于纽约州里奇福德的一个农民家庭，是家中的次子。他在完成中学学业后，在一家谷物交易商行担任会计文员。3年后，洛克菲勒向父亲借入1000美元，利率为每年10%，创立了克拉克·洛克菲勒商行，由此开启了他的商业生涯。在他的悉心经营下，该公司在首年就实现了450000美元的利润。

到了19世纪60年代，随着宾夕法尼亚州石油热潮的兴起，洛克菲勒被选为商界代表，前往宾夕法尼亚州进行实地考察。他依靠敏锐的洞察力和全面的调查工作，成功避开了一次石油价格的危机，在随后的3年中他耐心等待，并最终决定进入炼油业。1870年，洛克菲勒凭借他的丰富经验和前瞻性视角，与合作伙伴一起创建了标准石油公司，初始资本为100万美元。在短短10年内，标准石油公司迅速崛起，占据了美国炼油业90%的市场份额。在律师的建议下，他们采用了垄断策略，后来合并了超过40家相关制造商，并最终将标准石油公司改名为后来闻名遐迩的美孚石油。

然而，随着罗斯福政府推动反垄断法的实施，美孚石油被拆分为34家独立公司，其中包括后来的埃克森美孚和雪佛龙石油等。这些拆分出来的公司的市值远超原公司，这使得洛克菲勒成为人类历史上首位亿万富翁，他的财富一度占到当时美国GDP的2%。

洛克菲勒在积累了巨大财富之后，深刻地意识到保护和传承这些财富需要智慧和深远的谋略。因此，1882年，他创立了洛克菲勒家族办公室，组建了专业团队，从此走上了专业化财富管理之路。

洛克菲勒家族的信托机制确保了财富的稳定传承。在该信托中，受益人在30岁之前只能获得分红收益，不能动用本金。30岁之后，他们可以动用本金，但需要得到信托委员会的批准。这样的安排保证了家族财产的完整性，防止了因分家或代际传承造成的财富分散和损耗。

洛克菲勒还改变了家族企业的管理方式。当他即将退休时，并未让自己的儿子继承职位，反而选择来自基层的员工阿奇·博尔德作为自己的继任者。洛克菲勒家族的传统是，只有那些展现出杰出能力的家族成员才能参与企业的管理，这保证了企业的持续创新和成功。正因如此，在家族进入第三代时，洛克菲勒家族中依然涌现出许多卓越人物，其中包括美国副总统纳尔逊·奥尔德里奇·洛克菲勒（Nalson Alrich Rockefeller）、著名的慈善家苏珊·科思·洛克菲勒（Susan Coth Rockefeller）、风险资本的开拓者劳伦斯·S.洛克菲勒（Laurance S. Rockefeller），以及大通曼哈顿银行前董事长戴维·洛克菲勒（David Rockefeller）等。

洛克菲勒家族办公室的不断变革。 洛克菲勒家族办公室直到今天仍然是家族办公室当中的典范，不仅因为洛克菲勒家族本身的传奇故事，还因为他们在框架设计、管理模式等方面的高度专业性，为后来的家族办公室提供了参考。

洛克菲勒家族办公室的专业化运作经历了一个调整优化的过程。老洛克菲勒在1882年建立家族办公室之初，主要让其提供有关企业资产管理和经营策略的咨询服务，家族办公室的实际作用更像是家族专用顾问。但到了1908年，老洛克菲勒发现家族办公室的结构需要进行调整，因为原有的"顾问"模式已经不足以支撑日益复杂的家族业务。于是他成立了一个由四人组成的管理委员会，负责家族办公室的日常运作，成员中包括他最信赖的投资顾问和他的儿子约翰·洛克菲勒（以下简称小洛克菲勒）。这次改革明确了洛克菲勒家族办公室的身份定位，为家族传承七代奠定了基础。

随着时间的推移，洛克菲勒家族办公室的功能逐步扩展，开始为家族成员提供更全面的服务，如投资管理、法律咨询、会计服务和慈善活动的规划与实施。家族办公室不仅成为财富管理的中心，还扮演起传承家族价值观和文化的重要角色。通过这些举措，洛克菲勒家族办公室确保了家族财富的持续增长和家族文化的长期延续。

洛克菲勒百年之后，其子小洛克菲勒继承了巨额财富，但他同样面临巨大的挑战。1913年，洛克菲勒家族位于纽约的住所在一场激烈的劳资纠纷中遭到严重破坏，这起事件深刻地改变了小洛克菲勒对于家族财富传承的观念。后来，他主动采取了两个行动：一是通过建立信托，将财富传递给后代；二是大力投身慈善事业。小洛克菲勒一生中捐赠了超过5亿美元，超过他个人总财富的一半。

为了更好地管理家族财富，实现个人的愿景，小洛克菲勒在1934年设立了"1934年信托",主要受益人为他的妻子和五个孩子,此时他已经60岁了。18年后,他又建立了"1952年信托",这是专门为孙辈设计的产品架构。这两个信托确保了财富的谨慎使用,因为其中的限制性条款让受益人无法完全自由地支配财富——他的妻子和女儿仅有权获取收益,但不能动用本金。

这个时期,洛克菲勒家族采取了"信托+家族办公室"并行的运作模式(见图4-1)。信托结构用于确保财富的稳定传递,而家族办公室则担任投资和事务管理的顾问角色,确保家族资产得到有效管理。这种结构在家族传承了财富的同时,也维护了家族的核心价值和长期目标。

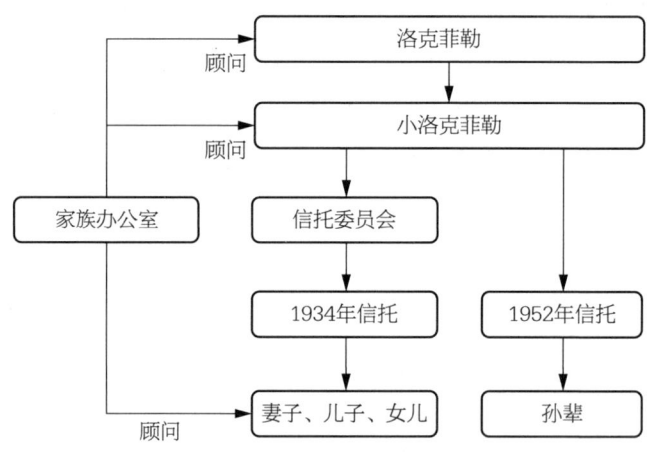

图4-1 洛克菲勒家族办公室组织架构

在投资思路方面,小洛克菲勒也成为家族成员们的表率,在他的率领下,家族办公室的结构经过不断调整,逐步走向成熟。在投资业务上,他们进行了卓有成效的尝试,投资案例包括麦道飞机、IBM、得州仪器、通用电气和摩托罗拉等不同行业的知名公司。这些战略投资不仅扩展了家族业务范围,突破了石油行业的局限性,而且布局不同的行业,让家族业务形成了一个多元化的商业帝国。

在洛克菲勒两代人共同设计的家族管理架构下,年轻的家族成员迅速成长起来。特别是第三代成员纳尔逊·奥尔德里奇·洛克菲勒,他拥有辉煌的政治事业:1959—1973年担任纽约州州长,1974—1977年担任美国第41任副总统,还曾担任富兰克林·罗斯福和哈里·杜鲁门总统任内的助理国务卿,在艾森豪威尔总统任期内担任卫生、教育和福利部部长。对于自己家族的发展，纳尔逊在任期结束后明确指出，家族办公室的架构需要不断改进，从而满足不断变化的需求。这个提议获得了家族核心成员的投票通过，这是洛克菲勒家族第一次以投票的方式通过决策，而投票制度也由此开始，传承至今。

根据这次投票决议，洛克菲勒家族决定成立一家由家族成员所拥有的公司，承担家族办公室的职能。根据架构设计，这家公司受到"1934年信托"和"1952年信托"的控制（见图4-2）。这次转变使家族办公室成为洛克菲勒家族运作的核心，象征着家族管理架构的又一次重要转型。这项变革不仅进一步巩固了家族财富的管理和传承，也为家族办公室赋予了更大的权力和责任，使其成为家族整体运营和决策的重要枢纽。

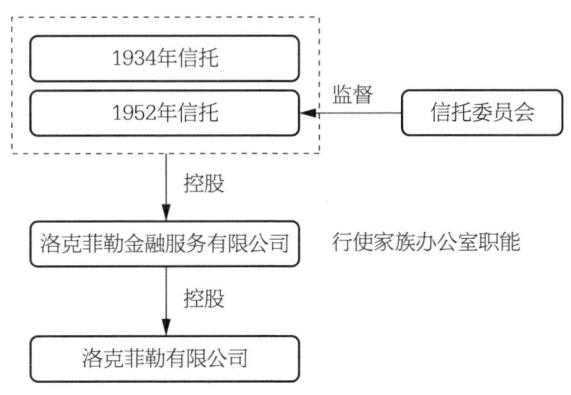

图4-2　洛克菲勒家族办公室控股方式

洛克菲勒家族办公室在不断发展的过程中发现运营成本不断增加，于是开始了新一轮的战略调整。洛克菲勒家族决定将其家族办公室的服务拓展到其他高净值家族，将其从单一家族办公室转变为联合家族办公室。2018年，他们成立了洛克菲勒资本管理公司，旗下设有洛克菲勒全球家族办公室。作为一个联合家族办公室，它为不同的高净值家族提供全方位的资产管理和其他服务，包括投资管理、战略咨询、综合家族办公室解决方案、信托管理和生活顾问服务等。

以家族的长期愿景和发展目标为出发点，洛克菲勒全球家族办公室为其投资活动设立了三个关键部门：首先是常规投资部，主要管理股票和债券投资；其次是房地产投资部，致力于房产的管理和投资；最后是创业投资部，通过家族拥有的 Venroc 公司进行投资，其投资成功案例包括苹果和英特尔公司等。

在决策层面，洛克菲勒全球家族办公室组建了一个创新的"新代战略顾问团"。这个团队汇集了洛克菲勒家族成员、罗斯柴尔德家族成员以及来自金融等行业的专业人士。跨家族和多领域的合作模式不仅有助于保障洛克菲勒家族财富的持续流传，而且为其他家族企业提供了专业的财务管理和咨询服务，助力家族企业持续发展和创新。

2021 年，洛克菲勒资本管理公司为了进一步拓展其业务领域，成立了洛克菲勒资产管理国际公司（Rockefeller Asset Management，RAM）。RAM 建立了严格的投资管理流程和高度协作的团队文化，并以此为背景提供多元化的投资策略服务，包括主动投资管理、多因子被动投资策略和专题投资方法，其目标是在多变的市场周期中追求价值持续增长。

洛克菲勒资本管理公司为进一步强化核心服务能力，专门成立了洛克菲勒战略顾问部门。这个新设立的部门专门为高净值个人、家族办公室和各种类型的企业提供综合战略咨询服务。服务内容包括为企业家和公司所有者提供个性化、独立的顾问建议，覆盖领域涉及企业并购、资产剥离、融资策略等。同时，该部门还提供专业的房地产和体育行业咨询服务。

通过这些举措，洛克菲勒家族办公室不仅彻底实现了从单一家族办公室到联合家族办公室的转型，还有效地保护和增加了家族财富、大幅降低了运营成本，成为新型家族办公室运营模式的典范。

洛克菲勒家族办公室的启示。洛克菲勒家族办公室无论是从发展历程还是战略调整抑或管理模式来看，都是现代家族办公室的典范。

- **早期洞察、创新性和前瞻性**。洛克菲勒家族是现代家族办公室的先驱之一，他们在 1882 年就意识到了财富管理专业化的重要性。这一洞察对于当代家族办公室极具启发性，尤其是在财富规划和家族治理方面。通过聘请专业人员来管理和保护家族财富，洛克菲勒家族展示了如何通过外部专业知识有效管理庞大的家族财富。

- **财富传承和保护机制**。洛克菲勒家族通过设立信托和家族办公室并行的模式，有效地进行了财富传承。他们对信托的使用，特别是对受益人的年龄和资金使用条件的限定，为如何防止财富被无意义地挥霍提供了参考。信托和家族办公室的结合体现了财富管理的全面性和持续性，强调了家族办公室在财富保护和增长中的核心作用。

- **与时俱进，不断变革以适应时代变迁**。随着家族办公室的成本上升和家族需求的变化，洛克菲勒家族不断调整家族办公室的运作方式。这种适应性为当前家族办公室提供了改革和创新的借鉴。洛克菲勒家族将家族办公室从为单一家族服务转变为为其他高净值家族服务的模式，展示了家族办公室在商业模式上的可扩展性。
- **决策机制和家族治理**。洛克菲勒家族在家族办公室的决策过程中采用成员投票制度，这一做法为家族办公室内部治理和决策制定提供了重要参考。通过这种民主和包容的决策机制，家族办公室能够更好地了解家族成员的利益和意愿，并增强家族成员之间的凝聚力。
- **家族文化和价值观的传承**。洛克菲勒家族办公室不仅是财富管理的机构，也是家族文化和价值观的传承者。在家族办公室运营的过程中，家族成员参与的过程也是家族文化不断凝聚和磨合的过程。例如，投票决策机制能够有效促进家庭成员的沟通，形成彼此尊重、共同商议的家族精神。

当然，洛克菲勒家族办公室的运作也有明显的不足之处，如对女性继承权的限制并不符合性别平等理念。现在的家族办公室在设计和运作时，需要考虑更加平等和包容等要素。

对于中国的家族办公室而言，洛克菲勒家族的经验对于改革开放后成长起来的企业家具有重要的借鉴意义。首先，这部分企业从企业家年龄和企业发展阶段而言，已经步入家族传承的阶段；其次，中国的家族办公室起步较晚，缺乏完整的实操经验。而洛克菲勒家族办公室从建立到战略调整，再转型升级到联合家族办公室，这一完整的发展路径值得新生的中国家族办公室学习借鉴。总体而言，洛克菲勒家族办公室的历史和演变提供了家族办公室建立、管理和创新的丰富经验，当然，中国的家族办公室和企业家们也需要结合自身的具体情况来分析和借鉴。

美国现代金融业:家族办公室的沃土

美国家族办公室的快速发展是以美国现代金融业发展为基础的。

建国初期夯实金融基础。1776年美国正式建国,标志着美国步入了一个繁荣发展的新纪元。初生的美利坚合众国面临着严峻的财政挑战,其债务规模达到惊人的7900万美元。对于华盛顿政府来说,当务之急就是重建国家经济体系、构建国家信用、形成完善的金融框架和自由市场,从而走出债务泥潭。在这个紧急时期,亚历山大·汉密尔顿接过了这个历史重任,担任美国第一任财政部部长,并在1790年1月提交了一份名为《关于公共信用的报告》的51页文件。在报告中,汉密尔顿阐述了美国政府债务的现状和处理方法,他将债务定义为"为自由而付出的代价",意思是这些债务主要源于独立战争期间的借贷,而非税收。报告中还指出,在联邦政府的7900万美元债务中,有5400万美元来自外债,其余2500万美元来自各个州政府及民间借贷。

针对债务问题的解决办法,汉密尔顿在报告中提出了相关计划。首先,确保政府按照债务合同的面值及约定的6%利息完全偿还国债。这一举措旨在强化政府的信誉和契约精神,确保政府和个人之间的契约关系得到尊重和维护。汉密尔顿明确反对任何可能被视为违约的做法,包括按照债券的当前市场价值而非面值进行偿还。其次,汉密尔顿计划通过发行新债券来重组和管理现有的国债。这一策略的目的是恢复和提高政府的公共信用,确保政府未来能够更有效地筹集资金。他认为,妥善处理公共债务,不仅是必要的经济手段,也是关乎到政治稳定和社会发展的关键问题。

在税务方面,汉密尔顿在1790年12月提交了《关于公共信用的第二份报告》[①],报告中提出了税收政策建议,目的是帮助偿还国家债务,并确保财政收支平衡。同年,汉密尔顿还向国会提出了关于建立美国银行的详细报告,这是他提交的第三份财政经济报告——《关于国家银行的报告》。在这份报告中,他详细地描述了建立美国银行的计划及具体步骤。

当时,美国并没有建立统一的货币系统。虽然在建国后,美国国会已经确

---

① 张少华. 亚历山大·汉密尔顿的财政金融改革[J]. 美国研究,1994(3).

定了美元的法定地位，但普通美国民众普遍更愿意使用他国货币，如西班牙比索。按照汉密尔顿的设想，建立中央银行能够帮助美国真正实现货币统一，让美元在市场上发挥实际作用。

汉密尔顿以英国、荷兰等老牌资本主义国家为蓝本，仔细研究了它们的银行运行方式，并提出了他的构想。按照汉密尔顿的想法，美国中央银行初始资金为1000万美元，其中200万美元由政府承担，剩余的800万美元通过向私人销售股份筹集。汉密尔顿的设想是一个高效且创新的运营模型，该模型虽然主张纳入私人资本，但政府仍作为主要股东，这就保证了政府在关键的金融决策中的主导权。这种银行结构的设计不仅优化了资本运用，也强化了政府在金融决策过程中的权威地位。汉密尔顿坚信，这样建立起来的中央银行将成为维护和强化国家公共信用的关键工具，为新成立的国家在金融和经济领域提供必要的支持。

虽然在实施这些政策的过程中，汉密尔顿遭到了杰斐逊和麦迪逊等人的强烈反对，但他最终还是成功地将这些政策付诸实践，显著提升了公众对政府的信任。国债法案一经通过，美国财政部便迅速在各州开始偿还旧国债并发放利息，同时发行新国债，年利率为6%。到1794年年末，美国所有旧国债已经清偿完毕。同时，财政部发行了总额高达6305万美元的新国债，这些债券在市场上以高于面值的价格迅速售出，有效地减轻了政府的财政负担，确保了财政部的正常运作。此外，银行法案的通过和美国第一银行的成立不仅为政府提供了便捷的贷款途径，还通过政府持有的银行股份带来了稳定的收入来源。1791—1802年，政府通过这些银行股份获得了大约111万美元的股息收入，并通过出售银行股票获得了67万美元的利润。

华尔街和美国故事。汉密尔顿开创性的改革对于美国联邦政府的发展具有深远的意义。建立完善的税收体系、国债制度以及高效的财政部门，为这个年轻国家的经济和金融体系奠定坚实的基础。随着证券市场的逐渐成熟、交易所的建立和股份公司数量的增加，美国金融市场开始步入一个全新的历史阶段。

不同于老牌资本主义国家，美国在建国之前就已经接触到现代金融的概念。早在北美殖民地时期，股份制就已经在市场上出现。例如，北美的首个殖民地弗吉尼亚，是由一群英国商人组成的商业股份公司所建立的。而到了1769年，本杰明·弗兰克林创办的一家火险公司也实行了股份公司制度。而在更早的1754年，北美殖民地的商业领导者们已在费城的"伦敦咖啡馆"里仿效伦敦的商界人士进行证券交易。

1791年，美国银行股票第一次在市场上交易，它一上市就迅速成为金融市场的焦点。特别是在当年7月进行的公开发售中，股票在短短一小时内便销售一空，之后股价持续攀升。这一事件标志着美国历史上首次大规模牛市的出现。此后欧洲公司纷纷投入大量资金，并派遣代表跨越大西洋来参与这个新兴市场的"游戏"。

在那个时代，美国首次实施了各种交易策略，包括卖空技术、看涨期权和看跌期权。这些创新技术极大地提高了市场的活力，但也增加了投机性。随着交易活动的增加，新闻媒体开始报道这一新兴市场，这进一步促进了美国金融市场的成长和多元化发展。

随着美国金融市场的日益活跃，职业经纪人群体开始出现并发展壮大，他们对交易场所的需求日益凸显。1792年，约翰·萨顿、本杰明·杰等人在华尔街22号建立了一个专门的拍卖中心，并将其称为证券交易所。该交易所建立的初衷是方便股票交易操作。想要出售股票的持有人会将股票带到交易所，拍卖人会根据成交的股票数量收取一定比例的佣金。这一过程体现了股票交易由个人向代理方向的转变，即向着更为规范化和专业化的方向发展。这一系列的动作标志着美国证券交易市场的初步形成。

但从实际执行情况来看，这一交易机制还是出现了问题。一些经纪人参与所谓的"拍卖"并不是出于真实需求，而是为了打听最新的股票价格，然后他们去市场外的地方以更低的价格交易，从而获得更多生意。而场内的经纪人为了维持业务量，就不得不降低价格。1792年3月21日，经纪人专门针对此现象在克利斯酒店召开会议，并在会上作出了新的决定——成立一个新的股票交易中心。同时，所有当时参与签字的经纪人都要承诺，以后以不低于0.25%的佣金进行股票交易。

上述协议就是历史上著名的《梧桐树协议》。这份协议由21名经纪人和3家经纪公司共同签署，地点选在纽约华尔街68号外的一棵梧桐树下。《梧桐树协议》的签署标志着美国金融市场向规范化和专业化方面迈出了重要一步，为后来美国金融市场的成熟奠定了基础。尽管协议具体是否在梧桐树下签订存在争议，但大家普遍认为《梧桐树协议》的签署标志着华尔街的诞生，当时新成立的拍卖中心，就是纽约证券交易所的前身。

相较于其他老牌资本主义国家，美国早期的金融体系发展呈现出相当鲜明的特征。

一是金融体系的早期萌芽。美国的金融体系在建国前就开始发展。最早期的金融活动与欧洲殖民者的贸易活动紧密相关。

二是战争带动金融需求。美国独立战争期间的资金需求推动了金融体系的发展。由于无法通过稳定的税收筹集资金，殖民地政府开始通过发行债券和其他形式的债务来筹集战争资金。这些早期的金融尝试为后来的美国金融体系奠定了基础。

三是早期的创新政策奠定了现代金融体系的基础。亚历山大·汉密尔顿作为美国第一任财政部部长提出了当时极具创新性和前瞻性的政策，这些政策对美国金融市场的形成和发展起到了决定性作用。

四是金融创新的迅速发展。美国金融市场的发展伴随着多项金融创新，包括各种金融交易技术的引入，如卖空、期权交易等。这些创新提高了金融市场的活跃度并促进了市场的多元化发展。

总体来说，美国金融市场的早期发展特征体现了一个新生国家在解决财政压力和建立现代金融体系过程中的创新能力。这些早期的创新为美国后来成为全球金融中心奠定了坚实的基础。

资本与工业。[①]美国作为一个国土面积较大、移民来源多元化的国家，在发展之初就具有巨大的市场需求，这些需求推动了整个经济体系的快速发展。

19世纪初期，美国的西部开发面临着交通运输的重大挑战，这一问题的解决归功于伊利运河的建设。1825年，伊利运河完工，这是美国历史上的重大成就，它历经8年建造，建成后极大地促进了西部资源向纽约的高效运输。伊利运河使得运输成本大幅下降到原本的1/20，时间缩短至原本的1/3。这不仅为美国经济的蓬勃发展提供了推动力，也使纽约成为美国的经济中心。

---

① 约翰·S. 戈登. 伟大的博弈［M］. 祁文武，译. 3版. 北京：中信出版集团，2019.

伊利运河的巨大经济效益引发了民众对相关股票的强烈关注，也催生了华尔街历史上首次大规模的股市牛市。投资者纷纷投资于运河建设赛道，希望从中获利。伊利运河的建设不仅标志着美国国内交通运输进入新时代，也为美国金融市场的发展开启了新篇章，为纽约在全球金融体系中的地位奠定了基础。

到了 19 世纪，金融与实体经济的发展融为一体。铁路的发明除提高了交通运输效率，还对经济起到了全方位的推动作用。首先，在工业建设方面，铁路的快速发展带动了钢轨、机车、车厢和煤炭的大量需求，促进了当时大量重工业企业的诞生。其次，铁路建设需要巨额资金。据统计，铁路每英里的建设费用高达 36000 美元，而当时美国普通中产家庭年收入仅为 1000 美元。铁路对资金的巨大需求也推动了相关融资业务的发展。最后，资本的涌入、铁路企业的同质化发展，引发了后来铁路供过于求、不同铁路标准不一等问题。一些头部资本看到了机会，于是开始入场整合。

在这些重组铁路的资本中，最著名的是摩根财团。摩根财团是摩根家族的家族办公室，建立于 19 世纪 30 年代，以摩根家族本身的金融业务为基础，进行各类投资和资本运作。他们通过并购陷入困境的铁路企业，并进行有效的资源整合，极大地缓解了铁路行业的无序竞争。摩根家族拥有的铁路网络占美国整体铁路系统的 1/6，涵盖了伊利公司、北方太平洋公司、泽西中央公司和南方铁路公司等多家主要铁路企业。这些公司的总营业额占据美国一年财政收入将近一半，这显著反映了摩根财团对美国经济的巨大影响。

19 世纪末，摩根家族进一步扩展了商业版图，将注意力转向蓬勃发展的钢铁产业。1898 年，摩根家族成立了联邦钢铁公司，该公司迅速成为行业内的"领头羊"之一，行业地位仅次于卡耐基钢铁公司。1901 年，摩根家族决定进行更大规模的扩张，斥资 4.8 亿美元收购了卡耐基的钢铁企业，并从石油大亨洛克菲勒那里购入了几家铁矿，最终组成了庞大的美国钢铁公司。这家公司成为历史上首个市值达到 10 亿美元的公司，其资本总额高达 14 亿美元，相当于当时美国所有制造业总资本的 15%。

美国钢铁公司的成立，不仅体现了摩根家族的巨大影响力，还体现了这一时期美国金融业的重要特点——资本与实体经济紧密结合。资本在实体产业中起到了推动作用，通过某一个产业传导到上下游相关产业中，从而从整体上推动经济结构的变化。

私人银行和美国经济地位的提升。与其他典型的单一家族办公室不同的是，摩根家族本身就是以金融业务实现财富积累的。因此其家族办公室业务不仅是对家族财富的管理和继承，也是对自身业务的延伸和扩展。

J.S. 摩根在19世纪末期带领企业努力进入由欧洲银行家（如罗斯柴尔德和巴林银行）垄断的主权国家贷款市场。1870年，法国普法战争失败后，面临政治混乱和经济危机的困境，摩根抓住机会，向法国提供了1000万英镑的贷款。尽管法国战败，但它在2年后提前偿还了债务，这使得摩根从中获利150万英镑，从而确立了他在国际金融界的地位。

随着19世纪末美国的崛起，摩根家族逐渐取代了罗斯柴尔德家族，成为全球金融市场的主导力量。摩根家族的业务遍及全球，如他们在南非布尔战争期间向英国提供融资，以及在南美洲和远东地区为当地提供财政支持。1911年，他领导的财团还为清政府发行了价值750万美元的湖广铁路债券。

第一次世界大战期间，摩根扮演了关键角色，他作为协约国在美国的物资采购代理，处理了高达30亿美元的交易，仅佣金就赚取了3000万美元。摩根的这些活动不仅为他带来了巨大的财富，也加强了他在国际金融界的影响力，并在政治和经济领域建立了广泛的资源网络。如今的摩根私人银行向全球高净值人群提供家族办公室服务，已经成为一家现代化、专业化的家族办公室企业。

摩根家族办公室的崛起，既代表美国现代金融业的快速发展、美国经济地位的不断提升，也代表新的家族办公室发展路径。

创新优势：硅谷是美国家族办公室的创新之源

美国家族办公室的典型特征。美国的家族办公室具有三大关键词：专业、成熟、创新。从专业度和成熟度来说，数据显示[①]，美国家族办公室 CEO 中只有 10% 是家族成员，该比例为全球最低，因为美国家族办公室通常对专业人士

---

① Westall Paul. What does a family office in the USA look like [EB/OL]. (2023-11-15) [2024-1-20]. https://www.forbes.com/sites/paulwestall/2023/11/15/what-does-a-family-office-in-the-usa-look-like/?sh=18567a4b2a19.

依赖度更高，有更多外部团队参与家族办公室的管理运营。同时，美国48%的家族办公室管理着三代以上的财富，这一比例远高于英国等其他相对成熟的市场（20%），并且超过六成的美国家族办公室运营时间已经超过10年。这说明美国的家族办公室体系已经非常成熟，因为美国的金融体系在建国之初就已经存在，金融与工业的深度融合推动了整体经济的快速发展。二战后美国正式取代英国，成为世界霸主，吸引了更多国际资本，从而让美国的经济更具活力，金融业更加发达。

根据Campden Wealth的调查数据[1]，美国和加拿大是北美家族办公室市场的主力军，其中美国家族办公室规模占北美总比例的84%，加拿大占14%。其中硅谷所在的加利福尼亚州占据美国家族办公室市场的12%，位居美国各州之首，约占全北美的1/10。因为硅谷不仅是全世界科技与创新的中心，也是国际人才和资本的集聚地。进入20世纪以来，硅谷的快速崛起为美国金融带来了新的发展动因。

硅谷的诞生与发展。[2]

硅谷的发展可以分为四个主要历史阶段。

- 初创期（1891—1938年）：这是硅谷作为技术创新中心的早期阶段，其间硅谷的产业集群逐步形成和发展。
- 晶体管时代（1939—1958年）：这一时期以晶体管的生产和技术创新为核心，标志着硅谷电子技术的重要进步。
- 集成电路时代（1959—1978年）：以1959年平面集成电路的诞生为起点，这一阶段硅谷在集成电路技术方面取得了显著的进步。
- 个人电脑时代（1971—1990年）：这个时期以英特尔、苹果等公司的兴起为标志，硅谷成为个人电脑技术创新和商业化发展的热门地点。

在初创期之前，加利福尼亚州是一片冒险和淘金的热土。1848年，在加利福尼亚州发现的金矿吸引了成千上万的淘金者和冒险家前往西部，希望在淘金

---

[1] Wealth C. The north America family office report 2022 [R]. London：Campden Wealth Limited，2022.

[2] 阿伦·奥拉，皮埃罗·斯加鲁菲. 硅谷百年史：伟大的科技创新与创业历程 [M]. 闫景立，侯爱华，译. 2版. 北京：人民邮电出版社，2014.

中一夜暴富。这些人不惜冒着生命危险翻越山脉，带着对财富的渴望和冒险精神，聚集在旧金山及其周边地区。这批淘金者和他们的后代为旧金山及硅谷地区注入了极大的财富追求和冒险精神。淘金热也催生了对交通和通信设施的巨大需求。随着西部地区与美国中部的联系日益增强，旧金山对交通和通信的建设需求急剧增加，这为硅谷地区的发展奠定了基础。

在美国西部大发展时期，铁路建设是其中最为关键的部分。当时铁路行业中最为显赫的人物是阿马萨·利兰·斯坦福（Amasa Leland Stanford），他被称为"铁路大王"。斯坦福不仅创立了中央太平洋铁路公司，还曾担任加利福尼亚州州长和参议员，在政治上也颇有影响力。

起初，斯坦福在加利福尼亚州购置了一块土地作为养马场。随着时间的推移，这块土地逐渐扩展，最终成为斯坦福大学的校园所在地。斯坦福大学的建立起因于利兰·斯坦福小儿子的不幸去世。为了纪念他的儿子，斯坦福捐出了2000万美元及自己购置的土地，建立了如今的斯坦福大学。斯坦福大学的成立，不仅是对斯坦福个人事业的延续，也是硅谷乃至美国整体科技创新发展的重要里程碑。

1891年，斯坦福大学成立初期，东海岸的纽约媒体对这个位于西部偏远地区的新学院持怀疑态度，他们甚至讽刺地预测，学校的教授可能会面对空无一人的教室。然而，斯坦福大学的开学典礼却吸引了大量的学生，这个出乎意料的积极反响彻底推翻了之前的质疑，表明斯坦福大学具有巨大的吸引力。随着时间的推移，斯坦福大学逐渐成为西部乃至整个美国的顶尖高校。除具有优质的教学质量和强大的科研实力之外，斯坦福大学在不断发展的过程中，形成了一套独特的"企业—校园"合作模式，并在后来的实践中融入了资本运作。这一创新模式鼓励学生、教师参与创新创业，并积极推动科研项目转化落地。

在硅谷发展的第二阶段晶体管时代，已经有世界性的公司在硅谷成立。惠普的创始人威廉·雷丁顿·惠利特（William Redington Hewlett）和大卫·帕卡德（David Packard）是斯坦福大学的毕业生，他们于1939年在加利福尼亚州的一个车库中创立了惠普公司，并得到了他们的导师、被称为"硅谷之父"的弗雷德里克·埃蒙斯·特曼（Frederick Emmons Turman）的支持。惠普的创立具有以下几个显著特点：首先是创始人之间合作关系紧密，其次是由斯坦福大学毕业生组成了稳定核心团队。公司采用了创新的管理策略和开放式的办公模式，强调横向沟通和目标导向的管理，鼓励员工自主创新。这种管理模式后来被称为"惠普之道"，成为硅谷高科技企业管理的典范。

除此之外，"硅谷之父"特曼为硅谷产学融合体系作出了巨大贡献，他带来了丰富的资源，推动大学成立商业孵化器，鼓励学生创业，并与政府和军方合作，为斯坦福带来重要项目。特曼作为工程学院院长，推动了电子领域的研究和教育改革。他还参与创建了斯坦福研究所和斯坦福工业园，通过招商引资，园区聚集了大量电子信息通信领域的人才和企业，形成了硅谷高精尖技术产业集群。他的贡献对斯坦福及硅谷的发展起到了关键作用。

除了顶尖高校和产业园区，这一时期资本也逐渐崭露头角。现代化的风险投资早已出现，但20世纪40年代才真正在硅谷成熟起来。最初，风险投资更多是由纽约和波士顿的富裕家族（如费普家族、洛克菲勒家族和惠特尼家族）来操作，他们通过家族办公室的运作，对小型创业公司进行非正式投资。同时，政府和大型公司也参与了一些军事研发和大型项目投资。

1946年，风险投资领域逐渐成熟，出现了如惠特尼公司、洛克菲勒兄弟公司和美国研究与开发公司等专业风险投资公司。特别是美国研究与开发公司，作为政府支持下的首个专注于风险投资的公司，推出了"小企业投资公司项目"，采用政府和私人资本的配资模式。

20世纪60年代，随着几个重要的风险投资公司的成立，包括戴维斯－洛克公司、德雷珀－盖瑟－安德森投资公司、萨特－希尔投资公司和梅菲尔德投资公司，风险投资的中心逐步从纽约和波士顿转移到硅谷。这些公司主要投资新兴的半导体行业。风险投资在硅谷的兴起对该地区半导体和科技行业的发展产生了显著影响。

第三阶段是集成电路时代。这一时期发生了一系列标志性事件。比如：

- 1959年，平面集成电路问世，这一创新极大地推动了微电子技术的发展。
- 1965年，摩尔定律预测集成电路上晶体管数量的增长，即每2年增加一倍，这一定律对半导体行业产生了重大影响。
- 1968年，英特尔公司成立，成为全球微处理器和集成电路的领军企业。

- 1969年，AMD（高级微设备公司）成立，成为英特尔在微处理器和集成电路领域的重要竞争者。
- 1970年，斯坦福技术许可办公室成立，极大地推动了大学与企业间的合作和技术转移。
- 1970年，施乐公司在硅谷设立了研发中心，成为当地技术创新的重要力量。

20世纪70年代，硅谷见证了3家重要的风险投资公司的崛起，它们分别是：

- 凯鹏华盈（Kleiner Perkins），这家公司投资的案例包括美国在线、亚马逊、Navigenics、思杰系统等。
- 红杉资本（Sequoia Capital），它是苹果、思科和雅虎等著名科技公司的早期投资方。
- 恩颐投资（New Enterprise Associates），其投资项目包括Immunex、Juniper Networks和中天联科[①]等。

这些风险投资公司促进了硅谷的增长，此后门罗公园市的沙丘路聚集了越来越多的风险投资公司。该区域逐渐变成了全球风险投资的枢纽，专注于生物技术、个人计算机产业等领域的新兴市场。硅谷借助这些投资，在全球科技界的地位得到进一步巩固，并成为技术创新和行业革命的先驱。

第四阶段是以个人电脑为代表的信息时代。这一时期的里程碑是英特尔公司推出了全球首款商用微处理器，即我们今天所熟悉的电脑中央处理单元（CPU）。随着硅谷迈入个人电脑的黄金时代，该地区经历了一次新的发展高潮。1976年，乔布斯成立了苹果电脑公司。接着，1977年，甲骨文公司的成立进一步推动了软件行业的发展。1981年，世界上第一台便携式电脑的问世开创了移动计算的新纪元。紧接着，1984年思科系统公司的成立又为网络通信领域增添了新的活力。

这个时期，以计算机、互联网为代表的信息类公司呈井喷式出现，其中不少公司直到现在仍然是世界巨头。这一时期的风险投资也进入了热潮。风险资

---

① 注：信息来源于NEA官网。

本的总规模从 1990 年的 23 亿美元、1176 家接受投资的企业增长到 1998 年的 125 亿美元和 1824 家企业。[①] 这个时期，硅谷成为美国风险资本的重要聚焦点，推动了加利福尼亚州乃至整个美国的经济发展。

硅谷创新的成功经验。 硅谷目前不仅是美国湾区的创新来源，也推动着全世界的科技创新和风险投资。硅谷的成功既是技术进步的成功、科研成果的成功，也是资本运作的成功，其经验可以概括为以下几点：

● **生产关系的调整**。资本助力技术发展，并不仅是资助团队以提供相关经费，而是通过股权和期权等机制调节生产关系。在许多传统资本主义结构中，大部分剩余价值被资本家占据，而硅谷采取的是股份和期权机制，确保每位参与者都能按贡献获得相应的财富份额。这种公平的分配方式不仅提升了员工的积极性，也有助于引进并留住来自世界各地的高端人才。

● **宽松的创业气氛**。除高校团队可以深度参与企业创业，硅谷对于创业者的创意或者个人创业项目也给予了高度尊重。在大部分职场上，员工创造的职务发明通常属于其所在的公司或机构，这是一个普遍的规则。但在加利福尼亚州（硅谷所处的位置），对于员工将其在职期间的发明用于个人创业活动，管理相对宽松。虽然大多数公司在合同上禁止员工使用公司资源进行个人项目，但在实践中，这些禁令通常没有严格执行。有时，员工的前雇主甚至会投资于他们新创立的公司。

● **对创业失败的包容**。硅谷广泛认同一种理念：失败是创造更佳创新和机会的源泉。在这里，失败通常被视作宝贵的学习和成长机会。硅谷的文化对众多失败案例持有宽容的态度，强调从失败中快速学习和提升自己。这种商业氛围鼓励企业家和管理者将失败视为获得智慧的途径，让他们成为能够把握机遇和创造财富的勇敢冒险者。硅谷的这种包容失败、重视学习的文化环境，使其成为一个与众不同的创新和创业的核心地带。

● **充足的高端人才资源**。除斯坦福大学，硅谷还有加利福尼亚州大学伯克利分校、加利福尼亚大学旧金山分校、圣何塞州立大学，仅在伯克利小镇就走

---

① 捷铭天使. 一文读完硅谷发展史及其主要成功经验［EB/OL］.（2018-07-14）［2024-01-20］. https://www.sohu.com/a/241206039_761996.

出了 31 位诺贝尔奖获得者，这一数字超过了除美国、英国、德国、法国之外的所有国家。如果算上斯坦福大学的 16 位诺贝尔奖获得者以及加利福尼亚大学旧金山分校的 3 位诺贝尔奖获得者，在硅谷这片 1.9 万平方千米的土地上，就有 50 位诺贝尔奖获得者。

- **合理的人才结构**。硅谷的人才不仅具有强大的学术及科研背景，还具备强大的跨学科融合能力，他们擅长将技术与商业、设计、市场等其他领域相结合，创造出跨学科的创新解决方案。在领导力方面，这些在成熟商业环境中浸润成长的人，自然也是驾轻就熟。

- **多元化的社会**。硅谷以美国移民文化为基础，能够源源不断地吸引来自世界各地的移民，这些人拥有不同的文化背景、知识结构，这种多元文化背景的汇聚不仅促进了创新思维的交流和碰撞，还有助于企业在全球化市场中找到差异化的竞争力。

- **优质的法律服务**。著名的律师事务所，如 WSGR、Cooley Godward、DLA Piper LLP 和 Gunderson Dettmer LLP，为初创公司提供了一系列免费服务，如帮助新公司进行注册、准备投资协议草稿以及提供所需的法律文件等。无论是来自斯坦福大学、加利福尼亚大学伯克利分校还是圣何塞州立大学的学生团队，抑或经验丰富的创业者，都能轻松获得这些宝贵的法律支持。在硅谷，行业内的专家正在努力为新兴企业的种子资金和初期融资阶段制定统一的条款。比如，天使投资者 Chris Dixon 等专业人士，就提出了一系列标准化的融资条件。有了法律和行政服务的全面支持，硅谷的创业者可以将精力集中于他们的业务发展上。

- **自然条件**。硅谷的气候条件也是其成为创业圣地的因素之一。例如，硅谷的核心地区帕洛阿图的冬天相对温暖，平均气温为 10℃；夏天则相对凉爽，平均气温为 20℃。

经过百年的发展，硅谷如今不仅是世界创新创业的中心，也是资本聚集地。家族办公室在此也有良好的生存空间。中国香港知名的查氏家族就在硅谷设立了家族办公室。查氏集团前身是 1949 年创立的"中国染厂"，创始人是知名的纺织制造商查济民（Cha Chi Ming）。该集团业务遍及全球，涵盖纺织、制造业、房地产、科技和金融服务等多个领域。查氏家族在硅谷建立了家族办公室企业 C.M. Capital Corporation（CMC），负责私人投资和咨询。该公司自 1969 年成立以来，一直致力于房地产投资，同时提供广泛的金融资产咨询和管理服务。作为早期的风险投资先驱，CMC 管理着众多私人股权投资，其咨询业务产品包括固定收益证券、公共股票基金、对冲基金以及相关投资组合。此外，CMC 也为查氏集团下属的多个子公司提供专业化的投资咨询服务，助力它们在各自领域成长。

2007 年，CMC 进一步拓展其业务，成立了子公司 CM Capital Advisors，加强风险资本、私募股权和对冲基金等非传统资产业务，并与相关机构投资者进行合作。CMC 特别注重资产的保值，并且在此基础上力求实现资产增值。CMC 目前管理三只重要基金：主要投资于私募股权的另类投资基金、对冲基金以及房地产基金。

如今，CMC 正在从原有的单一家族办公室模式转型为多样化的联合家族办公室，并开始接受外部资本的投资，因为 CMC 在适应市场变化和发展的过程中，希望扩大其投资领域并加强服务能力。

美国家族办公室运营管理模式：以比尔·盖茨家族办公室为例

比尔·盖茨家族办公室。在世界富豪榜上榜者当中，比尔·盖茨是登顶时间最长的一位。根据福布斯的观察，1987—2017 年的 30 年间，比尔·盖茨有一半时间占据榜首，这个纪录目前仍然没有人打破。

比尔·盖茨是微软公司的联合创始人，他在计算机和软件行业取得了巨大的成功和财富积累。盖茨 1955 年出生于美国西雅图，他从小就对编程产生了浓厚兴趣。在哈佛大学学习期间，他投身于计算机、编程和算法的深入研究。1975 年，他和朋友保罗·艾伦共同创立了微软公司，这一决定最终改变了他的命运和整个计算机行业的发展轨迹。

关于财富的组成，盖茨的主要资产来自他在微软公司的股份（见表 4-1～表 4-3）。1986 年微软上市时，他持有公司 44.8% 的股份。虽然盖茨持股比例后来逐步降低，但他通过股票减持和分红累计获得了巨大的现金流。据估计，他的现金资产净值大约为 301 亿美元。此外，他在微软的持股价值也是他财富的重要组成部分，根据 2016 年的数据，其价值约为 110 亿美元。

表 4-1　比尔·盖茨的财富构成　　　　　　　　　　　　　单位：亿美元

实际净资产（彭博社，2016 年）	900
测算净资产	411
微软公司历年分红（2003—2015 年）	76
历年减持股票所得现金	525
持有微软股票市值（2016 年）	110
比尔·盖茨对基金会的总捐赠	−300
实际净资产 − 测算净资产	489

表 4-2　微软股票占比尔·盖茨财富总额的比例

年份	财富总净值（美元）	持有微软股票（股）	微软股价（美元）	微软股票价值（美元）	微软占据财富比例（%）
1986	315000000	11142000	28.00	311976000.00	99.00
2016	90000000000	190992934	57.62	11005012857.08	12.23

资料来源：福布斯富豪榜、微软公司财报、美国证监会与笔者整理。

表 4-3　比尔·盖茨 1994—2015 年减持微软股票及分红金额

年份	所获分红（亿美元）	减持股票所获现金（亿美元）	减持股票数量（股）
1994		0.74	24000000
1995		0.05	1000000
1996		6.25	92000000
1997		15.45	103000000
1998		110.86	489000000
1999		45.85	111000000
2000		42.20	140000000
2001		20.03	80000000
2002		16.94	80000000
2003	2.81	16.33	66000000
2004	34.55	22.15	81821007
2005	3.29	21.72	83003100

续表

年份	所获分红(亿美元)	减持股票所获现金(亿美元)	减持股票数量(股)
2006	3.56	16.04	60000000
2007	3.65	25.08	80000000
2008	3.71	15.59	60000000
2009	3.76	18.02	80000000
2010	3.47	21.84	80000000
2011	3.74	21.52	80000000
2012	3.90	23.76	80000000
2013	3.87	25.09	80000000
2014	3.58	33.60	80000000
2015	2.94	15.14	32000000
总计	76.83	534.25	2062824107

资料来源:纳斯达克、微软公司财报、美国证监会与笔者整理。

注:2003年以前的股票减持数据年代久远,无法确定具体减持日期,因此2003年以前减持所获现金为粗略评估。

然而,盖茨的总财富远超这些数字,根据彭博社的数据,他的净资产高达900亿美元,这说明他的财富还包含其他资产和投资,如私人股权、房地产投资、慈善基金会的资金等。实际上,盖茨的巨额财富不仅来自多年的积累,也来自他利用家族办公室实现的多元化投资,尤其是针对创新技术的长期性投资。

比尔·盖茨以家族办公室瀑布投资(Cascade Investment)为载体,实现了资产多元化配置。微软公司在1986年上市,当时比尔·盖茨的绝大部分财富来自微软的股份,但他在财富管理上具有超强的计划性和前瞻性。1994年,他请来了迈克尔·拉尔森帮助自己建立家族办公室。此后他专注做两件事:一是在家族办公室的帮助下有步骤地减持微软股份;二是系统性地建立自身的财富管理体系。1994—2015年,他通过微软股票减持和分红累计获得超过600亿美元现金。2011年之后,比尔·盖茨加快了减持速度,通过减持及配合家族办公室的投资策略,实现了财富结构多元化,降低了整体风险。

瀑布投资的资金来源,主要是盖茨对微软的股权变现。拉尔森采用了多元化的投资策略,将资金分布在股票、债券、私人股权、另类投资等多种金融资产，以及铁路、酒店、房地产等实体资产中。通过分散投资，比尔·盖茨建立了穿越历史周期的资产配置组合，实现了财富的稳步增长。

慈善基金会及资产配置。在慈善基金会方面，比尔·盖茨夫妇于2000年成立了比尔与梅琳达·盖茨基金会，现已成为全球最大的慈善基金会。该基金会的主要目标是"创造一个人人都有机会过上健康、富有成效的生活的世界"。在发展中国家，它着重于改善人们的健康状况，助力他们摆脱饥饿和贫困。而在美国，基金会的重点是为所有人，特别是资源较少的社群，提供更好的教育和生活机会。截至2016年，基金会在全球100多个国家拥有超过1300名员工，其受托人包括比尔·盖茨、梅琳达·盖茨和沃伦·巴菲特等。

基金会还确立了明确的分工，基金会的运作由两个独立实体承担：慈善活动和项目支出由基金会负责，即"支出部分"；而投资管理则由信托基金负责，即"收入部分"。这两个实体都是以慈善信托的形式成立的免税私人基金。信托由盖茨夫妇担任受托人，基金会则是受益人。

所有基金会的运营和活动经费都是由信托基金提供的。根据信托基金的法律条款，信托基金为基金会达成其慈善目标提供必要的资金。这意味着基金会有权依法要求信托基金提供任意金额的资金，甚至可以一次性索取信托基金的所有资产。截至2015年年底，信托基金已为基金会提供了大约396亿美元的资金。

截至2015年年底，盖茨基金会的总净资产大约是404亿美元。为了保持其慈善机构的身份，基金会每年需捐出其资产总值的5%。截至2015年年底，基金会在慈善项目上的投入总额已达到367亿美元。

从2002年起，盖茨向基金会的信托基金共捐献了约370亿美元，包括现金、微软股票、其他种类股票以及投资管理费用。2006年6月26日，巴菲特宣布将赠予基金会其所持有的伯克希尔－哈撒韦公司1000万B类股票，价值超过300亿美元。巴菲特的首笔捐款为16亿美元，从那时起他会每年捐出剩余股票承诺额的5%，如今他的捐款累计已达172.6亿美元。

比尔与梅琳达·盖茨基金会的信托基金通过有效地管理捐献的资金，实现了资产的增长。它的投资组合囊括了许多欧美地区的主要上市公司股份，如美国废弃物管理公司、加拿大国家铁路、建筑机械制造商卡特彼勒和零售业"领头羊"沃尔玛。除通过持有伯克希尔-哈撒韦公司股份来实现投资多元化，该信托基金还对餐饮、零售、物流、环保和通信等多个领域进行了直接投资。

正是通过专业化的资产配置，建立合理的投资组合，并结合慈善事业进行合理的税务管理，比尔·盖茨家族顺利规避了相关风险、实现资产长期增值。这些决策和操作都是通过家族办公室实现的，在比尔·盖茨建立家族办公室的过程中，他们也经历了一系列调整，才最终发展成为一家成熟的家族办公室。

建立专业家族办公室团队的过程。 在瀑布投资现任负责人拉尔森上任之前，公司也经历了一轮人事调整。20世纪90年代，微软公司发展迅猛，而比尔·盖茨的个人财富管理体系尚未完全成形。当时，他的慈善活动由其父亲、西雅图知名律师老盖茨在家中的地下室处理。老盖茨曾是一家全球律师事务所的合伙人，退休后负责管理日益增多的慈善捐款请求。1995年，比尔·盖茨投入约1亿美元成立了一个基金会，由其父亲运营。

在财富管理方面，比尔·盖茨的个人财富由多米宁收入管理公司代理，由安德鲁·埃文斯负责。埃文斯是盖茨的密友，两人共同的兴趣是科技股和跑车。埃文斯通过其公司埃文斯·卢埃林证券公司，管理着盖茨的部分投资，包括定期减持微软股票。

然而，盖茨对埃文斯过于信任，因此并未建立严格的审核和监管机制。埃文斯拥有盖茨个人证券交易账户的管理权，并利用他在华尔街投资银行界的影响力，获得了有利的投资机会。但1993年，《华尔街日报》揭露了埃文斯夫妇涉嫌内幕交易和股价操控的不光彩历史，引起了轩然大波。

经历了这次风波，比尔·盖茨意识到，自己需要一个专业化、结构化的财富管理体系，以平衡微软公司、慈善事业和个人财富之间的关系，同时职业经理人的选择也需要综合考虑更多因素。这对他后来建立家族办公室产生了重要影响。

在寻找新的家族投资管理者的过程中，比尔·盖茨强调了对专业性、诚信和可靠性的需求。他的目标是建立一支专业团队，该团队将专门负责管理他的财富，使盖茨能够专注于微软和他的慈善工作。经过精心的筛选，他们找到了迈克尔·拉尔森，当时他33岁，正在计划自己创业。起初，拉尔森只是被告知他将为一位西海岸科技巨头管理财产，但他并不知道具体是谁。经过细致的筛选和深入的背景调查，拉尔森被证实在个性和专业技能上非常合适。在与盖茨的深入沟通和不断磨合中，拉尔森找到了最适合双方的工作方式——他本人只需要专注于投资相关业务，而无须担心市场营销或管理职能，他唯一需要管理的客户关系就是与盖茨本人的联系。同时，二人建立了明确的工作边界：拉尔森在家族办公室中负责投资和财富增长，而盖茨对财富在慈善活动中的使用拍板。良好的工作机制、合作模式和沟通方式，为家族办公室的稳定运行、业务持续增长奠定了坚实的基础，也是盖茨的家族办公室得以长期运行的重要因素。

自 1994 年建立起，瀑布投资公司就扮演比尔·盖茨金融资产管理和投资的核心角色。作为一个专注于投资的单一家族办公室，瀑布投资主要聚焦于金融资产，而不涉及盖茨家族的日常开支或其他家庭事务。公司的主要目标是分散盖茨的财富，减少对微软公司的投资集中度。为此，瀑布投资负责将从减持微软股票中获得的资金投资于科技行业之外的标的。

在管理和投资决策方面，盖茨给予迈克尔·拉尔森相当大的自主权。因为盖茨明白，自己建立家族办公室的主要目的，就是将自己从复杂的财富管理业务中解放出来，将专业业务交由专业团队，而自己的精力就主要放在微软公司和慈善事业上。瀑布投资团队需要定期向盖茨作工作汇报，通常是两个月一次，而一般性的日常运营及相关决策则由拉尔森全权负责。盖茨之所以高度信任拉尔森，是因为双方在投资理念、公司运营方式等层面达成了高度一致，盖茨本人对后者的责任心、个人品德等方面也作了充分的了解。

在特定业务方面，盖茨和拉尔森约定，涉及信息科技、生物等赛道的投资依然由盖茨亲自管理及拍板。例如，盖茨于 1989 年创立的 Corbis Images，是一家提供多元化视觉内容的平台，经过多年的发展，该公司积累了庞大的素材库。该公司于 2016 年被视觉中国集团并购。此外，盖茨的投资案例还包括 BGC3（Bill Gates Catalyst 3），这是一个集科学、技术服务和工业研究于一体的智库和风险投资实体。

此外，盖茨还投资于 Research Gate，这是一个专为科学家和研究人员设立的社交网络平台；同时，他还持有核反应堆开发公司 Terra Power 的部分股权，该公司专注于先进的核能技术研发。这些投资体现了盖茨对科技创新和研究的持续关注和支持。

运作方式和投资理念。在对外公关和形象方面，瀑布投资有意保持相对低调的姿态，他们的办公室位于西雅图郊区柯克兰的一座外观普通的大楼中，大概有100名员工在此工作。关于瀑布投资的公开媒体报道极少，因此大众对其了解有限。在管理上，拉尔森也践行着低调严谨的策略，他本人穿着朴素、很少主动提及盖茨，甚至个人名片上也不显示"瀑布投资"的名称。在团队内部，员工们都需要签署严格的保密条款，同时在社交网络、对外电子邮件等方面也受到相关的约束。

在操作策略上，瀑布投资有时候并不会直接以自身的名义参与，而是通过各种方式来避免公司或比尔·盖茨的信息出现。比如，他们以子公司的名义持有房地产，并以公司下属员工的名义经营管理。瀑布投资虽然依法向美国证券交易委员会（SEC）进行信息披露工作，但自2009年以来，他们获得了更多的隐私保护，因此很多投资交易和股权变动无须公开披露，这就充分保障了盖茨家族财富的隐私性。

在人脉和社会资源方面，拉尔森一直在积极扩大自己的社交网络，寻找有价值的投资机会。他将约100亿美元资金投向25个外部基金，通过这些基金再进行投资。这样的做法既对外隐藏了投资方向，也为获取新的投资机会和想法提供了通道。拉尔森极为注重这些人脉关系，并为此投入了大量的时间和精力。他经常与盖茨一同出席太阳谷峰会等TMT（科技、媒体和电信）行业的重要活动，与行业的领导者探讨最新的行业动态。

在投资理念上，拉尔森着重于低风险和高流动性的固定收益证券。拉尔森负责的三个主要资金池包括威廉·盖茨基金会、盖茨学习基金会（后与威廉·盖茨基金会合并为比尔与梅琳达·盖茨基金会）以及盖茨的个人财富。他针对不同的资金池分别定制了不同的投资策略。

盖茨学习基金会主要将其资产投资于美国的短期国债和公司债务，以保持资金的流动性。对于威廉·盖茨基金会而言，其资产的75%投资于短期美国国债和公司债券，其余25%分散投资于通货膨胀保护债券（TIPS）、标准美国公司债券、少量高收益债券、外国国家债务和住房抵押贷款支持的证券（MBS）。这一块资产通常由外部债务管理专家管理，而拉尔森有时会通过对冲手段来调整这些投资配置。

在比尔·盖茨的个人财富中，约70%的资产同样配置于低风险的美国短期国债和公司债券，以及一部分新兴市场债券。其余 30% 的资产中，大约一半投资于私募股权基金，约 1/3 配置于与微软和科技股无直接关联的反周期股票（如能源、食品等），剩余部分则投资于实物资产，如石油和房地产等。这种资产配置策略的目标是分散风险，同时保持一定的流动性和收益潜力，这一投资思路体现了拉尔森对风险管理和投资多元化的细致考虑。

实际上，拉尔森及其领导下的瀑布投资以稳健的价值投资闻名，这种作风让他们在 2008 年开始的全球金融危机期间遭受的冲击相对较小。拉尔森近期在调整其投资方向，从原先的债券市场投资逐渐转向更加多元化的领域，如货币、股票、大宗商品、土地、直接投资以及私人股权等。瀑布投资所遵循的投资原则与沃伦·巴菲特倡导的长期价值投资战略十分相似。根据 2016 年的数据，瀑布投资的主要股权投资集中在多个传统领域，这反映了他们对投资组合多样化和平衡性的重视。

美国科技新贵的家族办公室——以贝索斯探险为例

美国科技新贵的家族办公室。 美国科技新贵的家族办公室代表了这个时代最具前瞻性和创新能力的财富管理模式。这些新兴的企业家，通常具有深厚的知识和技术背景、独特的创新视角和浓烈的企业家精神。他们不仅改变了全球科技景观，也重塑了财富管理和家族办公室的理念。在家族办公室的选择上，他们与传统企业家的价值选择有所不同。

- **技术驱动的投资策略。** 他们通常对科技和创新有深刻理解，因此在投资决策上更倾向于具有技术突破潜力的创新项目和初创企业。
- **全球视野。** 作为高科技行业的领头人，美国的科技新贵们往往具备全球化的视野，不仅关注国内市场，也积极寻求国际投资机会，尤其是新兴市场的机会。
- **社会影响和责任。** 许多科技新贵不仅追求财务回报，还注重社会责任和可持续发展。他们的家族办公室常常涉足环保、教育、公共卫生等领域的慈善项目。
- **创新管理模式。** 他们的家族办公室往往运用最新的技术和管理方法，如利用数据分析和人工智能来优化投资决策与风险管理。

- **敏锐的市场洞察力**。凭借对技术趋势的敏感度和对市场的深入了解，这些科技新贵能够在多变的市场环境中捕捉到新兴投资机会。
- **强调团队合作和人才培养**。他们在建立和运营家族办公室时，强调团队合作和人才培养，经常聘用顶尖专业人才，并建立多元化的管理团队。
- **个人与家族价值的融合**。他们的家族办公室不仅是财富管理的工具，也是他们个人的价值观和家族的传统的载体，如家族办公室常常能反映他们对教育的重视、对科技的热爱等。
- **强烈的个人特点**。美国互联网新贵们本身往往是某种特定的文化符号，因此他们的公司、家族办公室团队通常具有强烈的个性色彩和他们的个人标签。

贝索斯和贝索斯探险（Bezos Expeditions）。在众多科技新贵中，贝索斯就是极具个人传奇色彩的一位。

杰夫·贝索斯于1982年进入普林斯顿大学学习计算机科学。毕业后，他放弃了英特尔和贝尔实验室的工作机会，而选择了Fitel这家主要从事计算机系统开发的初创公司。25岁时，贝索斯进入华尔街，先是担任信孚银行的产品经理，随后转至对冲基金D. E. Shaw & Co，仅用了4年就晋升为副总裁。

在互联网初期迅速发展的浪潮中，贝索斯看到了互联网用户的巨大潜力，于是产生创业的想法。他果断地放弃了待遇优厚的职位，与妻子马肯齐一起搬到西雅图，并在途中撰写了商业计划书。他在硅谷招聘了两名工程师，并从父母处借得10万美元作为启动资金。

与传统硅谷创业故事一样，贝索斯在自己家里的车库中创立了亚马逊公司，这个名字来源于世界最大的河流，象征着他对公司的长远期望。公司成立不到3年，亚马逊于1997年5月成功上市。随着业务不断扩展，亚马逊从最初纯粹的在线书店发展为覆盖电子商务、云计算、人工智能和数字娱乐等多个领域的全球科技巨头，为贝索斯带来了巨大的财富。

除创业上的惊人成就，贝索斯还是福布斯美国富豪榜近30年中首位身价超过1500亿美元的人士，并一度登顶为全球首富。这些财富不仅来自他持有的亚马逊股份，也来自他家族办公室贝索斯探险的经营成果。

贝索斯探险的投资蓝图。贝索斯探险在投资方向上非常多元化。

在传统行业上,贝索斯投资了不少房地产项目。他在得克萨斯州拥有一个占地 165000 英亩①的玉米牧场,这片地不仅是他的航天公司 Blue Origin 的基地,也是 New Shepard 火箭的试验场地。在美国的东西海岸,贝索斯在比佛利山庄购置了两处价值连城的豪宅。此外,他在纽约的曼哈顿世纪大厦拥有一套 10000 平方英尺②的奢华公寓,其购买成本低于 1000 万美元。据悉,贝索斯在纽约的这套公寓拉动了世纪大厦价格整体上涨,使其每平方英尺售价上升至 2000~3000 美元。在华盛顿州,他还购买了一处湖畔房产,并斥资 2800 万美元将其改造为近 30000 平方英尺的住宅。

2012 年,亚马逊以 15 亿美元购入西雅图南湖联盟区的总部大楼,成为该市的主要商业地产所有者之一。公司的资产还包括十几栋建筑、近 200 万平方英尺的办公空间以及约 100000 平方英尺的零售空间。同年,亚马逊还投资了大约 2 亿美元购买了西雅图市中心的三个地块,并在 2014 年又花费了 5000 万美元购买了另一个地块。

据统计,通过不同方式的投资组合,贝索斯探险前后投资了超过 100 家公司,用他自己的话说,他愿意以 5~7 年的长周期投资初创企业。贝索斯探险以独特的投资风格证明了贝索斯的长期主义价值观。

在媒体和通信领域,他最早在 2008 年投资了 Twitter(现改名为"X"),随后对商业新闻网站 Business Insider 进行了三次投资,总额超过 4000 万美元。2013 年,贝索斯以 2.5 亿美元的价格收购了知名的《华盛顿邮报》。

在传统零售业方面,贝索斯也有所涉猎,投资了专门生产玻璃蜡烛容器的公司 Glassybaby。他还以亚马逊为主体,投资了药店、家庭用品、玩具、宠物、结婚礼品、手工艺品、广播、酒水、维基社区以及生鲜供应等不同领域。

在旅游领域,贝索斯分别向知名的住宿共享平台 Airbnb、交通服务提供商 Uber 投资,分别为 1.12 亿美元和 3500 万美元。贝索斯在 2014 年还收购了无人驾驶技术公司 Zoox。当时,Zoox 尚处于初创阶段,市场和大众并不了解无人驾驶,也不看好 Zoox 的前景。然而,贝索斯对无人驾驶技术的未来充

---

① 1 英亩 ≈4046.8 平方米。
② 1 平方英尺 ≈0.09 平方米。

满信心。如今，Zoox 已发展成为全球估值最高的无人驾驶汽车创业公司之一。另一个成功的投资案例是 Workday，这是一家云端人力资源服务提供商。贝索斯在该公司进行首次公开募股（IPO）之后进行了风险投资。在上市过程中，Workday 成功筹集了 6.84 亿美元资金。

贝索斯对医疗领域也非常重视。从 2007 年开始，他便着手对医疗领域的创新型企业进行投资。他最初的投资对象是 Qliance Medical Management，随后将投资视野扩展到了其他多个医疗领域的创业公司。这些公司包括在线医生预约服务平台 Zocdoc、医疗服务提供商 Mashape、致力于癌症研究的生物技术企业 Juno Therapeutics、专注于早期癌症检测的 GRAIL、研究抗衰老的 UNITY Biotechnology，以及进行精神健康诊断的 Mindstrong Health。

其中，Juno Therapeutics 尤其引人注目。贝索斯在 2014 年对该公司进行了三轮投资，总投资额达到了 1.9 亿美元。最终，这家公司被 Modern Times Group 以接近 100 亿美元的价格收购，这显示了其巨大的市场价值和发展潜力。通过这些投资，贝索斯证明了他在这一领域具有敏锐的洞察力。

在新兴行业上，贝索斯对航空航天技术也很感兴趣。2000 年，贝索斯创建了 Blue Origin，这是一家专注于太空探索的公司，旨在推动商业航天行业的发展。他的目标是使太空旅行变得更加普及，让更多人有机会亲自体验太空的奇观。除了创建自己的太空公司，贝索斯还通过贝索斯探险投资了不少公司，包括提供卫星互联网服务的 One Web、卫星运营商 Planet Labs 以及专注于太空制造的 Made In Space。通过这些投资，贝索斯展现了他对整个太空行业发展的长远眼光。

当然，在贝索斯的投资案例中，也有不少被外界认为是"天马行空"的案例。例如，"F1 发动机恢复计划"创建的初衷是修复阿波罗 11 号使用过的 F-1 发动机，该发动机可以每秒燃烧 2.7 吨火箭煤油和液氧。此外，他还投资了一项看起来非常具有远见的项目——"10000 Year Clock"，这是一座高达 152 米、位于距地面 600 米的山洞中的巨型时钟，以昼夜温差为动力，理论上能够运行 1 万年。这些投资更多出于贝索斯的个人兴趣，他希望对科技和人类未来作一些新的探索。

贝索斯探险与慈善事业。除投资业务，贝索斯探险也负责执行贝索斯及其家庭的慈善活动。其中一个显著的项目是 Bezos Day One 基金，这只基金建立的核心是实践贝索斯的"Day One"理念，即无论企业和机构已经作出了多大成绩，都要保持初心，把每天都当成创业的第一天。

2018 年，贝索斯投入 20 亿美元到 Bezos Day One 基金中，用以支持两个重要的子项目：Day One 家庭基金和 Day One 学术基金。前者专注于援助无家可归的流浪人员，后者致力于在低收入社区建立非营利幼儿园。贝索斯称，为了支撑非营利幼儿园的经营，他们还会专门成立独立机构，负责相关事宜。

贝索斯探险目前管理着贝索斯家族超过 1000 亿美元的资产。这个家族办公室的职责不仅在于维护贝索斯的庞大财富和实施他的投资计划，而且在于支持他在太空探索和推广长期主义理念方面的努力。

总而言之，贝索斯探险是一家典型的美国科技新贵的家族办公室。在投资领域方面，不仅关注主体企业相关业务（如与亚马逊本身相关的零售业），同时涉足大量的高新技术行业，如医疗、航空航天等。这与比尔·盖茨家族办公室的投资思路有明显区别，后者在守业中追求财富增值，以稳健、长期的投资标的为主要目标，更倾向于投资传统的、盈利模式清晰的企业。在公共关系方面，贝索斯非常重视媒体平台，他以收购及股权投资的方式涉足媒体行业。而比尔·盖茨则尽可能地远离媒体，严格保护自己的隐私。在家族办公室的运行模式上，贝索斯个人风格更加明显，并且让直系亲属参与基金会的管理，而比尔·盖茨的个人主义色彩较弱，他给予拉尔森较大的自主权，属于典型的职业经理人模式。这些区别不仅是两位企业家个人行为方式和思想观念的区别，实际上也是典型科技新贵和上一代企业家的区别。在互联网时代成长起来的企业家，更强调个人主义、个性化以及对新兴行业的兴趣。

其他科技新贵的家族办公室。不同于比尔·盖茨和杰夫·贝索斯，马克·扎克伯格没有设立自己的单一家族办公室，而是选择联合家族办公室——ICONIQ Capital（以下简称 ICONIQ）。这家公司在业内又被调侃为"扎克伯格的朋友圈"，因为它管理着包括 Facebook、Twitter、LinkedIn、Dropbox、Instagram 等知名企业的创始人或高管的资产。

ICONIQ 成立于 2011 年，创始人是迪维什·马坎（Divesh Makan），他设计的"朋友圈"式的打法又被称为"马坎模式"，即通过扎克伯格的核心社交圈，扩大客户群体、提升品牌影响力。ICONIQ近年来将目标客户延伸至娱乐界，一些明星也加入公司业务中，如汤姆·汉克斯夫妇、贾斯汀·汀布莱克等。ICONIQ的员工指出，虽然好莱坞影视明星财富总额通常比不上科技巨头企业家们，但他们的加入为ICONIQ注入了新的活力，有助于吸引更多潜在客户。

ICONIQ的主要吸引力在于其与硅谷深厚的联系，特别是与马克·扎克伯格的关系。对于许多超级富豪来说，加入ICONIQ不仅能够帮助他们获得高质量的财富管理服务，而且可以进入美国社会顶级人脉圈。这个人脉圈以扎克伯格和硅谷互联网企业家们为主，并不断扩展到"圈外人士"，因此对于不少人来说，ICONIQ是一个极佳的资源拓展渠道。例如，李嘉诚和KKR的创始人亨利·克拉维斯等人都因此加入了ICONIQ。

根据美国媒体的数据，目前ICONIQ管理着约620亿美元的资产，服务对象包括225位富豪[①]。ICONIQ建立了完善的服务体系，包括金融投资、税务规划、客户个人及家庭事务（如婚姻、子女教育）和地产投资等。这种服务理念源于马坎的个人经历，他在高盛任职期间曾经帮助客户处理子女婚姻问题，因此他能深刻理解客户在资产管理之外的需求。而且面对客户的单一需求，他也能进行更加周到的考虑。例如，当时扎克伯格在帕拉奥图买房子，考虑客户的安全性和隐私性，马坎与其团队代理购买了周边所有的房产。

在投资业务方面，ICONIQ在近年来建立了一个多元化的风险投资组合。凭借着在科技和互联网行业积累了丰富的客户和人脉资源网络，ICONIQ积累了丰富的投资经验。他们的投资案例包括众多知名科技企业，如腾讯、阿里巴巴和Zoom，以及细分行业领军企业如Send Bird、Flipkart、Snowflake和Epic Games等。

被投企业中，主要从事云存储的公司Snowflake于2020年9月成功上市，市值达到330亿美元，创下了美国软件公司上市规模的纪录。而ICONIQ持有该公司14%的股份，因此在这笔交易中收益颇丰。2021年1月，美股市场出现了历史性的"散户大战机构"的"奇观"，而Robinhood当时进行了紧急融

---

① 家族办公室新智点.解密家族办公室ICONIQ：管理620亿美元，服务225个亿万富翁[EB/OL].（2021-06-01）[2024-01-20]. https://mp.weixin.qq.com/s/x4NlpjRmpw7gCO1oR5yPIA.

资，ICONIQ 也参与了这一轮投资。

截至 2020 年年底，ICONIQ 的风险投资部门 ICONIQ Growth 已投资了多家初创企业，总投资额度达 54 亿美元。目前这些被投企业总估值约为 230 亿美元。

在项目选择方面，马坎透露，大约 60% 的项目来自 Cold Call（陌生电话拜访），其余 40% 来源于合作家族的资源网络。在作决策时 ICONIQ 会通过电话进行初步调研，后续与目标公司团队进行深入交流和评估。他们还会聘请如麦肯锡这类的第三方咨询公司协助进行详细的项目调查。

除了科技和互联网行业，ICONIQ 还涉足房地产行业，目前，ICONIQ 在房地产行业投资额度大约为 30 亿美元。通过引入房地产投资，ICONIQ 可以改善资产配置，避免过于单一化投资，从而分散风险。

除此之外，ICONIQ 的投资体系中还包括美国国债。在这项投资组合中，政府或机构债券占比约为 10%，美国的州级和地方债券占比约为 20%。通过多元化投资策略，ICONIQ 为客户提供稳健、风险可控的财富增长方案，最大限度地兼顾了资产的成长性和投资的稳健性。

由于秉承着分散投资的理念，加之客户需求多种多样，ICONIQ 旗下已经拥有 182 家基金，其中最知名的是 ICONIQ Growth。ICONIQ Growth 特别重视对 SaaS（Software as a Service）企业的投入，并针对此类企业采用了创新策略：它把所投资公司的创始人纳入 ICONIQ 的客户资源网络中，从而从资源层面赋能这些公司成长。例如，云计算公司 Fastly 于 2019 年成功上市。其首席财务官（CFO）拉雷斯在接受采访时说，ICONIQ 在企业成长期提供了专业化的辅导，帮助他们深入洞察业务上的关键指标。Fastly 成功上市之后，ICONIQ 进一步邀请拉雷斯为其他被投企业提供类似的咨询服务，这样一来，不仅可以帮助 Fastly 的创始团队快速扩大影响力，还能将其成功经验传授到其他被投企业当中，强化 ICONIQ 的辅导效果，可谓多方共赢。

在 ICONIQ 内部，ICONIQ Growth 拥有较大的自主权。虽然它与家族办公室共享技术支持，但其资金并非来源于 ICONIQ 的传统客户群体，而是主要来自外部的机构投资者。因此它在 ICONIQ 整体的服务体系和业务条线中，定位清晰、功能独特。

2020年开始席卷全球的新冠疫情，给全球经济带来了巨大冲击。在艰难的形势下，ICONIQ却找到了新的发展机遇。因为他们判断疫情后的经济恢复期，大量企业有融资需求，同时受疫情影响的业务会恢复，甚至会出现更多发展机会。于是，2020年年初，ICONIQ开发了一个10亿美元规模的投资项目——"战术机会"（Tactical Opportunities）。这个项目可以看成一个专项项目，主要针对疫情带来的多元化的金融机会，如优先贷款、结构性股权和救济性融资等。这也充分反映了ICONIQ的投资理念：以全球为业务范围，在不同的资源中寻求新的增长机会。

为了更好地践行其全球化的战略设计，近年来，ICONIQ将分支机构开到了美国其他城市及英国、新加坡等地，全面扩展了全球业务：其中美国分部选择落地纽约，由联合创始人迈克尔·安德斯领导，主要负责全球客户的服务工作。新加坡办公室则由拉吉耶夫·纳塔拉扬负责，他曾经在国际头部投行工作多年，主要负责扩展中国客户以及开拓当地市场。

同时，ICONIQ开始转变过去低调的作风，逐渐走进大众视野，如在官网上发布公司动态和投资案例，并就美国一些社会事件公开发声。这是过去从来不会发生的事。这种转变被认为是ICONIQ公司转型和纵深发展的标志。目前，虽然马克·扎克伯格仍是其头号客户，但创始人马坎的目标是更好地发展自身的家族办公室业务，将视野拓展到扎克伯格以外的地方。

在美国办公室的案例中，ICONIQ是非常特殊的一个，它以头部客户的个人影响力为起点，形成了事无巨细的服务体系。综观12年的发展历程和战略调整，ICONIQ的主要策略体现在以下几个方面。

- **"去扎克伯格化"**。最初，ICONIQ以服务马克·扎克伯格和其他硅谷精英为主，并且很多客户是被这些人的名气吸引而来的。然而，随着时间的推移，ICONIQ开始不断扩展客户范围，从以扎克伯格为代表的科技圈，逐步扩展到其他行业，从而逐渐降低对少数客户的依赖。这个"去扎克伯格化"的过程，也离不开公司业务体系本身的完善。现在越来越多的用户认可ICONIQ的服务，而不仅仅看重他们的人际关系圈。
- **全球化发展**。ICONIQ不再仅关注美国本土的投资和业务，而是将目光投向了全球市场。同时，不同国家的分支也设定了不同的功能定位和主要任务，这样能够形成跨越地域的业务协同，进一步增强市场对 ICONIQ 的品牌认知。

- **创新发展**。对于旗下基金 ICONIQ Growth，公司给予了充足的发展空间，在给予技术支持的同时，允许其资金独立管理和分配，这极大地提升了投资的灵活度和业务办理效率。同时，ICONIQ 引入外部资金到该基金当中，也扩大了资金来源渠道，为投资体系"补充弹药"。
- **挖掘新机会**。ICONIQ 特别擅长发现和利用新的投资机会，除了针对具体的初创企业，ICONIQ 还在逆经济周期中做好业务设计。即使当时受到了疫情影响，他们也主动考虑客户企业的资金需求，从而做好前瞻业务部署。

总体来说，ICONIQ 的这些战略调整和发展方向反映了其作为强适应性的家族办公室不断寻求新的增长点和创新方式，以适应快速变化的全球金融环境的特点。

第 5 章
欧洲家族办公室的多样性

欧洲近现代金融业的发展

与北美相比,欧洲的整体特点是历史悠久、国家众多、情况复杂。欧洲金融的发展历程本质上是资本主义在不同欧洲国家的演进过程,其中有几个国家和城市在经济史中占据重要地位。

威尼斯是先驱之地。中世纪欧洲的商业和国际贸易发展迅速,市场对资金的需求不断提升,在此背景下金融行业迅速成形,特别是在地中海地区。意大利在这个时期成为欧洲银行业的先锋,被誉为金融革新的先驱之地。这一时期威尼斯利用其得天独厚的地理位置,发展成为著名的海港城市。在威尼斯港口,所有进出的货物都需要支付 1% 的服务费,这让威尼斯商人迅速完成财富积累。他们在国际贸易中占据垄断地位,掌握了欧洲金币的供应渠道,这导致金币在市场上的流动性下降。而金币流通和供给的需求促进了银行业的产生。这些商人抓住机会转型成为银行家,通过控制金币市场,将金币贷款利率维持在 20%~30% 的水平,从而成为欧洲当时最主要的国际债权人,实际控制了欧洲的商业和财富。

1171 年,世界上首个私人央行——威尼斯银行成立,标志着威尼斯乃至意大利金融体系的形成。当时威尼斯商人控制着欧洲金融市场,因此威尼斯银行实际上履行欧洲央行的职能。这一时期,威尼斯进入金融业发展的黄金时期。到了 13 世纪,威尼斯商人突然收紧货币供应,不再对外贷款。由于金币贷款利率高达 20%,许多王室和贵族都依赖于向威尼斯商人借款,因此这一策略使威尼斯商人快速控制了意大利贵族的债务,巩固了自身的金融霸权地位。

至此，威尼斯商人成功控制了大量欧洲黄金，而威尼斯城也成为贸易的关键枢纽。金融上的控制力让他们极大地提升了对整个欧洲的综合影响力。他们不仅在金融市场上占据主导地位，还通过参与政治和结成战略联盟增强了自身权力。在政治上，威尼斯商人积极行动，他们支持法国贵族的武装力量，干涉拜占庭帝国内部斗争，加速了拜占庭帝国的最终灭亡。这些行为让威尼斯商人强化了本身的贸易优势，他们还通过推动税收优惠政策来促进威尼斯的繁荣。

威尼斯不仅在资本主义的发展中占据领先地位，而且成为当时的欧洲经济中心。但是，随着新航线的开辟，威尼斯的海港优势逐渐消失，它不再是最核心的贸易港口，于是开始从繁荣走向衰落。这反映出一个金融规律：货币流动带来繁荣，离去则引发衰败。威尼斯共和国的兴衰正是这一规律的实证。贸易中心的转移导致威尼斯逐渐退出历史舞台。

佛罗伦萨和意大利。 1252年，佛罗伦萨的商人开始铸造金币"佛罗琳"，这为其经济发展铺平了道路。这种金币表面印有百合花，每枚重量约为54厘，价值相当于1932年的美元的2倍。佛罗琳在当时获得了国际上的高度认可，成为德国、法国、匈牙利、奥地利等多个国家的流通货币，甚至一度成为当时欧洲事实上的标准货币。

1300年，佛罗伦萨流通的佛罗琳超过了200万枚。1336—1338年，佛罗伦萨已经拥有了80家银行，每年总共能够铸造35万~40万枚佛罗琳。到14世纪，当地银行数量超过了100家。据估计，14—15世纪，在欧洲流通的9亿枚货币中，意大利的货币占据了5亿枚，成为当时当之无愧的金融中心。[①]

在文艺复兴时期，意大利银行业的发展历程可以按照组织形态和目标划分为两个阶段。第一阶段（13—14世纪）是私人银行的快速发展期。这些早期银行的出现主要是为了满足私人商业活动的需要，因此基本上不属于官方银行。同时，随着家族及家族企业的兴起，这个时期的银行业务通常是由家族经营的。当时佛罗伦萨的著名银行家家族包括阿贝第尼、艾伯塔西、阿得西尼奥、巴尔迪和佩鲁齐等22个，其中，巴尔迪和佩鲁齐是最大的2个，它们的业务覆盖范

---

① 睿盈达国际展览. 欧洲经济史之银行与金融业［EB/OL］.（2022-03-24）. https://mp.weixin.qq.com/s/OIHeyrKmQjT—NwzvkezQw.

围也更加广泛。随着家族银行数量的增加,竞争也日益激烈。银行之间会采用不同的策略来应对竞争,但它们的核心目标仍然是保护家族和个人利益,这与后来的银行业的经营宗旨大相径庭。

第二阶段是从15世纪到16世纪。这一阶段,意大利银行业进入了"公共银行"发展时期。在激烈的竞争下,私人银行经常面临破产或遭遇困境,所以从15世纪开始,意大利开始出现了被称为"Monti Di Pieta"的公共银行。此阶段最早的公共银行包括1407年成立的热那亚圣乔治银行和1587年成立的威尼斯银行。到了1509年,意大利已经建立了89家这样的公共银行。

意大利于中世纪末期在欧洲崭露头角,成为金融创新的热点地区。其中最重要的原因是,随着商品经济的崛起和资本主义初步形态的出现,对货币的依赖和需求急剧上升。如马克思在《资本论》中所述,资本主义生产最初的迹象是在意大利出现的。进一步分析显示,14—15世纪,地中海沿岸的城市已经开始显示出资本主义生产的初步迹象。即便在那个时代,意大利由许多独立的城邦组成,它仍然是欧洲最繁荣和最先进的地区,特别是在工商业和银行业方面。

随着历史的进步,市场经济和农业生产结合得越来越紧密。随着工业产品在市场上的种类日益增多,城市居民对各类农产品的需求逐渐上升。农民开始自发地将自己的剩余农产品销往市场。在此背景下,封建地主们逐渐意识到,面对金钱需求的增长,他们有机会将过往以物品交纳地租的做法改为用金钱支付。到了13世纪,意大利中北部的大部分税项已经改用现金支付方式征收。

这一变化不仅推动了农村地区的进步、促进了整体经济的发展,也为意大利的银行业奠定了良好的基础。除了以上因素,地中海地区的中转贸易发展、手工作坊的扩张、生产量的增长,以及王朝间的频繁战争,都对资金提出了巨大的需求。这些需要远远超出了当时银行家们在财力和人力上的能力范围。这些贸易活动不仅涉及巨大的地理空间,还涉及各种商品的进出口,因此市场对资金流动性和融资能力的要求大幅增加。同时,战争带来的不稳定和财政负担也进一步提升了市场对银行业务的需求。在多种因素的推动下,意大利在中世纪成为金融中心。

西班牙的崛起和衰落。 航海家克里斯托弗·哥伦布在1493—1502年通过三次航海,开辟了通往北美的新航线。他发现了新大陆的存在,后来这一大陆被命名为"美洲"。哥伦布的探索促使欧洲贸易航线发生重大转移——从地中海地区转向大西洋沿岸。这导致意大利失去了对近东贸易的控制,而西班牙则成为新兴的商业中心。

文艺复兴期间,西班牙崛起成为欧洲乃至全球的主要殖民强国,被誉为"日不落帝国"。他们入侵了阿兹特克、印加和玛雅文明,在全球不同的地区建立了殖民地,从加利福尼亚到巴塔哥尼亚,乃至西太平洋,在殖民地大量财富的支撑下,西班牙与荷兰、意大利、英国、法国和德国等国发生多场冲突,并在地中海、北非与土耳其帝国展开战斗。根据学者的估计,自1495年以来,西班牙参与了全球125场大战中的44场。16世纪30年代,西班牙军队规模达到15万人,查理五世和菲利普二世不得不面临超支的帝国开支,1562年仅利息支付就占预算的1/4以上。①

17世纪晚期,西班牙经济因持续的战争所产生的巨额债务、贵族的过度奢华生活方式而陷入停滞,从而失去了其在欧洲的主导地位。18—19世纪,随着法国在欧洲大陆(包括西班牙)的扩张,西班牙独立战争爆发了。这场战争进一步削弱了西班牙的国力,促使其美洲殖民地先后独立。后来,与美国的战争导致西班牙失去了剩余的殖民地。殖民地经济的崩溃对西班牙的金融系统及其整体经济产生了巨大影响,使其退出了世界金融的主要舞台。

荷兰的金融业。荷兰是世界上资本主义经济发展基础最扎实的国家之一。荷兰的经济是通过转口贸易发展起来的。荷兰中小商人数量众多,交易需求旺盛,在此背景下,荷兰建立了一个标准化的交易所。这个交易所由当时的五位公爵共同推动建立,不仅用于展示商品样式,还帮助交易方获取相关信息,如价格、交易时间、地点以及支付方式等。1609年,荷兰人在阿姆斯特丹建立了全球首个股票交易所。1609年,阿姆斯特丹证券交易所的成立标志着世界上第一个此类机构的出现,它也成了全球金融中心的先驱。这一里程碑事件代表了金融业在西欧的重大突破。

荷兰因缺乏银矿资源以及与国王的政治对立,面临货币短缺问题。为摆脱

---

① 姜建清. 昔日金融王侯今何在 源自西班牙中央银行前身的金属记忆[EB/OL].(2021-03-26)[2023-12-04]. https://cliif.ceibs.edu/article/19505.

这一困境，贸易成了不二选择。那时，荷兰的城市中聚集了大量欧洲富商。在当时的国际贸易中，由于无法做到货到付款，富商们经常发放欠条。这些欠条得到了荷兰政府的背书，因而信用度极高。随后，这些荷兰欠条逐渐演变成为一种创新的金融产品，在市场上广泛流通，并最终发展成为现代的汇票。到了16世纪末，荷兰已成为汇票交易的枢纽，相关的借贷信息在这里快速集中，大大减少了寻找信贷的成本。这种金融创新促使银行业务从地中海地区迅速向荷兰转移。

1609年，阿姆斯特丹银行的成立标志着一个新时代的开始。它发行的银行券在欧洲广受欢迎，成为国际贸易中首选的支付手段，引领了欧洲的纸币时代。截至1640年，阿姆斯特丹已发展成全球贵金属交易的主要中心，阿姆斯特丹银行成了调控国际汇率的核心机构，这些里程碑事件进一步确立了荷兰在全球贸易体系中的领导地位。

17世纪的荷兰利用其扎实的金融实力进行了大量的对外扩张。这一金融优势使得荷兰在国际贸易中占据了主导地位，他们控制了贸易中的大部分利润环节，压制了其他国家（如英国、法国和西班牙）在商业链条中的地位。随着经济力量的增长，荷兰开始谋求摆脱西班牙王室的政治控制，在经济、政治等各个方面实现全面独立。

欧洲金融业崛起的主要特点。 与美国新兴的资本主义不同，欧洲大陆国家的金融业往往受到对外殖民、欧陆战争、经济中心转移等地缘政治和历史因素影响，主要表现为以下共性特征：

- **资本主义萌芽发展时间久，积累时间长。** 在意大利，资本主义的早期形式与商品经济的发展促进了对货币的需求，为银行业的崛起提供了肥沃的土壤。这种发展模式在西班牙和荷兰也有所体现，尤其是在它们各自的殖民扩张和贸易活动中。

- **贸易中心转移，推动沿岸国家金融发展。** 最早意大利的城邦通过贸易和海上控制确立了金融权威，而西班牙通过殖民等方式，将贸易中心转移到大西洋沿岸，极大地促进了其金融业的发展。荷兰则通过转口贸易和全球商业网络累积了财富，进而发展了先进的金融系统。

- **银行和货币制度的创新。** 意大利引入了一些现代银行业务的早期形式，如汇票和复式簿记。荷兰在金融工具创新方面走在世界前列,如他们率先引入了股票交易所和欠条系统。西班牙的金融发展虽然受到其殖民财富的影响,但也体现了对货币系统的早期探索。

- **国际影响力的提升**。这些欧洲国家通过金融实力,在国际上扮演了重要角色,意大利的银行家成为欧洲贵族和教廷的主要债权人,荷兰的金融市场对全欧洲乃至全球的商业活动产生了深远影响,而西班牙的财富则在一定程度上支撑了其在欧洲的政治和军事野心。

- **经济与政治的紧密结合**。这些国家的金融业发展与其政治环境密切相关。意大利城邦的政治分裂与竞争促进了金融创新,而西班牙和荷兰的国家政策则在很大程度上受到自身金融能力和市场需求的影响。

现代欧洲家族办公室的典型案例

德国匡特家族百年传承史。德国匡特家族在德国乃至整个欧洲的历史上都留下了浓墨重彩的一笔,传承百年、经久不息。经历了世界政治经济局势的变化,整个家族不仅留存至今,还在商界取得了显著成就。匡特家族几代人始终保持与时俱进的精神和积极向上的勇气,在商场上不断前行。在几代人的共同努力下,匡特家族从纺织厂的学徒工作开始,逐步扩展到汽车、医药、化学和电池等多个行业,逐渐构建了一个大型工业家族帝国。目前匡特家族持股的公司包括宝马、戴姆勒-奔驰、化学品集团阿尔塔纳(Altana)、知名武器供应商DWM、瓦尔塔(Varta)电池公司等。

匡特家族的兴起始于埃米尔·匡特(Emil Quandt, 1849—1925年),他于1865年在普利茨瓦尔克的帝国毛织纺织厂做学徒工。后来,埃米尔接管了这家工厂并通过与当地其他纺织厂的合作实现了行业垄断,由此他的事业蓬勃发展。普法战争期间,埃米尔抓住了军服需求的机会,让他的企业在经济萧条时期幸存下来。

埃米尔的儿子京特·匡特(Günther Quandt, 1881—1954年)继承了父亲的经商天赋,他从小接受商业方面的培养,并且特别擅长预测市场趋势和处理政府关系。在德国的第二次工业化时期,京特抓住机会扩建工厂和增加产量,终于证明了自己的能力。第一次世界大战期间,匡特家族通过大量生产军服获得巨额利润,进一步巩固了商业地位。

京特在1920年迁居柏林。当时他发现电池行业方兴未艾,有巨大的发展潜力,尤其是蓄电池厂股份有限公司(AFA,即后来的瓦尔塔),于是毫不犹豫地收购了该公司,并担任AFA的监事会主席,同时购入了多家重工、化工、制药和机械企业的股票。此外,他还担任了德意志武器和弹药厂(DWM)的监事会主席,这家公司是知名的武器供应商。也是这个原因,匡特家族在战争期间获得了巨额利润。

除苦心孤诣经营企业,匡特家族很早就开始继承人的培养。早在20世纪30年代的大萧条期间,京特便带着次子赫伯特·匡特(Herbert Quandt)环游世界,希望培养他成为继承人。赫伯特在伦敦、巴黎学习语言,并在不同国家的工厂中工作,积累了大量的一线经验。1954年京特去世,家族资产主要由次子赫伯特及三子哈拉尔德掌管。赫伯特主要负责汽车、电池和矿业业务,而哈拉尔德则负责其他业务,二人关系一直比较和谐,并没有出现兄弟相争的情况。

但是1967年哈拉尔德在空难中去世,他的遗孀英格与赫伯特展开了一场旷日持久的财产争夺战,最终拿到了戴姆勒-奔驰和UTB银行的股权。1978年英格去世,她的五个女儿都不想管理公司,于是她们在1981年成立了家族办公室——哈拉尔德·匡特控股有限公司(Harald Quandt Holding,以下简称HQ Holding),主要负责打理家族的投资事务、保险业务、艺术品管理和马场经营。

这五位继承人并没有直接参与到公司的日常运营中,但她们每年会定期开会,就家族资产的投资业务进行探讨,并对HQ Holding的运营方向给出建议。从20世纪80年代中后期开始,HQ Holding积极下注对冲基金和私募股权,他们把大约1/3的家族资产投资在这两个方向上。

为了进一步发展在另类资产投资方面的业务,匡特姐妹在20世纪80年代末和90年代初创立了几家子公司。1989年,她们成立了Auda和RECAP,前者聚焦于美国市场的另类投资咨询,后者专注于房地产投资。1992年,她们又成立了HQ Equita,主要投资德语区的中型企业。

在当时的德国，家族办公室尚未被大众熟知，因此匡特家族的创新模式引起了许多当地高净值人群的关注，他们纷纷希望将自己的资产也交由 HQ Holding 来管理。1987 年股市崩盘之后，高净值人群希望赶快寻找到新的财务管理方式，因此 HQ Holding 开始朝联合家族办公室的方向发展。

德国第一家联合家族办公室

1987 年秋天，匡特姐妹与银行家约亨·绍本（Jochen Sauerborn）和其他合作伙伴一起，在巴特洪堡创立了国际金融经济研究所（Financial and Economic Research International，FERI），这标志着德国第一家联合家族办公室的成立。由此，匡特家族建立了一个独特的、双重结构的家族办公室，包括独立运作的单一家族办公室 HQ Holding 和联合家族办公室 FERI。

在德国，FERI 作为首家联合家族办公室，逐渐塑造出自己独特的商业形态并形成了巨大的竞争优势。起初，FERI 专注于为超高净值个人提供独立金融分析和全面的资产负债表管理服务，这使它赢得了"簿记员"（Book-keeper）的称呼。

随着时间的推移，在绍本的领导下 FERI 形成了全面的服务网络。它不仅为客户提供了全面的资产评估服务，还开始涉足全球资产配置领域，成为德国最早引进另类投资策略的联合家族办公室之一。除此之外，FERI 还提供了包括家族咨询、税务咨询、法律和会计等多方面的专业服务。

2000 年，FERI 经历了一次重要的组织变革，将业务分成了两部分：一是成立国际金融经济研究所集团（FERI Finance Group），负责投资研究、房地产和基金等机构投资；二是成立绍本信托（Sauerborn Trust），主要负责联合家族办公室的相关业务。同年，FERI Finance Group 的大部分股权被德国 MLP 集团收购。Sauerborn Trust 服务于超过 140 个德国家族的公司，于 2004 年以 1.6 亿美元售出。

之后，Sauerborn Trust 的员工和客户均由瑞士银行吸纳。然而，这一调整并没有得到客户的普遍认可。无奈之下，匡特家族于 2006 年在巴特洪堡成立了新的联合家族办公室——哈罗尔德匡特信托（HQ Trust），该信托完全由匡特家族持有并承诺不会对外出售。于是，部分以前的客户又回到了 HQ

Trust。与此同时，匡特家族旗下的其他公司，如 Auda、Equita 和 RECAP，也开始向其他家族和机构开放服务，共同组成了匡特家族的财务管理网络。

经过一系列的调整，HQ Trust 也逐渐明确了自身定位——以匡特家族的业务和影响力为基础，为高净值人群或家族提供专业金融服务，同时保持自身的独立性，日常业务和决策均不受家族内部事务的影响。公司的运营架构分为四个主要部门，包括另类投资部门、流动资产投资部门、财务部门和运营部门，还另外配置了一个专业顾问团队和一个投资团队。2020 年，HQ Trust 增设了首席经济学家岗位，并且请到了经验丰富的迈克尔·黑森（Michael Heise）担任此职务，他的任务是在关键战略和经济事务上，向客户和团队提供专业的意见。

HQ Trust 的一系列架构调整充分体现了匡特家族财富管理的思路。虽然机构由家族全权掌握，但他们从不直接干涉公司的日常事务与决策过程，而是把这些关键职能交由一支经验丰富的专业团队来承担。自创立伊始，HQ Trust 一直遵循低调且谨慎的发展原则，其客户主要通过私人邀请加入，而不是通过对外商业推广或营销获得。

2016 年，HQ Trust 开始扩大业务范畴，并在杜塞尔多夫开设了新的分支机构。现在，HQ Trust 已为超过 30 个家族提供服务，管理着超过 30 亿欧元的资产，其中非家族资产已经超过了匡特家族本身的资产总值。

匡特家族的投资理念

HQ Trust 致力于实施多元化的投资策略，不断地调整其经营哲学和市场运作方法，从而实现与时俱进的目标。该公司的服务体系包括家族办公室服务、全面的财富管理、另类投资业务以及机构投资专项业务。

在家族办公室服务方面，HQ Trust 重视全面的资产分析、策略发展、家族财富传承路径设计、职业经理人选拔和家庭财务报告等各个方面。

在财富管理方面，公司主打的产品包含财务簿记服务、战略资产配置和全方位的财富咨询服务，目的是为家族企业和机构客户提供一揽子的资产管理解决方案。在这个领域，HQ Trust 的服务与其他联合家族办公室的业务设计如出一辙，但 HQ Trust 的最大特色是客观、公正和透明。

在进行客户交易的过程中，公司始终保持透明的信息披露机制，他们会公开所有潜在的利益冲突，并详细说明所提供服务的性质和费用标准，以确保HQ Trust的服务不会带来信息不对称的问题。同时，在HQ Trust的服务体系中，客户拥有完全的自主决策权，他们可以拒绝团队推荐的资产配置计划，也可以自己设置一个目标或投资方向，由HQ Trust团队根据要求量身定制相关策略。

HQ Trust始终强调对客户进行深入了解。投资团队在决定资产如何配置之前，会仔细评估家族的投资组合，以保证每一笔新投资都能与现有投资策略协调一致，而不仅是为了追求短期利益而将投资标的拼凑起来。

在服务体系方面，HQ Trust一直保持着多样性，他们的服务范围覆盖私募股权、房产投资、基础设施项目、个人债权和对冲基金等多种创新型资产。这种多元化的投资策略与匡特家族的投资偏好联系紧密，也充分体现了公司的核心业务。

考虑成本问题，HQ Trust引入外部机构进行具体的投资业务落地，因为内部管理团队会带来较高成本，并且在投资策略调整时，内部团队需要进行人员的优化和调整，这一过程也需要耗费大量的时间精力。

匡特家族所采用的单一家族办公室和联合家族办公室的双重结构，为家族办公室行业树立了独特典范。这种结构既能够满足家族私密要求，又能够通过开放的投资平台（HQ Trust、HQ Capital、Auda、Equita和RECAP等）扩大业务范围，为更多家族服务。这些做法不仅有效地降低了家族办公室的运营成本，也解决了家族间潜在的利益冲突。

匡特家族办公室的典型特点

匡特家族办公室是一个典型的欧洲现代家族办公室，比起美国的家族办公室，尤其是硅谷科技新贵的办公室，它展现出一些典型特点。

首先，从结构上看，匡特家族办公室运用了独特的双重结构，结合了单一家族办公室和联合家族办公室的优势。这种模式既保护了家族资产和隐私，又能服务于更广泛的客户群，还能有效地利用外部资源降低运营成本。而在美国，无论是单一家族办公室还是联合家族办公室，往往采用单一结构，它们往往提供更为全面的服务，包括但不限于资产管理、遗产规划、慈善活动策划等。

其次，在投资策略上，匡特家族办公室专注于另类投资，如私募股权和房地产，强调投资组合的多样性和创新性。它通过与外部机构合作进行投资管理，以此来保持效率和降低成本及风险。相比之下，美国家族办公室更倾向于内部管理投资，它们通常会组建一支自己的团队负责业务的打理。在投资标的上，美国的家族办公室通常会吸纳股票、债券、另类资产等更广泛的投资标的。总体来说，美国的家族办公室强调资产的整体管理和家族财富的持续增长。

最后，在市场定位和客户关系方面，匡特家族办公室采取的是一种刻意低调、专注的策略，通过邀请制吸引客户，注重维护客户隐私和建立长期的信任关系。与此形成鲜明对比的是，美国家族办公室通常更加积极地参与市场营销和客户关系构建，通过各种渠道积极拓展业务和提升品牌知名度。

总体来说，匡特家族办公室的低调策略、双重结构以及对另类投资的偏好，与美国家族办公室的市场化策略、服务多元化以及综合投资管理形成了鲜明的对比，这两种模式各有特点，反映了不同文化背景和市场环境下家族办公室的多样化发展趋势。

从发展路径上来说，不管是美国还是欧洲，不少联合家族办公室都是从单一家族办公室发展而来的。随着业务的扩展和家族影响力的增强，外部资本有意加入，于是单一家族办公室进行组织结构和业务逻辑上的调整，逐步形成专业化、规模化的联合家族办公室。

家族治理：不同文化背景下的家族治理

家族治理：代际传承中的重要一环。

家族治理，是指家族企业或家族财富管理中的组织和控制机制。其包括设立明确的治理结构，如家族理事会和家族办公室，以及构建明确的决策过程来指导重要业务和投资决策。此外，家族治理体系还包括制定家族宪章或家族守则，来共享家族的历史、价值观、愿景和使命，同时涉及制订继承计划、安排财富分配等关键事务。在家族治理框架内有效的沟通和冲突解决机制对于家族内部的和谐至关重要，家族成员的教育和培训也不可或缺，家族治理框架应作出相关安排以此来增强家族成员的业务和财务管理能力。此外，家族治理框架还应包括合规和风险管理措施，以及针对领导职位的继承规划，以确保家族企业和财富的持续稳定发展。

不同于常规的企业管理，家族治理实操起来会更加困难。首先，家族治理的"规章制度"往往不同于企业管理制度中的白纸黑字，往往存在很多"软性规则"，即大家心照不宣的行为方式。这些细节通常很难让家族成员以外的人了解，因此作为专业机构的家族办公室需要很长时间去深入了解，才能彻底弄清楚某个家族的具体行为方式。其次，家族成员间的关系有时候会比纯粹的同事关系更为复杂，尤其是涉及亲缘关系、婚姻关系时。家族成员在处理复杂事务时，会顾及亲属的情感关系，因此很难保证百分之百客观理性、不掺杂个人情感。因此，作为外部机构的家族办公室除需要具备专业能力，还需要站在"人"的角度，设身处地地考虑家族成员的感性要素，从而提供更加灵活和人性化的家族治理方案。

阿尔诺家族的家族治理

贝尔纳·让·艾蒂安·阿尔诺（Berneux Jean Etienne Arnault）出生于1949年，是法国著名的商业领袖。他的商业生涯始于1977年，当时他接管了父亲的建筑公司。阿尔诺很早就对奢侈品行业产生了兴趣，早在经济危机期间，他便察觉到这个行业的韧性和潜力。阿尔诺的第一个重大成功是在1984年，当时他利用个人资产和银行贷款购买了破产的Boussac集团，获得了Dior（迪奥）的控制权。此后，他通过裁员和出售资产回笼资金，巩固了自己在奢侈品行业的地位。之后，阿尔诺将目光投向了LVMH——一家由路易·威登、酩悦和轩尼诗合并成立的集团。通过一系列复杂的股权交易和联盟策略，阿尔诺最终成功控制了LVMH集团。

阿尔诺的策略是利用家族企业的管理和股权问题，通过收购或合并来扩大自己的商业帝国。一个典型的例子是纪梵希的收购，这是一个由其创始人休伯特·德·纪梵希经营的家族企业，阿尔诺收购并改造了这个品牌。通过这些商业手段，阿尔诺将LVMH发展成为世界上最大的奢侈品集团，旗下拥有70多个品牌。因其商业手段和成就，阿尔诺被称为"穿羊绒衫的狼""法国的特朗普""奢侈品行业的拿破仑",以及"30年来最不光彩的世界首富"。

如今年逾七旬的阿尔诺已开始面临家族财富传承、子女接班和家族治理等问题。他的两任妻子共育有五个子女,因此一旦阿尔诺在接班问题上没有安排妥当,很容易引发子女们的权力斗争。2023年年初,LVMH集团发布重要公告,对旗下两个重要品牌——迪奥和路易·威登的高层管理人员进行重大调整,由贝尔纳·阿尔诺的女儿,现年48岁的德尔菲娜·阿尔诺(Delphine Arnault)担任迪奥的新任首席执行官,过去4年间担任迪奥领导的彼得罗·贝卡里取代迈克尔·伯克,成为路易·威登的新任董事长及CEO。此举在外界看来,阿尔诺既在为家族财富传承和接班人培养作准备,也在加强对公司的控制,因为在此之前,该公司已经修改了章程,将首席执行官的退休年龄延长至80岁。

在子女继承的问题上,阿尔诺也早作了安排,五个子女全部在集团不同部门工作。其中大女儿德尔菲娜·阿尔诺最引人注目。她曾经担任迪奥的高管,后担任路易·威登的副总裁,她的加入为这两大品牌带来了显著成功。现在,她不仅负责LVMH集团的董事会和执行委员会,也担任迪奥的董事长和首席执行官。

德尔菲娜拥有良好的教育背景,她在法国北方高等商学院和伦敦政经学院接受了高等教育。在加入家族企业之前,她在著名咨询公司麦肯锡工作过。她在LVMH集团中以出色的商业头脑和领导才能著称,并成功地扮演了多个关键角色。她在CELINE时期引入菲比·费洛,并在迪奥时推荐Raf Simons担任创意总监,这些顶尖人才为这些品牌注入了新的活力。在路易·威登,她引进了Virgil Abloh,并委托蕾哈娜和J.W.Anderson担任新兴设计师,助力LVMH集团业务的拓展。同时,德尔菲娜还是LVMH Prize大赛的创始人之一,这个赛事旨在发现和支持有天赋与创造力的年轻设计师,助力他们实现梦想。

安托万·阿尔诺(Antoine Arnault)是阿尔诺的长子,有时被外界戏称为"太子爷"。与他的姐姐德尔菲娜相比,安托万在年轻时期有过一段较为放纵的生活,但他很快浪子回头,专心在家族企业工作,并积极在集团的广告和通信部门磨炼自己。经过几年的历练,安托万发现了Berluti品牌的巨大潜力，并主动承担起管理这一品牌的责任，将其视为自己职业成长的重要一步。在LVMH于2013年收购Loro Piana品牌之后，他担任Loro Piana品牌的董事会主席。虽然Lora Piana的知名度比不上他大姐管理的品牌，但它们在高端奢侈品市场中也有较高的地位。安托万接手后，业绩显著提升。他在保持Berluti品牌的传统工艺和高品质的同时，引进了多位著名的创意总监，如Alessandro Sartori和Kris Van Assche，使品牌变得更加时尚现代。在他的领导下，Berluti的销售额显著增长，一度在3年内增长了188%。Loro Piana在他的管理下也表现优异。比如，他们与藤原浩的联名系列广受好评。他对这两个品牌的运营不仅增加了它们的知名度，也让它们成为新贵阶层青睐的精致奢侈品品牌。除此之外，安托万也是集团董事会的成员，他还负责集团品牌外宣和形象等工作。

亚历山大·阿尔诺（Alexaudre Arnault）是阿尔诺的次子，他在商业洞察力和执行能力上丝毫不逊色于他同父异母的大哥、大姐。他很早就发现了Rimowa品牌的潜力，并推动其并入LVMH集团。在过去几年中，亚历山大在家族中崭露头角。在数字化营销领域，他推动Rimowa与Supreme、Off-White、Dior等品牌的成功合作，引发了市场的热烈响应。但他的抱负并不仅限于Rimowa，亚历山大曾公开表示对该品牌的未来发展充满信心，但他也寻求更广阔的职业机遇。随着职业路径的不断调整，他加入了LVMH集团新近收购的品牌Tiffany&Co，担任执行副总裁，负责产品和公关工作。在他的领导下，Tiffany&Co实行了一系列大胆的创新举措，包括邀请碧昂斯夫妇担任品牌代言人，以及与Supreme的联名合作。他还参与了百达翡丽和Tiffany&Co联名款鹦鹉螺Ref.5711/1A-018的推广，该产品在拍卖会上以650万美元的高价成交。此外，他曾建议父亲收购著名的Ace of Spades酒厂，最终LVMH集团收购了该酒厂50%的股权。目前他还在Tiffany&Co中继续展现着自己的商业洞察力和雄心，希望推动品牌向更高水平发展。

阿尔诺的其他两个儿子年纪较小，但也都进入集团工作，并负责一部分业务。目前，阿尔诺希望塑造一个公平的竞争环境，让有能力的子女脱颖而出。用他自己的话来说，"将孩子们放入浴缸中，看他们是怎么游泳的"。

当然，家族治理和子女继承并非仅靠父辈的安排，还需要倚靠商业上的相关策划。为保持家族企业的统一和控制权，贝尔纳·阿尔诺采取了关键措施，包括成立新控股公司 Agache Commandite SAS。它作为家族的核心运营机构，起到家族办公室的作用，公司的股份被平均分配给他的五个子女，实行董事长轮换制，每个子女轮流担任董事长 2 年。根据安排，在阿尔诺仍在位时，他将通过这家公司与子女讨论 LVMH 集团的主要决策。

阿尔诺家族制定的规矩还包括在未来 30 年内，阿尔诺的子女无法在没有董事会一致同意的情况下出售他们在 Agache Commandite SAS 的股份。此外，合伙人身份仅限于家族内部成员，以防外部势力影响家族事业继承。根据家族的规划，只有阿尔诺的直系后代才能持有股份，并且家族成员在购买股份时拥有优先权。这些策略的核心目标就是为了保持阿尔诺家族未来稳定发展。

阿尔诺通过家族办公室制订了长期的家族治理计划，他的核心思路不仅在于保障子女的继承权，还要保证子女们不会因为财产争夺影响家族团结。同时，家族治理的核心仍然是家族事业的不断发展。在这一思路的指导下，他们后续制定的具体策略会真正符合家族要求。

阿涅利家族的家族治理

意大利著名的阿涅利家族一直以来被看作该国财富的代表，乃至经济的象征。他们主导的 EXOR 集团在全球开展了广泛的跨国业务，业务范围包括汽车、通信、航空、保险、金融和媒体等多个行业。EXOR 集团拥有包括菲亚特、克莱斯勒、吉普、道奇、法拉利、玛莎拉蒂和阿尔法·罗密欧等众多知名汽车品牌，以及《经济学人》杂志、尤文图斯足球俱乐部和 PartnerRe 再保险公司等一系列著名企业。阿涅利家族在意大利和国际上享有很高的声誉和影响力。

1899 年，乔瓦尼·阿涅利（Giovanni Agnelli）与八位合伙人在都灵创立了菲亚特公司。经历了早期的权力争夺，乔瓦尼于 1902 年成为公司的首席执行官。1907 年金融危机期间，他成功保住了对公司的控制权。"一战"之后，菲亚特迅速发展，业务扩展到多个行业，成为意大利的主要工业集团之一。

1927 年，乔瓦尼成立了控股公司 IFI，将多元化投资扩展到多个领域，如饮料、建筑和能源等。乔瓦尼因此在意大利享有崇高地位，被授予勋爵称号。IFI 作为家族的主要控股公司，由乔瓦尼和其子爱德华多控制。但第二代继承人爱德华多意外去世，因此第三代继承人乔瓦尼·阿涅利二世接管了家族工作。

不同于阿尔诺家族在掌门人时代就已经做好了家族治理和继承安排的工作，阿涅利家族在财富传承上遭遇了重大挑战。2003 年，家族的领袖乔瓦尼·阿涅利二世因癌症去世，当时年仅 28 岁的第五代继承人约翰·埃尔坎面临巨大的压力，因为他的年龄和经验都不足以让他担任家族及菲亚特集团的领导职务。紧接着，接任董事长职位的翁贝托·阿涅利在 15 个月内因肺癌去世，而此时菲亚特集团正处于财务危机之中，连续 3 年亏损，累计亏损额达 62 亿欧元。

在这一连串的危机中，阿涅利家族委员会发挥了重要作用，他们协助约翰·埃尔坎顺利地承担领导职责，并确保了家族对企业集团的控制。1987 年，为了有效地管理家族成员所持有的 IFI 公司股份，他们建立了家族委员会和信托机构，詹尼创立了 GAeC 公司。家族委员会每年举行一次大会，进行关键决策的制定。

面对内外困境，家族委员会作出关键决定，任命时任法拉利主席蒙特泽莫罗为菲亚特集团董事长，约翰·埃尔坎和兄弟拉波·埃尔坎担任副董事长。这些及时的人事安排帮助菲亚特平稳过渡到新的领导阶段。

最终，约翰·埃尔坎在 33 岁时成功接管了菲亚特集团和家族控股公司 GAeC 的领导职务。在短短 6 年内，他不仅使陷入困境的菲亚特扭亏为盈，而且通过 EXOR 集团，带领家族进入了一个新的发展阶段。

阿涅利家族与控股型家族办公室

在阿涅利家族的长期发展过程中，控股型家族办公室管理方式起到了至关重要的作用。这种治理结构有效地帮助家族通过持股来集中管理企业、财务资产和家族事务，实现资源优化配置。在处理继承和权力转移等关键事务时，这种模式显得尤为关键，因为它可以明确家族成员的股份分配并强化家族对企业的控制力。同时，控股型家族办公室还通过并购和支持家族成员的创业投资来运用家族资金，推动家族财富增长。

阿涅利家族的 IFI 和 IFIL 公司就是典型的控股型家族办公室。1927 年，乔瓦尼·阿涅利成立 IFI 公司，全面控制菲亚特集团。1957 年，詹尼将公司更名为 IFIL，并加强了家族在银行和出版行业的投资。2009 年，家族第五代领导人约翰·埃尔坎对家族企业的股权结构实施了关键性重组，通过合并 IFI 和 IFIL 公司成立了 EXOR 集团。这一举措确立了以家族控股公司为中心的新治理方式，有效地帮助家族克服了之前的困难，让企业步入新的发展阶段。

通过这种控股型家族办公室，阿涅利家族直接或间接地控制了所有家族投资。虽然菲亚特一直是集团的核心资产，但通过 EXOR 集团的多元化投资，家族减少了对单一资产的依赖，有效地降低了财富风险。

阿涅利家族的控股型家族办公室（如 IFI 和 IFIL 公司，后来合并为 EXOR 集团）是家族治理和财富管理的成功范例，这一案例具有以下特点：

● 集中控制和决策效率。通过控股型家族办公室，家族能够集中控制其在各个企业中的股份，从而提高了关键决策的效率，保证了决策的一致性。这种集中化的治理结构对于大型家族企业特别有效，因为它能降低决策的复杂性和时间成本。

● 维护家族团结和避免分裂。控股型家族办公室有助于防止家族内部分裂，因为它提供了一个统一的平台来管理家族成员的不同利益和预期。这种结构有助于维持家族内部的和谐，并确保所有成员对家族企业的目标和策略保持一致。

● 风险分散和财富保值增值。通过 EXOR 集团等控股公司，阿涅利家族能够在多个行业和地区进行投资，这不仅降低了对单一企业或行业的风险，也为家族资产的增长提供了多元化的途径。

● 培养和支持新一代领导者。控股型家族办公室为家族成员提供了学习和成长的机会。特别是对于年青一代的家族成员来说，通过参与家族办公室的管理和决策，他们能够积累宝贵的经验，为未来接任家族企业的领导职务做好准备。

● 适应和响应市场变化。阿涅利家族自菲亚特成立以来，已经有 100 多年的历史，在六代人传承的过程中，对新时代市场变化的把握显得尤为重要。控股型家族办公室结构使得家族能够更灵活地适应市场变化，快速响应新的投资机会，从而确保家族企业在不断变化的商业环境中保持竞争力。

文化价值：欧洲家族办公室的文化与价值观

欧洲多元的文化积累

欧洲的文化积累是多元且丰富的，这一点在其历史、艺术、哲学和科学的发展中得到了充分体现。从古希腊和罗马的哲学思想和建筑艺术，到文艺复兴时期的艺术革命和科学发展，再到现代社会的技术创新和文化多样性，欧洲一直是世界文化与知识的重要组成部分。例如，古希腊哲学家柏拉图和亚里士多德的思想，对西方哲学的发展产生了深远影响。意大利的文艺复兴，见证了达·芬奇和米开朗琪罗等艺术大师的辉煌成就，他们的作品至今仍为世界所赞叹。在科学领域，英国的牛顿和出生于德国的爱因斯坦推动了现代物理学的重大进展。此外，现代的欧洲在文化多样性方面也表现突出，如法国的时尚产业和英国的音乐文化，都对全球文化产生了深远的影响。这些史实表明，欧洲的文化积累不仅深厚而且影响深远，历史、社会和经济等要素共同塑造了这个多元和创新的文化大陆。

欧洲家族的文化积累与欧洲的整体文化传统是紧密相连的。家族在历史长河中传承下来的不仅是财富和企业，还有深厚的文化根基和价值观念。这些知名家族（如阿涅利家族、罗斯柴尔德家族、阿尔诺家族等）不仅是经济上的巨头，也是文化和艺术的传播者。

例如，阿涅利家族通过控股菲亚特集团，不仅推动了意大利乃至欧洲的工业革命，还在文化和艺术领域产生了巨大的影响。家族投资于艺术博物馆、赞助文化活动，成为文化遗产的保护者和推广者。类似地，罗斯柴尔德家族在银行业取得巨大成功的同时，也以其对艺术品的收藏和保护而闻名于世。

阿尔诺家族通过LVMH集团，不仅塑造了全球奢侈品市场的面貌，也推动了时尚与艺术的结合。LVMH旗下的品牌不断与艺术家合作，创造出融合高端时尚与艺术美学的产品，影响着全球时尚潮流。

这些家族的文化积累不仅体现在对传统艺术的继承和发展上，还体现在对现代价值观的塑造和传播上。它们通过对教育、艺术、慈善等方面的投资，体现了对社会责任和文化多样化的重视。这种文化积累在家族成员中代代相传，成为家族不断发展壮大的内在动力,也为欧洲乃至全球文化的多样性和丰富性作出了贡献。

皮诺家族的发展历程

皮诺家族为中国人所知是因为一件举世瞩目的大事。2009年,中国圆明园的两件珍宝青铜鼠首和兔首在法国被拍卖,这两件文物是1860年英法联军入侵中国后流失海外的。此消息一出,立刻引发了中国乃至国际社会的关注。当时,法国的皮诺家族出面积极奔走,经过一番努力,终于从知名奢侈品品牌圣罗兰创始人伊夫·圣·洛朗(Yve Saint Laurent)手上买下了这两件瑰宝,并无偿捐赠给中国政府。2013年两件文物正式回归中国。而皮诺家族的这个举动也被认为是具有高度国际视野和远见的公关活动。这一行动提升了皮诺家族在国际舞台上的知名度,他们的慷慨与文化敏感性获得了极高的赞誉和广泛的关注。从此,在中国,开云(Kering)集团开始受到大众关注。

皮诺家族是欧洲奢侈品行业中颇具影响力的家族,是开云集团的掌控者。他们的商业帝国兴起于1963年,由弗朗索瓦·皮诺创立,并以家族名命名,最初称为皮诺-春天-雷都集团(Pinault-Printemps-Redoute,PPR),后于2005年改名为PPR集团,2013年又更名为Kering集团。开云集团旗下有众多全球知名奢侈品牌,包括Gucci、Saint Laurent、Alexander McQueen、Balenciaga、Bottega Veneta、Boucheron、Girard-Perregaux和PUMA等。1998年,皮诺家族又拓展其商业版图,成为著名的佳士得拍卖行的主要股东。通过长期的精明商业决策和战略性拓展,皮诺家族积累了巨大的家族财富。

皮诺家族的第一代创始人弗朗索瓦·皮诺出生于布列塔尼的一个乡村家庭,他的童年主要在父亲的木工作坊中度过。15岁时,他便放弃学业,专心在父亲的作坊中工作,直至父亲去世。不甘于只是经营一个小作坊的他,在岳父的鼓励下,决定出售这个家族作坊,转而创办了一家木材交易公司。他直接与原材料供应商和客户打交道,有效地削减了中间成本。这一时期他已初步挖掘了自己的商业才华。正是这家公司为他带来了初期的财富积累。

随着财富的快速累积,弗朗索瓦不仅买回了曾经的家族作坊,而且开始了他的商业扩张之路。他采用了一系列策略,如低价购入资产,高价销售,以及并购其他企业，逐步建立了自己的商业王国。他所创建的皮诺集团，业务范围包括木材交易、家具生产、图书销售等多个领域。

1987年，皮诺集团果断购入当时经营困难的沙佩勒达布莱纸厂。经过一系列战略调整，他们最终决定将纸厂卖给芬兰的重量级企业芬欧汇川集团，并从这笔交易中获得了可观的利润。1988年，皮诺集团以Pinault SA为名在巴黎股票交易所上市，成功吸引了众多金融投资者的目光。此后皮诺家族在金融领域的技巧也日益精进，随着资本的不断增长，老皮诺的企业版图也在不断扩张。到了1990年，他收购了专注于非洲市场的CFAO贸易公司，1992年收购了与老佛爷百货相匹敌的奢侈品零售巨头——法国春天百货，这标志着公司向零售行业的转型。1993年，他斥资7.2亿法郎成为著名的拉图城堡的主要股东。1994年，他继续扩大其商业帝国版图，收购了零售巨擘雷都（Redoute）集团，随后将其更名为皮诺－春天－雷都集团。

与其他奢侈品公司不同，PPR由实体行业起家，经过一系列战略和业务转型才最终落脚在奢侈品赛道。实体行业的经营经验，让皮诺家族的管理者们形成了务实的作风和跨行业的眼光。在公司进入相对成熟期之后，皮诺家族形成了明确的发展思路："获得利润—投资并购—获得更多利润"，通过一系列并购，公司规模越来越大。在公司发展策略上，皮诺家族一直保持着高度耐心，这不仅是出于商业战略的考量，而且与欧洲奢侈品文化价值观有着密切的联系。

奢侈品与长期主义价值观

欧洲奢侈品行业强调品牌历史、传统工艺和长期价值，而皮诺家族对这些元素的重视在其经营理念中得到了充分体现。欧洲现存的主流奢侈品牌大部分有百年以上的历史积累，如路易·威登诞生于1854年，宝格丽诞生于1884年，香奈儿诞生于1910年等。百年历史带来的不仅是工艺的积累与精进、商业策略的成熟、对市场洞察力的提升，也让品牌故事、人文价值渗透到公司的方方面面，从而让品牌能够不断更新、与时俱进。

一个有代表性的例子是皮诺集团对Gucci（古驰）的投资。当古驰在20世纪90年代面临财务困境时，皮诺家族并没有急于求成，而是采取了一系列长期战略措施来重振这个品牌。他们引入了新的设计师，如Tom Ford，推动了品牌形象的彻底革新，同时保留了古驰的传统元素。这种策略不仅让古驰在时尚界重新获得了声誉，也显著提升了品牌市场价值。这种判断和洞察其实就源于欧洲奢侈品文化体系中的价值取向。

此外，皮诺家族在管理其奢侈品牌组合时，会注重维护各品牌的独特性和传统工艺。他们避免让各品牌之间同质化发展，公司旗下的每个品牌都被鼓励保持其独特的设计理念和市场定位。这种做法不仅保护了每个品牌的独立性和核心价值，也增强了整个集团的多样性和竞争力。

在企业传承上，皮诺家族和其他高净值家族一样，进行了提前布局和精心安排。2000年前后，创始人老皮诺开始把企业的管理职责交给长子弗朗索瓦－亨利·皮诺，自己则退居幕后，专注艺术品收藏的个人爱好。亨利自幼就被定位为家族企业的未来领袖，并以此为目标接受了精心的教育和训练。

对于老皮诺来说，在家族企业中，稳定性与脆弱性往往只是一线之隔。经历过家族企业的风风雨雨，他在选择接班人方面异常谨慎。在完成了巴黎高等商学院的学业之后，亨利开始了他在家族企业的职业生涯，他从基层部门做起，一步步轮岗、晋升。在这个过程中，他深入了解企业运营，并积累了相关的管理经验。不仅如此，他每年都要经过一个由其父亲组织的、八位委员组成的评审委员会的评审。老皮诺在谈及家族企业接班问题时，曾表示家族企业的接手是一项巨大的挑战，而不是享受。

变革与新生

就像许多百年奢侈品牌在新时代的市场环境下不断进步那样，PPR在亨利接手之后也迎来了变革。亨利接手父亲建立的这个庞大商业帝国后，第一个重大决策是卖掉位于巴黎的春天百货，这家公司原是PPR中的"春天"部分，也是当地知名的高端百货商场之一。此后，他逐渐将集团内的其他零售业务逐一剥离。到2006年，那些与"奢侈生活"无关或者调性不符的品牌大多被亨利出售。通过这样一番运作，亨利重新梳理了集团业务和品牌矩阵，将主要精力放在与核心战略目标相关的业务上。

2008年，美国次贷危机引发了全球经济动荡，奢侈品市场受到了巨大影响。但是因为亨利之前对体育品牌的投资，特别是对彪马（PUMA）的收购，集团业绩保持相对稳定，并没有受到实质性影响。

到2013年，集团的业务结构已经明确分为两大部分：以古驰为主的奢侈品业务占总业务的2/3，以彪马为中心的生活方式类消费品业务占总业务的1/3。在他接手企业的10年间，亨利几乎彻底改变了他父亲原先设定的公司发展路径，这在欧洲传统的家族企业中，尤其是在一贯遵循"父传子"传统的经营模式下，可谓一场划时代的变革。

当集团度过危机走上正轨后，变革也并未停止。PPR根据新的战略方向进行调整，将名字变更为开云，这象征着公司与家族之间的联系进一步淡化，朝着更加独立的商业公司转型。亨利对此也曾谈及自己的看法，他希望公司能够独立于家族成员的变化之外运营。他对"开云"这个名字表示赞赏，"Ker"在布列塔尼语当中是"家"的意思，"ing"则暗示着持续的行动和前进。整个名称"Kering"的发音也暗含了"关怀"之意。有趣的是，很少有人知道开云的标志猫头鹰其实是向创始人老皮诺表达尊敬之情。猫头鹰眼睛中的微笑象征着同情、理解和对他人的关怀。

集团名称的变更，是开云集团以及亨利本人变革精神的集中体现，通过更名，开云集团从过去以家族名字命名的传统企业形象，转变为更具现代化、国际化的品牌形象，体现了对全球市场的适应和对新消费者群体的洞悉。同时，淡化家族痕迹能够更加凸显其作为奢侈品品牌的专业度和商业能力，有助于让大众加深对品牌本身的认知，而不是将注意力放到公司或家族故事上。

在家族治理上，亨利也作出了精心安排。他的每个兄弟姐妹都在家族资产的分配中占有一席之地。他的姐姐决定不再工作，而他的弟弟从事律师工作，妹妹则在家族旗下的知名波尔多一级酒庄拉图酒庄（Château Latour）工作。作为开云集团的掌舵人，亨利·皮诺感受到了肩上的重担，他曾坦言，虽然自己身为开云集团的负责人，但他本质上是在管理兄弟姐妹共同的财产，自己的管理决策和行为举止是受到家族成员的监督的。

现在的开云集团的策略和理念强调了以下几个关键要素，这些要素不仅塑造了集团的业务模式，也为奢侈品行业树立了新的标杆。

- **非凡的创造力和创新力。**开云集团将想象力和创意作为核心战略，鼓励旗下品牌进行大胆的创新和突破传统限制。这种对创意的重视不仅使品牌保持新鲜感，也推动了奢侈品行业的整体发展。

- **勇于开拓和挑战极限**。开云集团鼓励其品牌不断探索新的领域和可能性，挑战现有的市场和设计极限。这种开拓精神有助于集团在竞争激烈的市场中保持领先地位。

- **倡导多元化和社会责任**。集团的多元化员工队伍和对社会责任的承诺，反映了其对包容性和可持续发展的重视。这不仅有助于建立一个更加积极和负责任的品牌形象，也与现代消费者的价值观相契合。

- **强化高端品牌组合**。开云集团旗下拥有多个知名的时装、皮具、珠宝品牌，如古驰、圣罗兰、葆蝶家等，这些品牌的良好声誉增强了集团在全球奢侈品市场的地位。

- **强调可持续发展**。集团致力于可持续和负责任的商业模式，这反映了其对环境保护和长期可持续发展的承诺。

- **重视人才激励和行业发展**。开云集团致力于激励员工的创新精神，充分发挥个人潜能，同时通过提高行业标准，引导整个奢侈品行业向更加正面和可持续的方向发展。

总体来说，开云集团的案例是典型的欧洲家族办公室文化和价值观的体现。作为一个起源于家族企业的集团，开云在其成长过程中不仅维持了家族企业的传统价值，如对品牌遗产的尊重、对工艺精神的执着和对质量的不懈追求，也展示了欧洲家族企业的现代化转型过程。这种转型体现在对全球市场和多元文化的适应、对创新和可持续发展的重视，以及对社会责任的承担。开云集团在从传统家族企业向现代全球企业的转变中，不仅保留了家族精神的精华，如对艺术的热爱和对品牌个性的尊重，还积极拥抱了新时代的挑战，如环境保护和社会责任，从而在维持传统价值的同时，引领了行业的创新和变革。这一转变不仅是商业策略上的调整，也是对欧洲家族办公室文化价值观的演绎和发展。总之，开云集团在维护家族遗产的同时，也在不断适应现代商业环境、引领行业发展。

欧洲家族办公室面临的挑战与机遇

背靠欧洲的家族企业,欧洲家族办公室整体上呈现比较稳定的状态。由于欧洲的家族办公室运营模式成熟、业务逻辑清晰,因此它们的成长性比较依赖于家族本身的治理以及家族企业的传承情况。

欧洲家族企业的永恒挑战——家族传承和家族治理

家族企业在代际传承中,往往面临着市场的不断变化,包括宏观经济周期、消费者洞见和购买倾向、新技术带来的新商业模式等。对于很多已经传承多代的老牌家族企业来说,如果不能及时跟上时代的脚步,不断提升家族企业的影响力和创新能力,那么就可能面临品牌老化、创新乏力、竞争力下降等问题。

意大利知名奢侈品牌菲拉格慕已经多次传出被出售的消息,由于业绩持续下滑,该公司曾考虑与私募股权基金洽谈,讨论出售或退市的可能性。尽管该集团的发言人否认此消息,但品牌当前的不确定状态已为业内公认。

菲拉格慕是萨尔瓦多·菲拉格慕(Salvador Ferragamo)于1927年在佛罗伦萨创立的品牌,自创立以来,便以创新设计和独特材料而闻名。创始人萨尔瓦多·菲拉格慕专注于制造舒适鞋类,推出了坡跟设计、贝壳形鞋底和"隐形"凉鞋等多项创新款式。该品牌主要产品包括鞋类和皮革制品,这些产品采用多种制造技术,其中包括标志性的"Gancini"装饰和"Vara"芭蕾舞高跟鞋。除此之外,菲拉格慕还提供男女成衣、丝绸制品,以及与Inter Parfums Inc.合作生产的香水。奥黛丽·赫本、索菲亚·罗兰、玛丽莲·梦露、麦当娜等明星都曾是菲拉格慕的忠实客户。

创始人萨尔瓦多·菲拉格慕于1960年去世,其遗孀菲拉格慕夫人接手了公司业务,目前公司已经传承到第三代。菲拉格慕公司于2011年7月在米兰证券交易所公开发行了25%的股份,但菲拉格慕家族依然控制着大部分股份,并保持了家族成员平等的报酬和股份比例。集团董事长费鲁奇奥强调在管理庞大家族企业时要制定清晰的规则。目前,菲拉格慕家族有27位成员,但只有少数第三代成员参与企业经营。菲拉格慕家族以低调务实的风格著称,坚持"华贵典雅,实用与款式并重"的经营理念,使品牌在近百年的历程中保持独特魅力，深受人们喜爱。

在最近几年，面对全球奢侈品行业的激烈竞争和产品线老化等挑战，菲拉格慕的业绩开始下滑。2017年8月，集团迎来前古驰高层Micaela le Divelec Lemmi作为其新任首席执行官。据时尚头条网数据，该集团在最新的三个季度中销售额增加3.9%，达到2.98亿欧元，结束了之前连续八个季度的销售下降。尽管如此，前9个月的总销售额还是下降了3.3%，为9.72亿欧元，净利润降幅更是达到了17.5%，仅6500万欧元。2018年，随着菲拉格慕夫人的去世，家族也失去了灵魂。

2024年1月，集团公布了2023年前三季度的财务报表[①]，数据显示其总营收为8.44亿欧元。在当前汇率下，与上年同期相比，集团营收下滑了8.3%，若按固定汇率计算，降幅则为9.2%，主要受零售和批发业务不佳的影响。面对整体市场低迷的形势，集团第三季度的零售业务净销售额同比下滑10.2%，若按固定汇率计算，降幅则为7.3%。

地区销售数据显示，亚太区域的净销售额同比下跌16.4%（按固定汇率计为下跌11.7%），相比之下，欧洲、中东和非洲地区则实现了3.1%的增长（按固定汇率计为3.0%的增长）。北美市场销售额同比减少20.1%（按固定汇率计为减少18.2%），中美洲和南美洲地区的净销售额同比减少3.1%（按固定汇率计为减少9.6%）。[②]

除了疫情原因造成的全球经济下滑、购买力缩水，菲拉格慕的问题其实由来已久。首先，在产品战略上，集团一直以鞋履作为主打产品。但是对于奢侈品来说，鞋履的价值属性相对较低，不少一线奢侈品品牌将鞋履作为附件商品售卖。作为以手工鞋履起家的菲拉格慕来说，需要赋予产品更多的品牌附加值。其次，菲拉格慕在整体风格上创新有限，风格保守陈旧，无法满足年轻消费者的需求。最后，在销售战略上，菲拉格慕的销售严重依赖于旅游零售。在疫情期间，这一模式受到了严重冲击。

菲拉格慕战略问题的背后，是家族企业治理的问题。创始人去世后，其长

---

① 数据来源：Salvatore Ferragamo集团公告。
② Ladymax.LVHM的B计划[EB/OL].（2018-10-27）[2023-12-06]. https://www.huxiu.com/article/268876.html.

女菲亚玛在公司发展中起到了重要作用。她是一名富有创造力的设计师，她设计的平底圆头皮鞋是品牌的标志性产品之一。同时她还主导了手提包、行李箱、鞋履和皮革服装等多种产品的设计工作。菲亚玛的独特理念不仅受到了业内的广泛认可，还成功帮助企业提高了品牌声誉。在商业之外，她还积极参与公益活动，致力于意大利的文化遗址保护，这也为菲拉格慕树立了良好的形象。但是菲亚玛不幸英年早逝，这给企业发展带来了极大的冲击。

到了家族第三代，由于候选人有23人，因此挑选和培养继承人比第二代难很多。菲拉格慕家族之前采用的是"平均主义"——第二代的六人股份平均，并且均可以在家族企业工作。但到第三代情况就不一样了，如果所有人都进入家族企业，那么企业管理的难度将大幅提升，因此菲拉格慕家族规定第三代候选人中仅有三人可以进入家族企业。他们在继承人选择方面制定了一些评估指标，包括进入公司的意愿、工作匹配度以及准备程度等。这三位继承人不仅需要接受过良好的教育，而且必须有相关的工作经验，同时家族企业内专职的职业经理人也会对此发表意见。这一做法虽然表面上在为家族的传承选择最合适的子女，但也引发了其他子女的不满，这也造成了菲拉格慕家族内部的不稳定。

古驰家族也经历过类似的情况。创始人古奇欧去世后，其次子阿尔多接手经营，阿尔多与弟弟瓦斯科和鲁道夫共同管理，三人均分公司股份。在遗嘱中，古奇欧没有将股份分配给继子乌戈和女儿格里马尔达，导致格里马尔达将其兄弟诉至法庭，但最终未能成功。

1974年，瓦斯科去世后，阿尔多和鲁道夫买下其遗孀的股份，但公司控制权依然在阿尔多手中。第三代家族成员中的矛盾开始显现，特别是阿尔多的儿子保罗与家族关系恶化，最终导致后者被公司开除。保罗揭露父亲阿尔多的逃税行为，导致阿尔多入狱。1983年，第二代继承人鲁道夫去世，其股份由儿子毛里齐奥继承。毛里齐奥和堂兄保罗合作罢免了阿尔多，但他们两人本身也因为矛盾反目成仇。毛里齐奥最终逃亡瑞士。家族内斗使古驰一度走到了破产边缘，最后他们找到了一家巴林的投行帮助改组股权结构，才最终让公司重回正轨。

实际上，对于高净值家族来说，家族治理问题是普遍存在的，要提高家族治理水平，一般可以从以下几个方面入手。

- **制订明确的继承规划。** 确保有一个明确和公平的继承规划,包括继承人的选拔、股权的分配机制、不接班子女的工作安排等,以防止未来的纠纷。同时,提前为子女做好职业规划和教育培训工作,不仅需要让他们理解家族企业的价值观、业务运作以及所面临的挑战,还需要帮助他们树立大局观念,从而妥善处理可能的家族内部矛盾。

- **家族和公司治理分离。** 尽管家族成员可能在企业中担任重要角色,但应确保公司治理和家族事务分开处理,以专业的方式运营企业。家族可以在董事会或管理团队中引入非家族的专业人士,帮助家族以第三方的中立视角处理企业决策。

- **制定明确的规章制度。** 制定家族管理条例或协议,明确规定家族成员在企业中的角色、权力、责任和行为规范;明确家族成员之间的沟通渠道:建立明确且有效的内部沟通渠道,确保信息在家族成员和管理层之间保持畅通。

欧洲家族企业面临的新机遇

根据毕马威欧洲家族企业趋势报告[①],欧洲家族企业在面对各种挑战时表现出的韧性,本质上是源于它们在商业和治理方式上的不断调整。这些企业经营范围广泛、规模从小型街角商店到大型公司不一而足,为欧洲各国的就业和经济作出了重大贡献。尽管欧盟整体经济不稳定,这些家族企业仍展现出增长的信心和能力,它们当中的一半企业营业额增加,近一半的企业进行了新员工招聘。它们也积极拓展全球业务,74%的企业已进行国际运营,近1/4的受调查企业计划进一步投资全球扩张。为了适应环境变化和未来增长作准备,许多欧洲家族企业正在采取专业化的改革措施。它们正在改善治理结构,整合非家族成员管理角色,并作出战略性决策,如将管理权传递给下一代或考虑出售企业。

除此之外,创新发展也是欧洲家族企业近年来关注的议题。欧洲家族企业越来越注重创新发展,这一点体现在多个方面。它们积极采用新技术,如人工智能、大数据和云计算,以提升效率和市场竞争力。同时,这些企业也在产品

---

① KPMG Enterprice.European Family business trends, modern times [EB/OL]. (2015-11-23) [2024-01-20]. https://kpmg.com/pl/en/home/insights/2015/11/european-family-business-trends-modern-times.html.

设计和服务模式上进行创新，以适应市场需求的变化，满足消费者的新期望。此外，家族企业正在探索新的商业模式（如电子商务和在线服务），并积极参与战略合作与联盟，以获取新想法和新技术。这些创新策略帮助欧洲家族企业维持其长期竞争力和市场领先地位。这些家族企业有时也会和孵化机构合作，共同推动初创企业的发展。

位于巴黎核心地段的STATION F是一家著名的法国创业孵化中心，由知名的法国科技企业家和亿万富翁哈维尔·尼尔于2017年6月创办。这个园区面积达34000平方米，为1000多家创业公司提供空间。2018年，STATION F宣布了扩张计划。2021年10月，化妆品行业领导者欧莱雅与STATION F达成合作，将其美容加速器项目迁移至此，并为园区内的62个工作站提供财务支持，同时为那些专注于美妆和营销领域的初创公司提供帮助。STATION F的合作伙伴还包括家族企业巨头LVMH等公司。

欧莱雅孵化器在项目甄选方面设置了严格的标准，接受以下三类初创企业的申请：具有产品创新能力的独立美容品牌（如彩妆、护肤、护发、香水品牌）；增强现实、虚拟现实、人工智能、机器学习、社交商务等领域的技术初创公司；以及提供数字服务的美容领域初创企业（包括个性化互联设备、诊断工具、产品和服务平台等）。被选中的初创企业将获得欧莱雅的战略支持、专门团队指导、关键联系人联络、创建POC的预算以及STATION F园区的运营支持，如独特的企业家网络和各种便利设施。该项目为期6~12个月，整个流程包括加速器的"欢迎"仪式、品牌试点、国家创建POC项目、项目扩展期、重点课程回顾，以及项目结束的"毕业"典礼。

在与时俱进方面，欧莱雅进行了全面的部署，除了在STATION F部署自家的孵化器，还进行投资层面的部署。欧莱雅向Circular Innovat基金投资了5000万欧元，专门用于扶持可持续发展的技术类项目。该基金由Demeter和Cycle Capital共同管理，支持来自北美、欧洲和亚洲的初创企业。比如，他们支持了一些在生物经济中开发新材料、包装、回收和废物循环的公司。作为影响力投资基金，它关注环境和社会影响，包括减少温室气体排放、运营资源和多样性。该基金还支持了循环时尚初创公司For Days等项目，用于推动循环经济。欧莱雅将这一基金视为减轻气候变化影响和刺激循环经济领域创新的一部分。

2020年6月，欧莱雅成立了首个5000万欧元的影响力投资基金——欧莱雅自然再生基金。他们与Mirova合作，共同开发基于碳信用的生态系统服务创新金融模式。该基金支持恢复森林、红树林、海洋区域和退化土地项目。在英国，欧莱雅投资了Real Wild Estates Company（RWEC）项目，旨在恢复退化的土壤。此外，欧莱雅还投资了法国初创科技公司Rize，后者专注于支持农民开展低碳农业。这个项目的目标是再生250万公顷农田，捕获400万吨CO_2，并帮助75000名农民。循环创新基金则专注于循环经济领域的创新，投资于北美、欧洲和亚洲的成长型公司，帮助他们开发新材料和循环解决方案。

欧莱雅的最新战略举措展示了家族企业适应时代变化的新模式，其核心理念是重视主营业务同时采用创新驱动战略。通过成立科技孵化器，欧莱雅不仅加强了对中小型创新企业的扶持，还增强了与这些企业的协同效应，为自身的主营业务注入了创新动力。此外，通过投资可持续发展项目，欧莱雅在全球范围内积极承担环境保护的义务和社会责任，这不仅提升了品牌形象，也为企业赢得了公众的尊重和信任。这种综合性策略帮助欧莱雅在激烈的市场竞争中保持领先地位，同时展现了他们对未来商业和社会发展趋势的深刻洞察。通过这些措施，欧莱雅不仅保障了长期的营收增长，也确立了作为行业领导者在可持续发展方面的地位，为家族企业树立了新的典范。

第6章
纵览全球家族办公室

世界其他国家的家族办公室

从家族办公室的发展历史和背景来看，英国和欧洲大陆国家是老牌资本主义国家，金融体系成熟，家族办公室体制健全、业务成熟；虽然美国建国时间晚，但资本主义金融体系在建国之初已快速发展，并且出现世界上首个现代化的家族办公室。中国香港和新加坡是亚洲的金融中心、国际金融的中转站，具有多元化的金融业务体系和灵活度较高的市场机制，因此被视作家族办公室发展的沃土。对很多新兴市场来说，家族办公室的业务也正在酝酿，甚至未来可能发展成为一个重要的金融支点。对于这些国家来说，家族办公室发展的动因、模式及路径与上述国家和地区不尽相同，但是它们也展现出了一定的潜力。其中的典型案例是阿联酋的迪拜。

中东金融体系的发展需求。 由于特殊的社会经济环境和历史因素，中东地区的金融发展一直存在结构性问题，主要表现在以下几个方面：

- **银行体系占主导地位。** 中东地区金融体系以银行为主导，整个资本市场，特别是债券市场，活跃程度较低。企业依赖间接融资多于直接融资，且大部分保费和养老金资产投资于政府债券。

- **银行国有化程度高。** 银行国有股比例高，贷款倾向于投向国企或大型企业，中小企业融资渠道窄、融资困难。社会中信贷普及率低，居民储蓄率低，银行贷款方向不均衡，大部分流向第三产业，较少关注第一产业。同时，中东地区普遍设立了较高的金融业从业门槛，因此，外资银行、私人银行或其他创新型金融服务业发展水平较低。

- **金融基础设施不足。** 普通民众可以使用的金融基础设施数量不足，ATM、POS机、网银等初级设施均未普及。
- **开发基金效率低下。** 部分中东国家拥有充足的资金，但是在基金转换为科技成果和经济效益方面，他们普遍缺少相关经验。很多中东的基金设立之初是为了开发地区的经济潜力，促进资源的优化配置和区域一体化发展，但出于各种原因，难以最终付诸实践。

另外，中东国家长期依赖石油资源，面临着经济多元化的紧迫需求。石油依赖导致这些国家的经济容易受全球能源市场波动的影响，而且随着全球能源结构的转变和可再生能源的兴起，石油资源的长期前景存在一定的不确定性。为了应对这些挑战，中东国家需要提升金融体系的活力和多样性，促进国家经济的转型。强化金融体系不仅可以提供更多资金来支持非石油部门的发展，还能激发私营部门的创新活力，从而促进经济结构的优化和经济的可持续发展。

中东地区的金融发展面临着独特的挑战和机遇。这一地区拥有年轻、受过教育且不断增长的人口，以及世界上较高的手机和互联网普及率，这为金融创新提供了良好的先决条件。然而，该地区在数字银行业务和金融科技应用方面发展相对滞后。为了抓住未来的机遇，中东国家需要克服保护性监管带来的困难，并推动金融、劳动力市场和治理法规等方面的改革。随着越来越多的年轻人和女性进入劳动力市场，以及移动技术的普及，中东地区在数字金融产品市场拥有巨大的增长潜力。

同时，中东国家对建立金融创新生态系统表现出强烈的兴趣，其中，阿布扎比、巴林、迪拜和利雅得等地正努力成为新的金融科技中心。这些国家政府试图严格监管金融创新，这与美国政府在创新领域的宽松态度形成鲜明对比。然而，这种自上而下的、政府主导的模式可能会限制金融科技企业的全球竞争力和吸引力。因此，中东国家的监管策略需要平衡风险防范、消费者保护与创新促进等多个维度。另外，区域内的金融科技生态系统虽然在不断发展，但市场呈现碎片化特点并具有高昂的扩张成本，这是培育具有全球竞争力的金融科技初创企业面临的主要挑战。

迪拜的家族办公室

在中东主要金融城市中,迪拜是发展家族办公室的沃土。迪拜拥有安全稳定的政治环境、低犯罪率和完善的法律监管框架等优势,为富人提供了一个可靠的投资目的地。另外,迪拜没有个人所得税,只有较低的公司税,这也是吸引投资的优势条件。迪拜的财富管理服务涵盖个性化投资建议和资产管理,为高净值人士的投资业务提供全面支持。迪拜的金融市场也有多样化的投资选择,包括股票、债券和房地产等。迪拜的全球连通性、奢华生活方式和高端房产也吸引了富裕投资者。此外,迪拜在伊斯兰金融业务上具有得天独厚的优势,这为追求道德和社会责任投资的富人提供了独特的机会。这些特点共同造就了迪拜对富人的吸引力。

在政策上,阿联酋也非常注重家族办公室这一新兴业务的发展。权威机构调查显示,2022年已有超过4000位高净值人士选择阿联酋作为家族办公室的目的地,迪拜和阿布扎比都是其中的热门选择,尤其是迪拜。迪拜国际金融中心(DIFC)是阿联酋的主要自贸区之一,目前正在努力构建全球家族财富管理中心。为了吸引更多高净值人群,DIFC颁布了《2023年家族安排条例》(*Family Arrangements Regulations* 2023)。新条例主要包括以下三大特点。

- **取消注册制度**。新条例取消了对单一家族办公室注册的要求。新设立的单一家族办公室在迪拜金融服务管理局无须作为非金融机构注册。此举降低了家族办公室的设立门槛,同时提高了保密性,因为运营家族办公室无须披露家族信息、财富来源和股权数额。

- **更新法律规定**。新条例继《2022年第37号关于家族公司(企业)联邦法令》之后颁布,它进一步明确了现有法令中的相关概念,包括家族的定义、家族企业的范畴、家族实体、控制等内容,为家族企业和在DIFC运营的家族实体提供了更明确的指导。

- **完善配套制度**。新规定推出了家族企业和家族顾问的认证体系,目的是帮助企业获得阿联酋的税务和咨询方面的优惠政策。同时,新规对于单一家族办公室的注册程序也进行了优化,由迪拜国际金融中心的官员负责专门的注册工作,从而简化了家族实体和家族办公室在当地的注册手续。

DIFC 的新规定对设立单一家族办公室的机构提出了明确的要求。这些家族办公室必须管理至少 5000 万美元的净资产，并在注册时提交相应的资产评估报告。此外，家族办公室需完全由同一家族或家族实体拥有，并保证家族的统一。家族办公室还需设立由家族成员和专业人士组成的董事会，制定投资和治理策略，确保家族财富的有效管理。这些家族办公室的投资范围广泛，包括房地产、数字货币和其他另类资产，如艺术品和珠宝等。

在税收方面，DIFC 也制定了相关政策。对于单一家族办公室，DIFC 宣布未来 40 年内对企业免征所得税，符合资格的家族办公室还可免除资本利得税和企业所得税。另外，阿联酋的税务体系中没有设置个人所得税、遗产税和赠与税，这为高净值家族的税务筹划工作提供了极佳的政策环境。

除此之外，DIFC 地理位置优越、营商环境良好、普通法监管体系独立、基础设施完善，为家族办公室的设立提供了良好的软、硬件环境。同时，阿联酋没有外汇管制，其货币迪拉姆允许自由兑换，同时允许资本和利润自由流转。DIFC 还为家族办公室提供全面的辅助服务，包括设立家族企业纠纷解决机制和隐私保护措施，保障个人信息安全。

与传统资本主义国家相比，中东金融体系整体上仍有较大的提升空间，但是在政策和发展前景方面，以迪拜为代表的中东家族办公室具有一定的优势。由于国家转型的需求日益显著，中东国家正致力于发展金融业及相关配套服务，它们越来越重视金融创新和多元化发展，特别是对家族办公室这一新兴行业。迪拜通过提供优惠的税收政策、稳定的政治环境和高标准的服务，吸引了大量高净值家族将其作为财富管理和投资的中心。这些举措不仅加强了迪拜在中东金融发展中的战略地位，也展示了在中东设立家族办公室的明显优势。因此，对于需要进行全球资产配置的高净值家族来说，迪拜是值得考虑的目的地之一。

韩国的家族办公室：三星的内置家族办公室

韩国的家族办公室并非世界顶尖，但是三星的内置家族办公室的运作模式值得高净值家族参考。三星的家族办公室结合了韩国特有的家族企业文化和现代财富管理理念，体现了维护家族控制和推动企业创新之间的平衡。三星家族办公室不仅处理传统的财富管理和投资业务，还涉及企业继承规划、家族治理和慈善活动等事务。此外，他们在风险管理和市场适应性方面展现出了高度的专业性和灵活性。这为其他高净值家族提供了一个维护家族遗产和拥抱变化的案例。

三星集团是韩国最具影响力的大型企业集团之一，甚至被看作韩国经济的支柱和"晴雨表"。该集团包含多个相互关联的企业，这些分子公司大多数以三星品牌运营，共同构成韩国最大的财阀集团。2020年，三星的品牌价值在全球排名第八。

三星集团由李秉喆创立于1938年，起初是一家贸易公司。随着规模的不断扩展，集团在接下来的几十年多元化发展中，逐渐进入食品加工、纺织、保险、证券和零售等行业。20世纪60年代末，三星踏足电子行业，70年代中期又扩展到建筑业和造船业。1987年，李秉喆去世后，三星被拆分为几个独立的业务集团。目前，三星的主要工业子公司包括三星电子（全球最大的信息技术公司和芯片制造商）、三星重工（全球第二大造船商）等。三星集团的其他知名子公司还有三星人寿保险、三星爱宝乐园和第一企划株式会社（Cheil Worldwide）等。

三星集团也是一家典型的家族企业，第一代会长即李秉喆就是企业创始人，第二任会长李健熙是李秉喆的三子，现任会长是李健熙的儿子李在镕。同时不少其他家族成员也在三星集团内担任职务，比较著名的是李健熙的长女李富真，担任三星集团旗下新罗酒店社长。

在三星集团80多年的发展历程中，秘书室起到至关重要的作用。虽然秘书室并没有正式被命名为家族办公室，但它实际上起到了家族办公室的作用。比起西方家族办公室外置职能和专业运作，三星的家族办公室更像是东方文化中"大管家"角色，在低调的作风之下默默帮助李氏家族处理家族治理事宜、协调内部利益等。

自1959年成立以来，三星集团的秘书室逐渐成为公司重要的管理和决策中心。最初它仅是一个小型部门，负责协助总裁处理常规事务，后来秘书室逐渐扩展职能，管理边界覆盖到公司运营、财务、战略规划、技术发展、安全、市场营销、人力资源管理、内部审计以及国际金融等多个关键领域。其中，部分专门小组负责搜集市场情报、规划公司发展、监督日常运营、处理人事事务、审查子公司运营情况,并提出改进措施,这一机制成为集团高效运作的核心要素。

1987年,李健熙接手公司之后,对秘书室制度进行了改革,他将人事任免权和财务、投资的决策权分开:由秘书室负责人事任免,旗下子公司则负责具体财务和投资动作的决策和执行,从此秘书室权力的集中度降低了。但实际上秘书室仍然有相当大的权力,这个团队负责制定和批准所有重要的人事和薪酬政策,并对高层人员的行为规范进行详细记录。它控制着集团的权力和财务,包括金融资源的分配、大小决策的统一管理、人力资源的配置以及情报的收集和分析。

三星集团的秘书室在集团的发展中扮演了重要角色,如在第一毛织、新罗酒店、三星电器等关键子公司的成立和收购过程中,秘书室就在决策过程中发挥了关键作用。同时,秘书室还通过组织各种形式和层次的会议来管理集团的治理结构,如每月的结构调整委员会和次席会议。这些会议促进了不同部门之间的沟通和信息交流。

秘书室的名称虽经多次更改,但在三星内部,它始终是权力和荣誉的象征。它是三星集团三角经营体制的核心,协助集团会长制定长期战略,同时管理资源分配和业务调整。与美国企业倾向于分离所有权和经营权不同,韩国财阀如三星,更倾向于家族成员控制经营权,确保企业的家族式延续。在这种企业文化之下,秘书室既服务于企业,又超越企业,强化家族对企业的控制,同时处理家族事务。

韩国三星的家族办公室与典型的西方式独立家族办公室有非常显著的区别,主要体现在以下三个方面:

- **组织结构与定位不同。**三星的家族办公室本身就是企业内部部门,与企业结构紧密相连,其职能和定位会随着企业内部变革而变化。由于距离企业的日常经营管理"太近",此类内置型家族办公室的职能往往会超过家族办公室理论上的职能。而西方专业家族办公室往往是独立机构,与企业分离,专注于家族财富管理、家族治理等专业事务,与企业之间建立了明确的工作职能边界。

- **企业的信任度不同。**三星的家族办公室建立在家族高度控制的基础之上,与家族成员之间有更深的交往、沟通和更高的信任度。同时,由于本身设置在企业内部,三星的家族办公室能够更好地保护家族成员隐私和企业商业信息。而西方的家族办公室，更倾向于线条化的专业管理，信任建立在业务和服务的专业性上。西方家族办公室往往距离企业日常管理和业务更"远"，它们更多是以家族成员的视角来关注企业管理，机构本身并非企业的一部分。

- 权力范围不同。三星的家族办公室权力较大，涵盖企业运营、财务、人事等多个方面，这不仅对家族办公室团队成员有较高的专业性要求，还对家族办公室的组织管理能力提出了挑战。西方家族办公室有时候也可以获得较大的管理权限，但是通常与家族企业本身的融合度有限，管理权限基本上在一些特殊业务范围或家族特定需求之上。例如，比尔·盖茨的家族办公室可以在投资层面拥有一定决策权，但是涉及新兴科技企业的投资，仍然需要比尔·盖茨决定。

这些差异说明文化对家族办公室运营模式有着深远影响。在东亚文化中，家族办公室倾向于通过内部控制来维持权力和决策的集中，因为他们高度信任家族成员并关注企业命运。相比之下，西方家族办公室的运作更加依赖于外部专业管理，这是因为西方文化下的企业更重视专业知识，并将企业运作与家族事务分离。这种文化差异表现在处理权力、财富管理和家族传承等各个方面，共同塑造了不同文化下的家族办公室模型。

各国家族办公室特点概览

欧洲家族办公室与美国家族办公室的对比

对于家族办公室，西方社会在社会、经济和法律上有较多共同点，因此常常被放在一起比较，但从家族办公室的执行层面来说，欧洲和美国家族办公室存在诸多差异点。

首先，在家族控股结构上，美国、英国和欧洲大陆国家的惯常做法均有不同。美国的家族办公室通常以有限责任公司的形式设立，然后通过利益分配来优化税收结构。比如，在此种结构下，家族成员不是直接获得全部投资收益，而是仅获得95%，剩余5%作为附带权益分配给家族办公室。这种方法能够让相关费用抵扣税收，从而优化税收结构。家族企业还可以通过设立贸易公司的方式来获得一定的豁免权限，但需要依法缴纳企业所得税。

欧洲的持股结构则不尽相同。

在瑞士，直接持有个人资产是比较理想的选择，因为资本收益原则上免税。但管理个人资产的专业行为可能被视为商业活动，要缴纳资本收益税和社会保障金。因此，在瑞士，家族企业常常设立投资控股公司来区分不同类型的资产。成立独立服务公司的做法也很普遍，新成立的公司通过向"资产箱"提供服务来实现费用扣除。关于监管，瑞士对纯家族办公室有相关的税收豁免，但涉及第三方机构时，则必须依照相关规定来执行监管措施。

在德国，家族办公室的结构选择通常有三种：有限责任（GmbH）控股公司、合伙企业（通常是GmbH & Co KG形式）和家庭基金会，具体结构的选择取决于资产的来源。GmbH控股公司通常在家族企业出售后充当投资工具，因此能够依法享受税收优惠。在合伙企业结构中，家族成员作为有限合伙人（LP），父母可以控制公司的结构。家庭基金会现在越来越普遍，但用于转移资产时可能涉及相关赠与税。

在英国，家族财富管理主要采用两种结构：家族投资公司（Family Investment Company，FIC）和家族办公室。FIC主要适用于英国国内情况，对于非英国税务居民来说设立FIC的流程较为复杂。家族办公室没有专门适用的税收制度，因此它们通常遵循一般企业和个人税法来纳税。英国没有设立财富税，但家族企业需要依法进行广泛的信息公开披露，包括控制人和非英国参与者的注册和信息披露。

在意大利，家族办公室没有统一的官方定义，通常被定义为对家族资产进行流动性管理的机构。这些家族办公室可以采取不同结构，如个人直接持有资产、控股公司持有资产或非商业普通合伙企业持有特定投资。税收处理一般因家族办公室的结构而异，直接投资可能享受较低税率，而控股公司和非商业普通合伙企业的税率则不同。意大利还允许将公司股份免税转让给继承人，前提是继承人保留所有权至少5年。为了保护资产，行政手续上将控股和商业活动分开成为两个独立公司也是一种常见做法。

其次，在个人或家族办公室机构跨境事务的处理上，各个国家的规定也有所不同。在美国，家族办公室的税务要求取决于成立地点和活动性质。纯投资或管理活动一般不产生贸易或商业税，但贷款活动可能会涉及税收问题。对于跨国家庭，家族办公室在业务实操中，一般会特别注意非美国籍成员的遗产税问题，因为美国的遗产税税率为40%，税基按照资产在当地的市场公允价值计算。为了避免高额的遗产税，一般做法是在美国以外的地方设立公司。同时，家庭成员的国籍可能会影响税务计算，如某些投资产品对非美国籍的家族成员有税收优惠，但对美国籍成员没有此项优惠。因此，当家族资产在不同国籍的成员之间转移时，需要特别注意税务问题。

在瑞士，资产从税务居民转移到配偶或后代时，大多数州不征收遗产或赠与税。瑞士的政策让遗产规划事务相对容易，一般来说，家族无须特意建立信托即可处理代际继承。但涉及跨境的情况时，就需要考虑他国税法。瑞士本土没有设置出境税，个人可轻松离境，但公司搬迁则需缴纳退出税。在瑞士运营的外国公司将被视为纳税主体，需缴纳预扣税。因此在瑞士，需要考虑的重点是外国公司迁入或迁出产生的费用。

在德国，个人搬迁时需缴纳出境税。2021年前，若搬至欧盟内可延期纳税。自2022年起，持股超1%的股东离开德国即触发退出税，可以延期到7年缴纳，但需提供担保。若德国保有征税权则不触发该项条件。另外，如果是企业搬迁到另一国家，形成常规运营性机构，也可能会涉及德国的税务问题。因此，无论是家族成员个人还是企业搬迁时，需仔细评估税务影响。

在英国，非税务局居籍（Non-doms）政策仍然在执行。非税务局居籍，是指虽然在英国居住，但并没有永久定居或取得英国国籍的人士，通常此类人士与原籍国保持紧密的联系，或在某一个阶段将离开英国移居他国。符合此类规定的人士，只要没有在英国境内产生收入或资产收益，就不需要纳税，也不需要将他国收入和收益带到英国。对于公司而言，在英国国内设立的公司的股份被认定为英国境内资产，应当依法纳税。公司通常可以用非英国籍人士持股的方式，将股份转化为非英国公司股份，从而优化税收结构。但近年来，此类方法相关联的收入也被视为资本利得，不能够规避税收。

在意大利，出入境相关的税务处理取决于个人或公司的具体情况。例如，美国人移居意大利时可以通过股东贷款将资产转移到意大利公司，这在美国是免税的，而在意大利可能获得公司层面的税收优惠。另外，个人和非商业实体离开意大利时不需要缴纳退出税，但公司需缴纳相关税款。

最后，在慈善事业上，各个国家的情况也不尽相同。美国家族办公室目前流行的做法是所谓的"影响力投资"。这类投资的回报可能低于其他传统投资，但能够帮助家族企业在延续投资业务的同时，兼顾慈善事业。另外，设立具有投资业务的私人基金会也是时下流行的做法。只要此类基金会的投资与慈善目的有直接联系，投资回报就可以计入5%的最低分配额，并且根据要求私人基金会必须遵守的规则，它们不属于"风险投资"。在英国，相关规定总体上与美国相似。英国脱欧后，通过慈善事业抵扣税款的额度有所调整，一般来说只有捐赠给英国慈善机构的善款才允许抵扣税款。

在瑞士，从事慈善事业的家族办公室需要重点考虑以下几点：第一，如果同一个人管理家族资产和慈善实体的资产，可能会出现监管问题。第二，区域管辖权和管辖内容不同。在一个司法管辖区符合慈善机构资格的机构不一定在另一个司法管辖区也符合慈善机构资格。例如，当企业尝试获得免税资格时，不同的区域可能会有不同的认定标准。第三，对慈善机构进行的跨境捐赠通常不能申请减税。捐款的个人或公司可以在自己所在管辖范围内选择一家慈善机构进行捐赠，这样能够申请减税。

在德国，慈善实体机构主要分为慈善基金会和慈善公司两种形式。目前当地社会整体上更倾向于慈善基金会，因为它更加稳定。根据相关规定，慈善基金会必须保持其资本并产生足够收入来达成其慈善目标。如果选择进行另类投资或影响力投资，慈善基金会需要仔细评估这些投资的可行性和可能的收益，确保其投资决策与慈善目的相符。

由于美国、英国和欧洲大陆在许多具体细则上存在差异，因此在选择合适的家族办公室地点时，应当综合考虑这些因素，包括税收制度、监管环境、信息披露要求、退出和跨境政策等，同时要以自己的家族利益、企业发展为出发点，选择最适合的地点。

新加坡家族办公室和中国香港家族办公室

无论是从家族办公室行业发展的角度还是从客户设立家族办公室的地理位置的角度出发，新加坡和中国香港经常被放在一起比较，因为二者在地理位置、金融体系、社会文化背景等诸多方面都存在共同之处。

- **亚洲金融中心**。新加坡作为亚洲的金融枢纽，地处战略位置，是连接亚洲及东南亚市场的关键门户。这个城市国家以其"7小时经济圈"的发展战略，覆盖周边地区，发展成为多个产业集聚区和国际资本的中转站。中国香港背靠中国内地，对外连接东南亚各国，是承接亚洲金融业务和国际资本的重要枢纽。中国香港拥有高度开放和发达的金融体系、配套服务，吸引了众多全球银行、投资公司和金融服务机构。此外，中国香港法律体系的稳定性和透明度、税制的友好性以及国际化的商业环境，使其成为全球资本流动和国际交易的重要平台。

- **健全的法律体系**。新加坡的法律体系以其完整性和高效性而著称。其法律体系以英国普通法为基础，但也融入了本地习惯和法律实践。新加坡的法律体系特别强调公正和透明，在商业法律、知识产权保护和国际贸易方面有严格的规定和高效的执行力。这些优势使新加坡在全球法律和秩序指数中排名靠前，为商业和投资提供了稳定可靠的法律环境。中国香港同样具备高度完善的法律体系，其法律体系同样以英国普通法为基础，具有高度透明和严格的治理标准。比如，2013年中国香港修订的信托法大幅增强了隐私和资产保护力度。该法律的新内容包括引入永续信托，提供防护强制继承权的措施，增强受托人的决策权力，加强对受益人的保护，并允许财产授予人在一定范围内保留特定权力。这些改革措施使得中国香港的信托法体系更为完善，能够适用于多样化的财富管理需求。

从综合竞争力方面来看，中国香港在发展潜力上更有优势。2019年中国发布《粤港澳大湾区发展规划纲要》文件①，正式将粤港澳大湾区的发展规划上升为国家战略。香港在该战略中扮演关键角色。从地理位置上来说，香港毗邻广东省。广东省经济基础雄厚、产业结构合理、服务业和配套设施完善，具有强大的经济引领能力和创新要素集聚能力。香港同广东省经济来往密切，社会人文高度融合，具有纵深发展的潜力和市场规模。从发展思路上来说，香港能够充分利用广东省乃至内地基础设施、高校科研院所、市场规模，不断完善自

---

① 粤港澳大湾区官方网站. 粤港澳大湾区发展规划纲要［EB/OL］.（2019-02-18）［2024-01-20］. https://www.bayarea.gov.hk/filemanager/sc/share/pdf/Outline_Development_Plan.pdf.

身经济结构。根据《粤港澳大湾区发展规划纲要》的规划，到2035年，该区域将实现经济高度融合、市场互通互联，形成区域经济协同发展，提高国际竞争力。

根据2023年全球创新指数[①]，中国香港在全球132个经济体中排名第十七，亚洲排第五位，"深圳—香港—广州"科技集群连续4年位居全球第二。香港特区政府投入近2000亿港元用于创新科技发展，包括基础科研设施、研发活动资助、产学研合作及科技人才培养。

从大湾区经济发展的角度来说，香港所在的粤港澳大湾区具有明显的发展优势。根据香港贸发局发布的数据[②]，粤港澳大湾区面积为5.6万平方千米，远超三藩市湾区、纽约大都会区和东京湾区，人口总数超过8600万，位居四大湾区之首。该地区人均生产总值虽然仅为2.3万美元，远低于另外三个湾区，但其增长率达到7.7%，属于较快的发展速度。同时，由于粤港澳大湾区仍然处于发展期，因此未来仍然有较大的增长空间。相比之下，由于新加坡国土面积狭小、自然资源有限，市场规模和容量是明显的"短板"。

从人才方面来说，中国香港和新加坡都有完善的教育体系和顶尖的高等院校，因此在人才储备方面都有足够的竞争力。但是，从人才引进和高级人才的上限来说，新加坡的"短板"相对突出。首先，家族办公室需要大量专业化人才，包括银行家、投资人、理财专家和精通国际事务的律师等。这些人不仅需要对口的专业和资质，还需要相关的行业经验积累，才能满足多元化的家族办公室需求。而新加坡的人才上限难以支撑日益多元化的人才需求。中国香港则背靠中国内地，能够凭借有效的人才引进政策，精准锚定所需人才，满足市场需求。其次，新加坡当地生活水平高、居住成本不断上涨，留住人才的成本也在飞速上升。根据新加坡统计局的数据，2022年消费者价格指数同比增长6.1%，明显高于2021年的2.3%。这一增长部分原因是新移居的富裕人士大量投资当地房地产，进一步推高了本已高昂的房租。官方数据显示，当地私人住

---

① 新华网. 香港继续保持全球创新优势持续推动大湾区创科发展［EB/OL］.（2023-09-27）［2024-01-20］. http://www.news.cn/2023-09/27/c_1129890088.htm.

② HKTDC RESEARCH 经贸研究. 粤港澳大湾区统计数字［EB/OL］.（2023-04-30）［2024-01-20］. https://research.hktdc.com/tc/article/MzYzMDE5NzQ5.

房租金在同年上涨了30%。另外，新加坡资源和空间均有限，政府优先保护本国人的利益，因此针对外国人的政策仍然存在较大的不确定性。

从实操层面来说，由于近年来新加坡涌入了世界各地大量家族办公室及相关资产，项目落地渠道已经变得"拥堵不堪"。新加坡金融管理局的数据显示，新加坡注册的家族办公室从2018年的50家到2022年年底的1100家，数量急剧增加。一般来说，MAS的审批时间为9~12个月，但近年来其实际审批速度有所放缓，最长甚至可达18个月。

对于选择在新加坡设立家族办公室的家族及高净值人群来说，主要目的可分为以下几类：一是业务发展需要，以新加坡为前哨站，拓展企业在亚太地区的业务；二是解决居民身份问题、满足子女教育需求等；三是加强全球资产配置，分散地缘政治及经济周期风险，获得财富的安全增长。

从政策调整角度来说，新加坡2023年在整体上提高了设立家族办公室的门槛。2022年，根据MAS的规定，针对新加坡本地企业的第13O条计划下申请设立家族办公室，资产管理规模至少要达到1000万新加坡元，2年内承诺增加到2000万新加坡元。而到了2023年，申请时的资金规模门槛已经上调至2000万新加坡元。而允许外国企业参与的第13U条款，其标准则更为严格——申请门槛为5000万新加坡元（约合3700万美元）。相比之下，中国香港的家族办公室门槛则较低。根据中国香港的政策规定，家族办公室满足FIHV税务减免条件，其资产管理最低额定为2.4亿港元（约合3000万美元），同时对本地投资没有限制。这使得在中国香港成立的家族办公室能够更自由地定制其投资组合。根据这项政策，那些已在海外成立且计划在亚洲开设分支机构的家族办公室可以在不调整现有投资组合的情况下，享受中国香港提供的税务优惠。

同时，中国香港正在积极推动家族办公室行业发展。2023年2月，中国香港提出"八大措施"，10月提出"资本投资者入境计划"，为符合标准的高净值人群提供便利条件的同时，也出台了建立香港财富传承学院等相关配套政策。

全球视角下的家族办公室发展新趋势

全球视角下，高净值家族新增五大关注点。在全球化的大背景下，越来越多的高净值家族走出国门、走向海外，它们有的是以全球资产配置的方式，有的是以家族成员移居的方式，实现了资本的全球流动。2023年，普华永道和瑞士宝盛合作开展了一项权威调查，它们搜集了全球范围内500多家家族企业的信息，并与全球1500多名家族办公室从业人员及专家一起进行调研，共同发布了《家族晴雨表2023》（*Family Barometer 2023*）研究报告。这份报告从全球化视角出发，深入研究了不同地区家族治理关注点的异同。

从家族整体的关注点来看，2023年全球家族最关注的五大话题是：

- 投资事务之外的家族财富议题；
- 税收和监管问题；
- 家族治理问题；
- 政治稳定；
- 慈善事业。

从家族财富管理和继承的角度来看，最近3年全球范围内的重大变化，让高净值家族财富管理的需求不断提升。以疫情为代表的突发事件，带来了长期的物流阻塞、人员流动不畅，严重影响了高净值家族的全球资产配置、家族成员的跨国旅行和生活。越来越多的家族对家族财富管理问题进行了深入思考，它们关心的不仅是如何让财富增值，而且关心如何在企业内部形成稳定的机制，以应对此类长期性的非正常状况。因此，投资事务之外的财富议题也逐渐成为家族的重要考虑因素。

税收和监管对于家族的重要性与日俱增，该议题在关注度方面从2022年的第四位上升至第二位。这反映了过去10年中全球税务透明度日益增强的趋势，背后的原因包括国际形势的变化、公共部门面临的财政压力等。

家族治理问题是高净值家族长期关注的话题。随着家族业务扩展及世代交替，其重要性日益凸显。家族治理的核心在于有效地维护和传承财富，除此之外，这一议题还包括家族企业的管理、家族文化的继承、后代的教育与培养等具体事务。家族治理往往比单纯的资产管理与增值更加复杂，因为每个家族的情况都不一样，没有标准化的解决方案。因此，家族治理问题是高净值家族长期关注的核心问题之一。

地缘政治对于国际化家族而言也是重要的影响因素。一方面，在局势不稳定的地区拓展家族业务或投资业务，会面临较大的风险；另一方面，局势不稳定也会影响家族成员海外迁居等事宜。

慈善事业则是近年来越来越受关注的议题。对于很多家族来说，慈善事业既可以帮助它们承担社会责任、提升品牌和家族形象，也可以优化税务规划、提升财务效率，还有利于家族成员教育，是一举多得的事情。近年来，慈善事业的具体做法也在不断多元化，这是目前高净值家族普遍关注的问题。

在具体议题上，由于各地区的情况不同，高净值家族的核心关注点有所不同（见表6-1）。

表6-1 全球不同地区家族办公室业务优先级对比

地区	投资事务关注优先级	非投资事务关注优先级
美洲	①资产与地缘政治多元化； ②房地产投资； ③私人直接投资； ④抵押贷款； ⑤综合事项	①税收和监管； ②家族财富相关； ③政治稳定； ④慈善事业； ⑤家族治理
欧洲	①资产与地缘政治多元化； ②私人直接投资； ③房地产投资； ④抵押贷款； ⑤家族投资指导	①家族财富相关； ②税收和监管； ③健康； ④家族治理； ⑤政治稳定
亚洲	①资产与地缘政治多元化； ②私人直接投资； ③家族投资指导； ④房地产投资； ⑤抵押贷款	①家族财富相关； ②税收和监管； ③政治稳定； ④慈善事业； ⑤家族治理
中东	①资产与地缘政治多元化； ②房地产投资； ③私人直接投资； ④抵押贷款； ⑤结构性贷款	①数据隐私； ②人身安全； ③家族财富相关； ④税收和监管； ⑤家族治理

表6-1为各地区高净值家族在投资事务和非投资事务上关注项目的优先级排序。不难发现，无论哪个地区的家族，在投资业务范畴内都会关注地缘政治

的影响。国际形势的变化和不确定性已经是公认的影响要素，在全世界范围内都受到关注。而针对具体的投资策略，不同地区的家族则表现出不同的倾向和偏好。

税务和监管仍然是全球性难题。调查显示，随着全球税收体系的日益复杂化，尽管众多国家之间存在双重征税避免协议，但也不能保证同一项收入在不同国家不会被重复征税。此外，两国对同一项投资的课税方式可能存在差异。当前，税务透明度和系统复杂性在同时增加，所以高净值家族需要在税务合规和税务规划上下功夫，以规避风险。为了防止对税务条款的误解，尤其是在共同申报标准（CRS）数据和个人税务申报实操中间会存在较大的信息差，因此建立专业化的税务服务变得至关重要。

目前，全球的高净值家族对个性化、专业化的税务解决方案的需求日益提升。从业务上来说，高净值家族需要家族税务咨询、税务合规管理、税务筹划、跨境税务管理等具体服务。从战略上来说，高净值家族不仅需要满足税务合规的要求，还需要将税务策略同投资策略和家族企业的业务等各方面相结合，从而实现分散风险、财富增值。

私人直接投资是重点关注议题。调查结果显示，私人直接投资是四个地区都会重点关注的事项。与传统的风险投资或私募股权投资相比，私人直接投资能够降低投资人的资金成本。因为前两者的收费方式通常是"2+20"，即GP收取2%的管理费用，同时以超额收益为基数收取20%的分成。而对于有限合伙人来说，如果直接进行投资，通常无须支付给GP这部分的管理费和利润分成。也就是说，直接投资有助于减少支付给GP的费用，扩展潜在的收益空间。

私人直接投资的方式也比较灵活，单一家族办公室可以寻求专业资管机构合作，来提升投资决策的专业度、优化资源配置，也可以与其他家族办公室合作，进行共同投资。家族办公室与家族办公室的合作，往往以相似的投资需求、投资理念和投资方式为基础，从而实现各方信息互通、资源互换。另一种方式是联合家族办公室的共同投资，这种方式一般包括数个到上百个家族办公室。在这种模式下，它们采用多种多样的收费方式，包括基于资产总额的比例费用、针对各个投资项目定制的管理费、根据服务时长收取的费用，或者通过混合形式收费，这些做法可以有效摊薄联合家族办公室的运营成本。

调查报告显示，目前在税务和监管问题上，家族企业面临的潜在问题还包括数字化管理问题。因为新技术的使用推动了税务稽查和行政监管手段的数字化升级，但很多家族企业税务管理的方式仍然是依靠Excel等传统办公软件。业务流程中的财务和税务数据没有打通，形成的数据孤岛严重影响了税务筹划的顺利进行。

房地产投资在美国高净值家族中比较受欢迎。 对于不少高净值家族来说，房地产投资是对冲通胀的有效手段，因为房地产租金会随着消费者价格指数的增长而调整。在货币政策收紧和房地产收益率扩大的背景下，房地产投资者普遍关注住宅或物流市场等房地产细分领域，这些领域租金增长的潜力有助于抵消当前的通胀。同时，房地产投资的创新业务也引起了高净值家族的注意，如绿色建筑。绿色建筑行业上游包含了太阳能电池板、坚固的隔热材料和节水设备等新型资源节约技术，这些领域存在一定的投资潜力和上升空间。

其他关注点的差异。 同时，中东地区的家族会关注数据隐私和人身安全，相对忽略家族治理和慈善事业。这与当地的国情有关。慈善事业虽然在伊斯兰文化中有着深厚的根基，如他们有扎卡特（Zakat，一种慈善的宗教义务，中文译名为"天课"）的习俗，但在家族企业的日常运作中，这些事可能不如税务和法律合规、安全性等问题紧迫。同时，中东的高净值家族往往形式单一、家族事务管理集中，相对缺少专业化和体系化的家族治理意识。中东整体的社会环境也导致高净值家族对人身和隐私更加注重。

慈善事业朝专业化方向发展。 尽管在不同的国家和地区重视程度有所不同，但慈善事业目前已经成为全球家族办公室发展的新趋势。越来越多的慈善家意识到，商业模式应该和慈善事业结合起来。只有运用规则和方法管理慈善事业，才能真正实现慈善事业和家族利益的平衡发展。实现这一转变并非一朝一夕之事，但慈善行为的本质正在随着社会和文化的变化而改变。大数据和数字化的管理工具让家族能够有效掌握更多数据，但越来越多的家族企业也意识到，以纯粹的商业思维来处理慈善事务，并不是一个好选择。有时候，它们需要抛弃传统的思维方式，去寻求更加灵活的新方法，以便更好地结合短期和长期目标。

比如，某家族办公室资助了一项贫困地区儿童教育项目，他们一开始使用大数据追踪物资和教材的投放方向，但随着项目的进展，他们发现仅靠数据无法达到预计的效果。因为在实践中很多因素难以量化统计，如学生对课堂教学的真实反应、学生课堂的参与度等。由此他们开始转变管理方式，派出更多的管理团队深入一线去了解更加真实的情况。另外，家族办公室也制定了一些规则，来规范慈善事业行为。例如，根据慈善机构提供的资金规模，采用多样化的测量手段和评价指标进行约束和管理，包括直接在现场检查、向管理层递交详细报告、设定具体的绩效目标（KPI）、编制受益者反馈报告以及寻求第三方验证。这些方法不仅能够帮助评估项目进度和结果、完成项目目标，还能够促进团队深度了解项目本身，放大慈善项目的社会属性和人文属性。

对于很多家族办公室而言，慈善活动还有另一个职能——家族成员的培养和家族文化价值的传递。家族办公室通过让年青一代深入参与慈善事业的工作，既提高了新一代家族成员的工作能力和社会化水平，也能够让他们更加深入地理解家族向善的价值观。

例如，某家族长期以来重视环保领域的慈善事业，为了提升新一代家族成员的能力和素质，同时传递环保的重要性，家族开展了一系列与环境保护相关的慈善项目，并主动让家族的年轻继承人参与其中。家族投资并参与了一个大型海洋保护项目，这个项目主要目标是清理海洋垃圾、保护海洋生物多样性，并提升公众对海洋保护的意识。家族中的年轻成员被赋予了项目协调员的角色，他们负责与环保组织协作、筹划清洁行动，并组织公众教育活动。此外，家族还鼓励年轻成员与科研机构合作，进行海洋生态系统的研究，以增进对海洋环境问题的深入了解。这种实践经历使得年轻继承人在环境保护方面获得了丰富的知识和技能，也培养了他们对家族慈善事业和环保责任的认同感。

家族治理中的文化差异

东西方家族文化差异。 东西方家族在家族治理维度上的倾向和行为差异本质上是来自文化的差异。东西方文化的差异，源于各自独特的历史、文化背景和价值观。以中国为代表的传统东方家族文化，基本上是以儒家观念为底色，讲究深厚的血缘亲情价值观和明确的等级观念。家族成员间的关系以血缘为核心，尊重长辈和遵循传统是核心理念。在这种价值观念体系下，长辈在家族中拥有极高的话语权，尤其是家族第一代创始人。同时，对血缘关系的重视虽然营造了东方家族充满"人情味"的温馨气氛，但有时候也带来了家事和公事的混淆。相比之下，西方历史上经历过启蒙运动、工业革命和资本主义思潮的发展，对科学和理性思想观念更加看重，在家族成员的关系上更加重视理性和平等，尊重个人主义和自由，家庭成员间的关系相对独立和平等。

东西方家族文化的另一个差异主要体现在大家族文化与小家族文化、个体文化与公共文化的区别。在儒家思想体系内，大家族的和谐与整体性是家族延续的核心，个人与家族关系紧密。这种文化也常常体现为"集体主义"，也就是集体的意志要高于个人意志，在重大事件的决策上，个人应当无条件地服从集体意志。而西方文化则侧重于核心小家族的独立和个体发展，对个人思想、喜好和观念的容忍度相对较高。此外，中国家族文化倾向于强调家庭和个人的密切联系，而西方文化更加注重公共责任感和对社会的贡献。因此，有时候西方家族成员会变得更加"自私"和"特立独行"，而东方家族成员则会更加关注家族整体的利益。

除了单一的东西方对比，美国资产管理顾问詹姆斯·格拉布曼提出了一种"三分法"[①]：以个人主义、和谐及荣誉来划分不同地域的家族治理风格和观念。

- 个人主义（以北欧和北美地区为主）。在这种文化氛围下，强调以个人能力为衡量标准，注重明确的责任分配和个人努力的成果。家族内的交流与表达方式流畅直接、清晰易懂。

- 和谐（以亚洲地区为主）。在这种文化背景下，家族老一辈被视为权威，享有较高的话语权和美誉度。在交流与沟通方面，人们通常希望避免冲突，尽量以和谐、温和的方式相处。家族内部是否采纳新思想、新观念和新方法，取决于这些理念对家族和整个集团的影响。在人员方面，年青一代往往需要家族负责人进行指导和安排身份定位。总体上，在以和谐为中心的文化下，家族成员注重维护人际关系，言谈举止相对细腻、婉转，很少有尖锐言论或出格举动。

- 荣誉（南欧及东欧、南美、北亚、中东和印度地区）。这些地区的家族文化以家族作为社会和经济活动的核心。家族企业的文化取决于家族管理者或

---

① DBS Private Bank. 家族办公室热潮［R］. 伦敦：经济学人智库，2020.

负责人的个人风格或理念。在表达方式上，此种文化介于以上两者之间，既注重明确的规则，也会考虑人际关系的影响。

东西方社会结构的差异源于它们各自独特的历史和文化演进路径。以中国为例，20世纪40年代末，著名社会学家费孝通对中国的传统社会结构进行了深入分析。他指出，西方的传统社会结构像一捆捆独立的木柴，由个体根据宗教信仰、家庭联系和社团成员身份等多种因素构成不同群体，这些群体有清晰的内外界限，形成了所谓的"团体型结构"。相比之下，中国的传统社会结构则更像是投石入水后形成的波纹，以个人为中心，通过亲近和疏远的社会关系形成扩散式的社交网络，被称为"差序型结构"。尽管这两种社会结构在东西方都存在，但比较来看，中国更倾向于差序型结构，而西方则由团体型结构主导。

在中国古代社会中，大部分人过着自给自足的农耕生活。在小农经济背景下，自己最亲近的家庭和宗族是最重要的社会归属。只有在面对自然灾害时，人们才会寻求社会合作或国家援助来应对困难。长期的农耕生活使得人们在建立社会关系时，更倾向于根据亲疏关系构建同心圆式的社交网络。古代中国的儒家思想进一步加强了这一社会结构特点。儒家经典中有很多关于理想社会关系的描述，如"推己及人""修身、齐家、治国、平天下""老吾老，以及人之老；幼吾幼，以及人之幼"，都强调这种以个人为出发点，由内而外扩散的社会结构。在中国传统文化中，个人、家庭和国家被视为相互关联的层级结构，其中"家文化"不仅追求家族内部的和谐，更代表着家国一体的文化观念。

西方社会对亲缘关系依赖程度相对较低，更重视个人权利和义务的均衡。这一文化特点长期受宗教传统的影响。在西方历史中，宗教不只是家庭以外的重要社会属性，还严格定义了信徒的责任和权益。此外，西方文化植根于海洋文明，特点是跨越血缘关系，即围绕共同的目标组建新的社会团体。这促成了基于合同精神的社会结构的发展。

在《社会契约论》等西方经典作品中，一种基于平等权利和义务的合同精神已经深植于西方社会的集体心理中。这种精神凸显了个体独立性和个人责任感，与东方的亲缘关系依赖和集体主义社会结构形成了鲜明对比。在这种文化背景下，西方的人际关系和社会组织更偏向于基于共同利益和目标的自由联合，而不是基于血缘的社会网络。

当然，在全球化纵深发展和社会高度商业化发展的当下，此类差异实际上已经越来越弱化。东西方家族在根本上都是从家族利益上考虑，以商业战略和业务实际为出发点来作决策，只是出于文化和思想观念的差异，在具体的行为选择上有所不同。

对家族办公室的认知不同。 DBS 私人银行的调查报告显示，东西方高净值家族在对家族办公室的认知方面存在较大差异。西方家族一般对专业的外部机构信任度较高，时常将决策权授予家族办公室，并建立相应的沟通机制来监督和了解家族办公室的情况，而不会直接干涉其日常经营管理。有些家族甚至会将一定范围内的投资决策都交给家族办公室及合作的资管机构处理。相比之下，在东方，尤其是在投资领域，家族成员往往更加愿意亲自参与决策过程。

一般来说，东方的高净值家族通常掌握重大战略方向、投资方案的最终决定权。对于很多东方家族来说，家族办公室往往承担着外部顾问或者"管家"的角色。虽然家族办公室拥有专业投资、法律及财务团队，但是它们从根本上来说只是家族策略的执行者，而不是管理者，最终的重大决策依然掌握在家族成员手上。这是东西方家族对家族办公室身份角色定位上的根本差异。这个差异主要来自两个因素：

- **家族成员或高净值人群的年龄和所处的事业阶段。** 根据 DBS 私人银行的调查，东方高净值人群的平均年龄普遍低于西方。具体来说，中国亿万富豪的平均年龄为 56 岁，其中有超过 20％的亿万富豪年龄不超过 50 岁，相比之下，全球范围内这一年龄段的亿万富豪所占比例只有 10％。在印度，亿万富豪的年龄特征与中国相似，平均年龄为 63 岁。对于拥有至少 3000 万美元资产的印度高净值人士，他们的平均年龄则为 59 岁。这些人当中的一部分仍然在事业的上升期，其家族企业、资产规模仍然在不断扩展，因此他们将家族资产管理的相关事项看作"应当亲力亲为"的重要事务。而西方的高净值人群普遍年龄更大，部分人已经经历过家族财富传承的过程，或深入接触过家族办公室的运营与管理，因此，相较于东方家族的参与度，他们更愿意将权力下放到家族办公室。

- **文化和价值观因素。** 前文已经探讨过东西方家族在文化价值观上的差异，正是由于东方家族长辈权威性的存在，他们往往难以完全信任第三方专业机构。在东方的价值观体系内，家族办公室成员仍然属于"外人"，而自己家族的事务需要由"自己人"掌管。而对于西方家族来说，他们更看重团队的专业度和可靠性，而不仅由亲缘属性来判断团队是否值得信赖。

另外，由于现代家族办公室首先诞生在美国，逐步在欧洲及全球发展和成熟，因此相较于"轻车熟路"的西方家族，东方家族对家族办公室的信任度较低也是正常的。随着全球家族办公室体系的不断改进、各国制度的不断完善，此类差异将会随着具体家族的认知变化而改变。

投资决策和方式对比。在投资决策和方式方面，东西方家族并非完全没有共同之处。在家族办公室的投资框架内，东西方家族的投资决策都会受到家族企业的主营业务影响。从业务协同的角度来说，投资与家族企业主营业务相关的领域可能产生协同效应，如市场拓展、新技术应用或供应链优化。这种战略投资不仅可以强化家族企业的核心业务，还可能带来额外的收益。从风险管理的角度来说，投资熟悉的行业可以看成一种风险管理策略。由于家族创始人或者一些家族成员往往深耕该行业多年，拥有丰富的从业经验，对市场趋势、风险和机遇、产业链、供应链等有更深刻的认识，因此，总体来说，无论是东方家族还是西方家族，投资于主营业务相关或自身熟悉的领域都是较好的选择。

在投资方针上，欧美地区的家族办公室表现出多样化的投资规划，这些规划通常取决于投资环境、投资期限等多个因素。例如，它们可能会长期关注特定的慈善基金、个人投资项目，或者设定特定的投资范围再进行规模化的资产配置。之后，它们会以上述因素为基础，设定明确的绩效指标，以此来落实具体的资产配置策略。根据一位亚洲家族办公室专业人士的观察，新加坡的家族办公室通常没有固定的投资策略，每个家族办公室的策略各不相同，虽然这种做法缺乏长期的稳定性，但拥有较高的灵活性。当遇到适宜的投资机会，家族会快速作出决策。这种决策的灵活性源于家族办公室与家族决策层之间的直接沟通。通常家族在投资决策上拥有主导权，因此能够快速沟通并作出最终决策。

在具体的投资行为方面，东西方家族的决策倾向也有所不同。2022年的一项调查显示，美国家族在私募股权市场的参与程度正在上升。在英国，家族对私募股权的关注也逐年提高，这与它们的长期投资目标是一致的。在亚洲，由于私募股权展现出较广阔的增长前景，并且家族决策层对这一领域有更深的认识，因此对私募股权的投资正逐步增多。不过东西方的家族办公室参与私募股权投资的动机不同：西方家族办公室参与私募股权投资主要目的在于实现资产配置的多样化，而亚洲家族办公室更多寻求与家族业务相协调的投资机会。一位来自亚洲的家族办公室的专家表示，虽然业界普遍认为家族办公室应追求投资的多元化，但实际上亚洲家族更偏好投资于它们熟悉的行业，这导致许多家族的投资依然集中在国内市场和特定区域。

在思维逻辑和行为方式上，东西方家族的高净值人士也存在相当大的不同。比如，在考察新项目或研究性的投资标的时，东方家族往往充分利用私人的人脉网络去接触行业专家、了解具体的信息或知识。这是因为东方家族往往更加希望投资与自己公司相关或者与自己人脉圈内有私人联系的初创公司，"人"的因素在东方式投资哲学中占据重要地位。而西方家族则更倾向于采用"公事公办"方式的事务性投资。在这一点上中国是一个典型案例。中国目前这一代企业家中，不少人是在改革开放之后才大量积累财富，成为新的家族管理者。由于这些人身上遗留着创业时代的思想和印记，因此在新的投资行为中，他们仍然表现出更多开创性的特质。而西方家族，尤其是被称为"Old Money"的旧钱家族，由于已经完成了第一代的资本积累，甚至几代人的财富传承，他们在新的投资决策中，往往更倾向于公共性投资。

对家族办公室的行为标准不同。在对家族办公室行为准则的要求上，东西方家族看重的点也有所不同，其背后既有文化差异的原因，也是国情因素使然。比如，在家族办公室的私密性和保密度要求上，东方的高净值家族的要求要高于西方家族，而且东方家族较少与家族办公室深入谈及家族治理、代际传承或财富管理等敏感话题。这是由于东方文化中对亲缘关系的重视，对于亲缘关系以外的人士，家族成员往往保持着一定的边界感和距离感。相比之下，西方高净值家族比较看重的礼宾服务、遗产规划和慈善事业等服务项目，对于东方家族来说，重要性相对较低。

当然，这里面不仅包括文化和价值观的差异，也包括各国社会和历史层面的因素。西方家族受个人主义文化和长期的慈善传统影响，更倾向于利用礼宾服务提升生活品质，他们重视遗产规划以传承财富和价值观，并将慈善事业视为家族责任的一部分。相反，东方家族的财富通常是近代积累的，因此它们的首要目标仍然是财富的增长和家族企业的扩张，对个性化服务和慈善活动的兴趣相对较低。这些差异反映了全球家族办公室在服务需求上的多样性，不过随着全球化和文化交流的加深，这些差异可能会逐渐缩小。

在选择服务提供商时，东西方家族的要求和标准也不尽相同。东方的高净值家族往往倾向于分散风险，于是将资产交由不同的资管机构打理，以此降低投资的集中度。在机构选择方面，它们通常倾向于选择私人银行，而且一旦确定了合作伙伴关系，一般不会在短期内进行更换。而西方家族办公室则会相对频繁地更换合作机构。这种差异来自东方家族对信任感的高需求，也来自对家族信息私密性的高要求，因为一旦频繁地更换合作机构，家族信息可能会遭到泄露。

总结。家族治理和家族办公室的运营是比较复杂的，其中的影响要素多种多样，并非简单比较就能概括完整。在全球范围内，家族办公室呈现出东西方之间显著的文化和战略差异。西方家族办公室以个人主义和理性主义为基调，强调专业结构决策，并重视配套的服务工作。东方家族办公室则重视传统家族的集体主义，专注于家族纷争解决、财富的稳定增长和有效管理。它们重视对投资决策的直接控制，并强调家族财富的安全和长期传承，因此并不会将决策权完全交给家族办公室。东方家族在财富管理上倾向于结合本地文化特色和实践，体现了它们对财富传承的深刻理解和对家族团结的重视。

中国家族办公室：从起步到快速发展

中国家族办公室兴起源于高净值人群的快速发展。家族办公室对于中国大众来说是相对遥远和陌生的概念，但随着近年来高净值人群数量提升、财富规模扩大，资产配置和家族财富传承的需求日益提升，中国本地也开始引入家族办公室。

根据2022年《新财富》榜单的数据[1]，排名前500的富人榜上榜的最低财富标准继续上升，达到93.7亿元，而这个标准超过了2019年的45亿元、2020年的63亿元和2021年的89亿元，呈现出显著增长趋势。另外，榜单前

---

[1] 清华五道口．中国家族办公室报告（2022）[R]．北京：清华大学五道口金融学院全球家族企业研究中心，2022.

十名的富豪净资产都超过了 1500 亿元。这说明超高净值人群的总资产规模呈现上升趋势。尽管受到疫情等突发因素的影响，2022 年的入榜标准仅上升了 4 亿多元，但相较于疫情前的标准已经上升很多。从人数上来看，拥有千亿元以上净资产的富豪达到 30 人，而拥有百亿元以上净资产的富豪则达到 464 人。

从行业结构来看，历史数据显示，2003—2005 年，制造业的富豪稳居榜单首位，而到了 2007 年，前十大富豪中有 7 人来自房地产行业，并占据了榜单前四名。但在 2022 年的榜单中，大消费、新能源和互联网等行业的富豪占据了前十名中的大多数席位，而房地产业的富豪首次未能进入前十。这是由于中国产业结构发生重大改变，房地产行业高速发展、无序扩张的时代已经过去。同时，互联网行业的超高净值人数虽然最多，但相较上年有所下降；医药行业的超高净值人群数量排名第二，新能源汽车、光伏和芯片等先进制造业的超高净值人群比例显著上升。以技术密集、知识密集型为导向的新兴行业，正在成为新的造富路径，而依靠传统的资源要素投入的行业（如房地产行业）正在被替代。

随着中国超高净值人群人数增多、资产规模扩大，高净值人群及家族对全方位、深层次家庭服务的需求增加，这些需求包括法务、税务、财务、健康、医疗和教育等多个方面。在这种背景下，那些能提供综合、一体化、系统性服务的家族办公室的重要性日益凸显。因此，中国本地的家族办公室应运而生、发展迅速，与西方老牌资本主义国家相比，中国的家族办公室呈现出许多新的特点。

中国家族办公室的兴起。中国家族办公室的兴起可以追溯到 2010—2012 年。据估算，目前国内以家族办公室为名的机构已接近 1 万家。多数家族办公室成立于 2015—2016 年，其背景多为商业银行、信托、投资公司或律师事务所，主要分布在一线城市。

在行业发展的初期，多数家族办公室对业务理解较为局限，主要集中在以投资产品为核心的家族信托服务上。经过数年的发展，目前行业中已有比较清晰的业态轮廓。中国的家族办公室主要分为三类。

第一类是为特定超级家族服务的单一家族办公室。这些办公室的优点是高保密度和灵活性，但缺点是门槛高、运营成本高昂，同时需要花时间、精力组建专业化的团队。

第二类是由大型财富管理公司、金融机构或律师事务所延伸出的家族办公室业务，这类家族办公室通常以机构的主营业务为依托，主要目标是提升对超高净值客户的服务质量和客户忠诚度。这类机构的优势在于扎实的业务积累、完善的服务体系和现成的专业团队，同时在业界已具备一定的品牌认可度。但是这类家族办公室有时候会依赖于母公司的主营业务，缺乏独立性和客观性，同时，由于其团队成员的销售属性较强，他们有时候可能会更加注重产品销售而不是具体服务。

第三类是联合家族办公室，这类家族办公室通常由专业经理人发起，独立于家族企业之外运作。他们的优势是能够在保证服务质量的同时降低家族办公室的门槛，但缺点是客户可能失去部分隐私保护，也无法享受高度定制化和个性化的服务。

三类群体是单一家族办公室的主要客户。目前中国本土家族办公室的主要客群分为三类：一类是以互联网产业为代表的科技、技术类企业主，另一类是以传统实体为主的传统企业家，还有一类是由于各种原因出售企业的前企业主。

科技行业中的企业家涉及的领域包括互联网、高科技、新能源、生物技术等行业，他们的财富主要来自所拥有的上市公司和非上市公司的股份。这些企业家建立家族办公室的主要目的是处理股票销售或股权抵押所带来的金融收益。考虑科技领域固有的高风险和高回报性质，这些家族办公室更偏向于实施多元化的资产配置策略，以此来对冲科技行业不可预测性带来的风险。同时，这类企业家往往具备以下特点：一是年龄适中，大部分仍然活跃在企业管理的一线，家族财富传承的需求相对不紧迫；二是教育背景较好，通常具备较高的专业水平；三是对科技行业及相关的新兴领域比较了解，走在时代的前沿，因此他们对家族办公室的需求呈现出更加多元化的特点。

传统行业的企业家（如制造业、房地产业）群体的需求和决策偏好则完全不同。首先，他们的企业通常已经发展到成熟或衰退的阶段，拥有稳定的盈利和丰厚的红利回报，但未来的成长性较低。比如，对于不少房地产企业来说，目前最迫切的需求是稳定财务状况和促进企业及时转型。因此这部分企业家的家族办公室倾向投资于长期、有潜在高回报的战略项目，并且强调家族企业战略转型和产业升级的协同作用。其次，这些企业家大多是中国改革开放后的第一代创业者，目前年龄较大，家族结构也趋于复杂化。他们在家族企业继承和财富传承的问题上，有更紧迫的需求，但同时他们缺少对家族企业治理的专业认知，因此需要专业化的家族办公室团队来帮忙解决此类问题。

还有一类企业家面临企业发展的特殊情况，如企业经营遇到"瓶颈"，难以转型，或是继承人由于个人意愿、生活规划等无法接手企业。在这种情况下家族会选择将企业出售，此后他们不再拥有实体企业，仅保留金融资产。这类企业家通常希望家族办公室更加关注财富的安全性和资产保值，强调有效的资产配置和全面的风险控制，确保在风险调整后获得稳健的投资回报。

投资行业与地域偏好。香港金融发展局与清华大学五道口金融学院在2021年展开合作，对30家中国家族办公室进行了跟踪调查，深入研究了这些家族办公室的投资偏好。其中，这些家族办公室的平均资产管理规模约为297亿元（约合43.7亿美元），这30家家族办公室的资产管理总规模约为8910亿元（约合1312亿美元），其中超过80%的家族办公室的资产管理规模超过50亿元。

调查显示，这些家族办公室的投资偏好和关注领域与中国宏观经济的发展态势息息相关。近年来，中国经济正在经历重要的转型与升级，从以传统产业为主导的经济模式转向更为绿色、智能的发展方式。新能源、硬科技、生物制药等新兴行业的快速发展反映了中国经济增长模式正从传统的要素驱动转向创新驱动。在国家发展战略调整的大背景下，新经济领域涌现出的投资机会，是这些家族办公室重点关注和持续跟进的领域。

从投资地域上来说，这些家族办公室也充分显示了多样性。在受访的家族办公室中，对美国市场的投资占比仅次于中国，美国是第二大投资目的地。超过1/3的家族办公室对欧洲市场进行资产配置。除了这些主要的投资区域，有些家族办公室也对中国香港、日本、新加坡、新西兰以及加拿大和南美洲等亚太地区的发展潜力表现出了浓厚兴趣。对于这些家族来说，国际化的资本配置是重要需求。有些家族办公室表示，它们目前以美国作为投资的主要目的地，但是未来将提高在中国内地的投资额度，因为它们非常看好中国经济的长期发展潜力，希望能通过资产配置获得最大化的投资收益。

在直接投资方面，这些家族办公室的兴趣主要集中在生物制药、数字科技、大消费以及新能源等行业。此外，一些家族办公室已经进入碳中和、高端制造、农牧业和金融业等领域。有些家族办公室在受访时表示，它们在作投资决策时会考虑行业对社会发展的促进作用，会优先考虑具有社会经济效益的领域，如新能源、健康产业和碳中和项目。某家族办公室表示，自己参与过农业科技项目，通过引入环保型肥料技术，在显著提升贫瘠土地产量的同时，很好地兼顾了环保效应。

中国家族办公室的特点。目前中国的家族办公室已经呈现出比较鲜明的特点，这是由中国市场的情况以及中国家族的具体需求等因素共同决定的。这些特点包括：

第一，中国家族办公室对非财务目标已经具有较深的理解。所谓非财务目标，就是家族办公室在财富增值、投资业务和资产配置之外，能够帮助家族及家族企业解决的问题。对于中国家族来说，家族治理和财富管理是一个新兴议题，在实践中，他们已逐步发现多种需求，如婚姻关系处理与财务避险、家族信托和设立、商业保险的选择与配置、遗嘱设立以及对应的税务、法律问题等。同时，家族办公室还需要站在企业发展的角度，将这些家族利益同企业发展结合起来，重点考虑企业的财务管理、并购与重组、战略转型等问题。比如，受访家族办公室 A 表示早在 2018 年就建立了信托和遗嘱，因为第一代企业家专注于上市公司的运营管理和持续发展，但是又需要平衡家族内部的权益。因此他们通过信托和遗嘱，提高了家族成员间的信息透明度，减少了家族内斗的风险。受访家族办公室 B 则表示，根据企业发展战略的要求，他们对房地产公司进行产业链分析，同时因为家族企业投资了医疗企业，他们也需要为客户提供生物医药、大健康等领域的战略分析。

第二，中国家族办公室普遍注重数字化管理和运营。在数字化应用上，单一家族办公室和联合家族办公室表现出明显的差异。单一家族办公室着重于家族的安全感和管理控制，它们利用数字工具来集中管理账户信息、提升投资表现、强化风险与合规控制，并监督员工表现，这些管理变革有助于减少内部代理问题。而联合家族办公室由于服务众多客户和外部供应商，其数字化策略主要聚焦于增进客户间的信任和沟通，以此提高业务效率。同时，联合家族办公室专注于通过科技改善客户的互动体验，目的是在控制成本的同时提供高质量、定制化的服务。

从内容上说，家族办公室的数字化管理系统包括会计和财务管理、数字化交易平台、客户信息管理、客户数据和安全管理等。一些家族办公室的管理者利用数字化手段有效地提升了组织和投资管理、财务和风险控制效率。随着家族办公室本身业务的发展和资产的增加，定制化的数字化管理系统成为优化投资组合管理和提高工作效率的关键。这些系统不仅能实时获取和处理交易信息，还能提升现金管理和对账效率，解决信息透明度和可追溯性的问题，从而全面改善治理流程，并为组织知识和经验的积累作出贡献。

中国家族办公室的角色和身份定位

作为一项新兴事物，家族办公室在中国已经如火如荼地发展起来，但是相较于国外成熟的家族办公室体系，中国目前的家族办公室仍然存在一定的问题。

首先，家族办公室在角色定位上存在问题。虽然家族办公室的概念目前正在被越来越多的高净值人群认识和接受，但是家族办公室机构本身的角色定位仍然有一定的模糊性。正如前文所讨论过的，中国的家族往往会自己掌握重大事项的决策权，而家族办公室有时候更类似于一个决策执行和辅助机构。家族办公室团队的专业服务能力并没有直接助力家族事务的管理，而只停留在执行的层面，它们的角色更像是一个"专业管家团队"或"咨询公司"。

其次，家族办公室自身的核心竞争力目前仍然没有形成。高净值家族的需求不仅复杂，而且会随着企业发展而变化，这就要求家族办公室团队具有极强的前瞻性和沟通能力，能够帮助客户了解和梳理自身需求，从而形成可执行的方案体系。家族办公室团队要做到这一点，必须与高净值家族深入沟通，甚至深入具体企业层面。这对团队的综合能力提出了极大的挑战。目前，很多中国家族办公室的核心能力仍然停留在"事"的层面上，也就是按照客户的要求做事，并不能引导客户了解自身需求、帮助客户企业制订长远的计划，甚至作出前瞻性的判断和布局。

最后，目前中国家族办公室的客户群体有年龄下移的趋势，越来越多年轻企业家或企业继承人在市场上崭露头角、获得家族企业的话语权，他们将引领未来家族企业的代际传承。不同于欧美国家家族代际传承的成熟经验，中国已经成功传承几代的家族企业并不多。因此，家族办公室应当思考一个问题：目前的服务体系和能力边界，是否能够真正帮助家族企业实现代际传承，而不只是帮助其打理好财务和税务问题。

中国家族办公室面临的人才问题。 由于中国差序型结构的社会文化，引入外部人才并非易事。家族办公室的人才需求分为几个不同类别，一类是公司运营类人才，这类人才主要负责家族办公室的公司化运作，因此他们需要能够胜任公司管理、企业战略、客户维护等多个职务；另一类是专业性人才，他们主要负责投资业务、资产配置和金融服务等，这类人才需要有扎实的金融知识和行业经验，同时要擅长与客户打交道、了解客户的真实需求。然而，在实际中，仅有这两类人才仍然是不够的，因为家族办公室还涉及客户的家族治理、家族成员生活服务等非财务类服务，因此还需要服务意识强、社会经验丰富、擅长沟通且具有高度同理心的人。如果涉及部分跨境业务，那么家族办公室团队成员还需要具备国际化视野、对外沟通能力等。因此，家族办公室的人才体系是一个"业务能力＋综合能力"的复合机制，还要求团队成员具备不断学习和自我提升的能力。

根据某家族办公室反馈，在实操中，构建完善的人才体系确实不容易，因为家族办公室整个行业都属于"非标准化"的。在招募金融业务类型的人才时，机构往往需要反复向候选人解释什么是家族办公室，家族办公室的投资业务如何区别于传统的金融机构，并且向对方解释为何该家族办公室是最佳选择，对于个人发展有何裨益。另外，家族办公室自身的名气和规模也会影响人才的引进。对于头部家族办公室来说，找到顶尖人才并非难事。这些家族办公室拥有巨大的资产管理规模，而大部分家族办公室不具有这么大体量，因此难以形成较强的人才虹吸效应。

在人才的职业路径规划和晋升选择上，家族办公室也存在明显的劣势。不同于大型金融机构和相关的金融服务机构，每一个岗位都有相对明确的职业晋升路径或转型方式，家族办公室体系内的职业规划相对比较模糊，外面的人才不知进来后该如何发展，进来之后也不知道未来如何转型，因此难以形成传统金融机构人才体系构建机制。

第 7 章
ESG 与家族办公室

ESG 的概念与定义

ESG 到底指的是什么？ESG 即环境（Environmental）、社会（Social）和治理（Governance）的简称，是一种全面评估企业绩效的方法，与传统的财务评价标准相比，ESG 将企业治理评估重点放在环境维度、社会维度和治理维度三个方面（见图 7-1）。

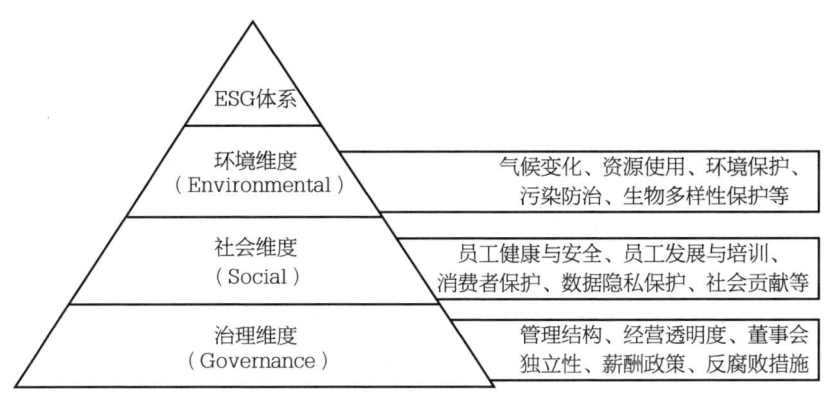

图 7-1　ESG 的三个层次

- **环境维度**主要关注企业在气候变化、资源使用、环境保护、污染防治和生物多样性保护等方面的活动和影响。随着全球对环保关注度的提高，更多国家和企业开始实施环保政策和措施，如提高能源效率和使用可再生能源。ESG 中的环境维度强调企业在环境保护方面的努力和成效。
- **社会维度**涉及公司在员工健康与安全、员工发展与培训、消费者保护、数据隐私保护和社会贡献等方面的表现。这个维度主要考察企业在维护内外利益相关者利益方面的努力，包括提供良好的工作环境、确保产品安全和积极参与社会公益活动。

● **治理维度**侧重公司的管理结构、经营透明度、董事会独立性、薪酬政策和反腐败措施等方面。良好的公司治理对投资者而言至关重要，因为这直接影响公司的运营效率和未来发展前景。通常，治理不善的公司会面临更多潜在风险。

总之，ESG投资理念强调在评估企业时不仅要考虑它们的财务表现，还要综合考量其在环境保护、社会责任和公司治理方面的实践和成效。这种全面的评估方法有助于识别那些能够实现经济效益、社会效益和生态效益共赢的企业，并关注它们的长期可持续发展。

ESG概念的发展历程。ESG的概念最早起源于商业行为中的道德伦理观念。例如，西方一些商业团体达成了共识，它们在商业活动中应当避免破坏自然环境、制造武器或放高利贷等不良行为。

在17世纪的英国，贵格会是首个在经济行为中全面实践ESG原则的团体。它主张的简朴、和平、诚实、社区感、平等和责任感等原则，都与现代可持续发展的概念紧密相连。BBC曾将从事商业活动的贵格会成员称为"自然资本主义者"，他们在多个行业，如商业银行、保险、鞋业和消费电子等领域创办了很多知名企业，包括劳埃德银行、友诚保险、C. & J. Clark和索尼等，并将其核心原则融入公司经营中。

18世纪的工业革命时期，资本家为了低成本获利而大量消耗自然资源和雇用童工，引发了公众强烈反对，这也促进了相关概念的兴起。人们开始意识到公众应该关注企业活动对社会和环境的影响。

到了现代社会，"伦理投资"的理念逐步成形，该理念是指在投资行为和决策中，尽量避开与自己或团队价值观、行为准则相背离的投资标的，选择符合自身价值判断的公司或项目。

1971年，帕克斯世界基金（Pax World Funds）的成立标志着伦理投资新理念的到来。该基金特意回避投资于某些被视为不符合宗教伦理标准的行业，如军火和烟草制造行业。基金的名称"帕克斯"来自罗马神话中的和平女神，象征着和平与社会责任的投资理念。如今，帕克斯世界基金已发展成为全球知名的社会责任共同基金之一。

1977年，通用汽车公司董事会成员苏利文，创新性地提出了"苏利文原则"来鼓励企业承担更多的社会责任。这些原则在企业治理体系中的社会责任投资的参与起到了关键作用，后来被联合国采纳，并成为联合国全球契约的核心部分，从而在全球范围内得以普及。这一阶段社会责任投资（SRI）的理念逐渐为大众所知晓。

SRI自20世纪90年代末期以来经历了显著的演变。这一阶段的SRI理念不再局限于伦理层面，而是开始延伸至环境、社会和治理（ESG）因素在内的综合投资决策层面，并且明确追求投资回报。SRI投资策略包括伦理负面筛选、环境和社会负面筛选、可持续性和气候变化主题投资，以及积极的股东参与等多种方式。

1987年，联合国首次定义"可持续发展"的概念，即满足当前需求而不危害未来代际需求的发展模式。随着21世纪的到来，这一概念在全球范围内得到推广，在金融领域催生了可持续投资的新行为模式和价值观。

21世纪初，世界贸易组织（WTO）开始重视贸易与劳工标准、环境保护和竞争公平等议题。这使得环境和社会责任变成了国际贸易讨论的关键要素，推动了各种劳工和社会责任标准的普及。

随着可持续发展成为全球共识，多个组织和机构应运而生，致力于利用金融和商业力量支持可持续发展目标。2000年，联合国全球契约（UNGC）成立，标志着ESG理念的初步形成。2004年，联合国与瑞士政府及多家金融机构共同发布《关怀者胜》（*Who Cares Wins*）报告，正式提出了ESG的概念。

2006年，在联合国秘书长安南的倡议下，负责任投资原则（Principles for Responsible Investment，PRI）组织成立。PRI旨在吸引全球资产所有者和管理者加入，将ESG因素纳入投资决策，这在全球范围内推动了ESG投资和可持续投资理念的普及。

2009年，联合国贸易和发展会议（UNCTAD）与PRI共同发起了可持续证券交易所倡议（UN SSE）。该倡议的主要目标是鼓励全球各证券交易所制定ESG报告指南，以增强上市公司在环境、社会和治理方面的信息披露和透明度。

2010年，国际金融服务公司明晟（MSCI）推出了一系列ESG相关指数，并在全球范围内积极促进相关投资理念的推广教育。同年，国际标准化组织发布了ISO 26000社会责任标准，该标准提供了组织内部管理原则，改进了1997年推出的SA 8000认证标准。

2015年是ESG发展的重要时间节点。同年9月，联合国举办了全球可持续发展峰会，提出了涉及经济、社会和环境治理等领域的17个全球可持续发展目标。12月4日，金融稳定理事会（FSB）成立了气候相关财务信息披露工作组（TCFD），旨在为评估环境和气候变化对企业的影响设定标准。12月12日，联合国气候变化大会通过了《巴黎协议》，其目标是全球共同努力来减缓全球变暖趋势。

ESG为什么重要？ 自联合国首次提出ESG概念以来，国际社会环境、社会和治理因素的关注日益提升。新理念的普及不仅推动了国际组织在建立统一的ESG评价和披露框架方面作出更多努力，也促使全球各国家和地区的监管机构、投资者、消费者等多方利益相关者加入ESG体系的构建和落地当中。

各国政府对ESG的关注度逐步上升，出台了多项相关政策来帮助企业提升ESG治理水平。例如，2014年欧盟要求大型公共机构按照有关规定在年度报告中披露ESG相关信息，中国香港交易所也在2011年鼓励上市公司发布ESG报告，并在2015年进一步修订了相关指引。资本市场也对ESG展现出浓厚兴趣，越来越多的投资机构在决策时会将ESG治理水平单独作为一项衡量要素进行系统评估。

投资者青睐ESG的主要原因是：第一，ESG表现是企业社会价值的综合体现，不仅是社会责任和企业形象，ESG体系中本身也包含了企业管理和经济效益，因此，这些指标能够帮助投资者评估被投企业的长期价值。第二，ESG信息能够帮助企业识别长期经营中可能存在的风险，因为ESG体系中包含环境风险识别、企业治理水平评价、企业结构和信息透明度等维度，能够帮助投资人识别和判断该企业可能存在的问题。第三，投资者自身的观念也在变化，他们越来越倾向于追求社会价值而非只是经济利益，希望通过投资带来更大的社会影响，因此ESG评价体系能够帮助他们实现其愿景和目标。

ESG评估体系。 ESG不仅是一种新的企业管理和投资理念，也是一种科学的评价方法。ESG 评估体系包括两个主要组成部分：披露标准和评级体系。披露标准为公司的 ESG 信息披露提供了指导准则。而评级体系则是第三方机构根据公司披露的 ESG 信息进行定性和定量的综合性评估机制。对于不同的评级机构而言，具体的评估方法可能有所不同。

ESG 评估体系有助于推广 ESG 投资理念，更有效地利用市场的作用，引导上市公司引入新的管理方式、学习新的治理方法，不断提高环境、社会和治理方面的水平。这种评估框架在长期内会推动公司追求创新、绿色发展和社会和谐，从而促进资本市场的健康发展，并真正服务于实体经济。

在 ESG 综合评估体系的信息披露价值链中，主要参与者包括制定核心信息披露框架和标准的非营利组织、披露者（如公司）、披露软件和平台提供商、第三方审计机构、第三方数据平台、数据分析平台/评级机构以及最终用户（投资者和其他利益相关方）。监管机构也利用这些信息进行监管。

披露框架和标准的设定者在制定过程中需要重视信息透明度和社会大众的知情权，并平衡用户的信息披露需求与披露者的披露成本。高效的信息披露框架与标准能够在降低成本的同时，确保向最终用户提供既充分又具有实质价值的信息。通过一套综合的概念和原则，该框架能够细致地引导信息披露者组织、梳理要披露的信息。与此同时，披露标准通过详细的指导准则，协助信息披露者清晰地确定其信息披露的具体方式。

从具体的 ESG 披露标准来看，国际上主流的 ESG 标准如图 7-2 所示。

图 7-2　国际上主流的 ESG 标准

- GRI：Global Reporting Initiative，全球报告倡议组织之 GRI 标准。
- ISSB：International Sustainability Standards Board，国际可持续发展准则理事会之标准。
- ESRS：European Sustainability Reporting Standards，欧洲可持续发展报告准则。
- SASB：Sustainability Accounting Standards Board，可持续发展会计准则委员会的可持续会计准则。
- TCFD：Task Force on Climate-Related Financial Disclosures，金融稳定理事会的气候相关财务信息披露工作组建议。其中，SASB 和 TCFD 后续已经与其他标准进行了合并。

ESG 披露标准。GRI 是全球最知名的 ESG 标准组织，该组织会发布 ESG 相关指标并评估实际操作效果。GRI 标准首次发布于 2010 年，其内容具有极强的普适性，既包括适用于所有公司的通用标准、特定行业的行业标准等，也囊括了公司主题相关的衡量标准。2016 年，GRI 推出了模块化的新版标准，2021 年 GRI 对通用标准进行了重大修订，并发布了首个石油和天然气行业标准。此外，GRI 还与欧洲财务报告咨询组（EFRAG）和国际可持续发展准则理事会（ISSB）合作，参与制定了欧洲和国际的可持续发展报告标准。

国际可持续发展准则理事会是由国际财务报告准则基金会于 2021 年成立的国际性机构，旨在制定全球统一的会计和可持续性披露标准，以增强金融市场的透明度、完善相关的问责制。ISSB 的创建得到了由 CDSB、IASB、TCFD、VRF 和世界经济论坛（WEF）"五大机构"组成的技术准备工作组（TRWG）的技术支持。ISSB 的目标是整合这些机构的标准。2022 年 3 月，ISSB 发布了两项拟议准则，分别是《国际财务报告可持续披露准则第 1 号——可持续相关财务信息披露一般要求》（IFRS S1）和《国际财务报告可持续披露准则第 2 号——气候相关披露》（IFRS S2），这两项准则于 2023 年 6 月最终发布，主要目标是实现标准的整合。

2022 年 11 月，欧盟理事会通过了《企业可持续发展报告指令》（CSRD），取代了 2014 年的《非财务报告指令》（NFRD）。根据 CSRD 授权，EFRAG 制定了《欧洲可持续发展报告准则》（ESRS），并提交给欧盟委员会审批。2023

年 7 月 31 日，欧盟委员会批准了首批 ESRS，共包含 12 份准则，分别为《一般要求》《一般披露》和十项可持续主题标准。ESRS 作为 CSRD 的配套准则，自 2024 年 1 月 1 日起开始适用，将分阶段实施，首批企业将在 2024 财年按照 CSRD 和 ESRS 要求进行信息披露。

ESG 评级体系。全球的 ESG 评级体系大致分为两种主流类型：一种是由数据分析公司主导的评级，涵盖了道琼斯、MSCI、富时罗素、恒生以及商道融绿等；另一种是由具备 NGO 背景的国际机构执行的评级项目，如英国碳信息披露项目。这些评级覆盖了各种国际及国内上市和私人公司的 ESG 绩效。对机构投资者、资产管理者、金融机构和其他利益相关者来说，这些评级和报告是衡量公司在特定时期内的 ESG 绩效和行业对比的关键工具。这类评估通常作为投资者和公司就 ESG 议题进行非正式对话与股东提案讨论的基础。不过，这些评级和报告在方法、范围和覆盖方面因供应商而异，表现出明显的差别。在全球众多的 ESG 数据供应商中，我们以 MSCI、S&P Global、英国碳信息披露项目和 Sustainalytics 这四家评级机构作为案例，因为它们具有广泛的权威性、公正性和信誉度。

MSCI 是一家全球性企业，专注于提供各类全球指数和相应的金融衍生品。其开发的 MSCI 指数广泛应用于投资领域，成为全球资产经理们经常参考投资的依据。MSCI 发布的七大指数种类中包括 ESG 指数，这也是 MSCI 五个核心研究领域之一。MSCI 致力于深化 ESG 投资的研究，目的是辅助投资者向更科学且风险更小的投资组合转移。截至 2020 年 6 月，MSCI ESG 指数涵盖了所有加入 MSCI 指数的上市公司，覆盖了超过 8000 家公司和将近 70 万只股票及全球固定收益证券。

由 S&P Global 推出的 CSA 评估，是评价公司在可持续发展方面的一种重要方法。该评估体系对于确定哪些企业可以加入道琼斯可持续发展指数（DJSI）极为关键，因为只有在 CSA 评估中表现优秀的公司才有资格被纳入 DJSI 的相关指数（实际上，企业通常听到的 DJSI 的 ESG 评级，其实指的是 S&P Global 的 CSA 评分）。道琼斯可持续发展指数，自 1999 年开始运营，是全球首个此类指数。DJSI 每年基于 CSA 中企业的 ESG 整体表现挑选出表现突出的大型企业，涵盖了近 5000 家公司的数据，为许多投资机构在 ESG 投资决策上提供了宝贵的参考信息。

自 2000 年起，英国碳信息披露项目（CDP），作为"全球商业气候联盟"（We Mean Business Coalition）的初始成员，已在英国建立了非政府组织总部。英国碳信息披露项目致力于激励企业与政府降低温室气体的排放量以及保持水源和森林的可持续性。该组织在全球诸多重要城市如伦敦、北京、中国香港、纽约、柏林、巴黎、圣保罗、斯德哥尔摩和东京等地设立了办公室。英国碳信息披露项目在 50 个国家拥有办事处和伙伴网络，每年邀请全球大型企业披露其碳排放及应对气候变化的行动细节，成为碳排放披露领域的先锋和企业流程的典范。英国碳信息披露项目还建立了世界上最为全面的资源环境报告数据库。目前，有超过 510 个投资者，管理着逾 106 万亿美元的资产，他们要求各公司通过英国碳信息披露项目披露其在气候变化、水资源和森林方面的信息。

Sustainalytics 是隶属美国的 Morningstar 投资研究公司的研究机构，成立于 20 世纪 90 年代，总部位于荷兰，主要负责 ESG 研究、评级和分析，并向全球投资者提供相关的策略咨询信息。Sustainalytics 帮助不同资产管理公司和养老基金进行合作，在投资决策流程中融入 ESG 和公司治理的信息与评估。Sustainalytics 还帮助数百家公司和金融中介机构建立 ESG 治理体系，协助它们在政策、实务操作和资本项目中融入多样的可持续发展目标。

中国的 ESG 发展状况。2015 年前后，ESG 系统性理论第一次走进中国大众的视野，2018 年随着中国 A 股正式被 MSCI 纳入指数体系中，越来越多的投资者、从业人员和中国普通大众认识到了 ESG 的价值。2022 年 5 月，国务院国资委发布《提高央企控股上市公司质量工作方案》，提出央企要在 2023 年实现全面的 ESG 报告，并建立对应的企业治理评价体系，这代表着 ESG 从纸面走向了全面落地，根据中国上市公司协会数据，截至 2023 年 4 月，已有超过七成的央企发布了 ESG 报告。而在上市公司方面，2023 年超过 1700 家上市公司单独编制并发布 2022 年 ESG 相关报告，较上年的 1112 家 ESG 披露企业，净增近 600 家。这一方面说明中国的 ESG 概念推广快、接受度高、企业的执行能力强；另一方面作为新兴的发展理念，中国的 ESG 发展也仍然存在一定问题，主要包括以下几个方面：

首先，企业覆盖程度仍然有待提升。截至 2023 年年底，积极参与 ESG 信息披露并建立起内部 ESG 管理机制的企业大部分是大型央企、上市公司，而中小企业的参与度较低、积极性不高，这与企业管理的成本有关。因此，如何帮助更多中小企业以低成本、高效率的方式参与进来，将是 ESG 推广方面的重要议题。

其次，ESG 信息披露质量有待提升。虽然不少企业进行了信息披露，但普遍质量低、规范化程度不足、内容空泛，这说明企业仍然没有足够理解 ESG 的实践方式和要求，因此没有获得更多实质性内容。

最后，在中国 ESG 评级及相关行业标准方面，目前尚未建立统一的、权威的信息披露标准及实践指导方法，而国际主流的方法与中国国情相比存在一定差异，因此造成了企业落地 ESG 体系困难、不知如何做好信息披露等问题。

尽管面临以上问题，ESG 在中国仍然拥有广阔的发展空间。这主要得益于政府的政策支持、市场和投资者对可持续发展的日益关注，以及企业自身对提升品牌价值和竞争力的追求。技术创新和数字化转型为 ESG 的有效实施提供了新机遇，同时社会文化价值观的转变也让企业对 ESG 更加重视。这些因素共同促进了中国企业在 ESG 实践上的进步，预计未来这一趋势将进一步加强。

ESG 与家族企业治理

ESG 对家族企业治理的重要意义。随着当今社会经济形势的变化和技术水平的提高，现代家族企业治理的复杂程度也在日益提升，而 ESG 为家族治理提供了一种新的思路。ESG 概念融合了伦理、社会和环境的价值准则，相较于传统企业社会责任和绿色投资，ESG 为家族治理提供了一个以非财务因素为核心的评估框架。在新的框架体系内，家族治理的要务不仅是常规事项，如家族成员的利益协调、家族沟通机制、未来发展规划等，还包括推动企业朝着长期价值和可持续发展的方向发展，并在这个过程中建立完善的家族核心价值观。ESG 投资不仅对环境和资源产生积极影响，还促使企业规范自身行为，助力提升治理水平和社会责任意识。企业的积极参与不仅能够塑造良好的声誉，还能提升创新能力和投资效益，进而提高企业的整体价值。

虽然现代化的公司结构已成为主流，但全球大部分企业仍然由家族控制。

家族企业结合了家族价值和商业目标,力求取得双重成功。这一特点源于社会情感财富理论(SEW),该理论强调家族企业比非家族企业更加注重遗产传承和持续发展,因此更加重视社会责任的履行。研究表明,家族企业因其对声誉和形象的重视以及保护家族财产的需求,在多方面表现出更强烈的社会责任感。即便某些家族企业因为环境污染等行为受到批评,但那些寻求长期稳定发展的家族企业,通常会将承担社会责任视为长远任务,这对建立文明社会来说是至关重要的。

在联合国环境规划署提出将ESG因素融入投资决策后,ESG信息在风险管理中被广泛采用。根据利益相关者理论和资源依赖理论,改善企业ESG的绩效有助于吸引外部支持,如政府补贴等资源,提升投资效益。高ESG评分的企业更易获得投资者的关注和信任,从而实现更高的投资回报和资本流动性。

新古典理论提出了不同的观点,认为将资源用于环境和社会责任可能不会带来财务利益,不符合追求最大经济利益的目标。尽管如此,为了获取更高的ESG评分和构建良好的声誉,管理者可能会选择投资于社会责任项目,即使要放弃一些带来正向资金流的机会。

家族企业尤其注重企业形象。社会情感财富理论指出,家族企业视自己为一个具有非理性特征的社会系统,履行社会责任的一大动机是提升家族社会资本和声誉。家族参与程度高的企业特别重视企业声誉,认为公众对企业的评价反映了对家族的看法。如果社会责任履行不佳,可能对家族企业及其成员造成负面影响,因此这些企业更加重视提升社会责任表现。有研究表明,为维护家族声誉,家族企业会努力减少环境污染,即使这种做法可能不会带来直接的经济回报。国内研究也发现,家族企业更倾向于投入资源和情感,注重企业的可持续发展和积极履行社会责任。

随着家族在企业中的权力不断加强,家族成员对企业的认同感和归属感也在增强,他们更倾向于通过履行社会和环境责任来维护企业的社会情感价值。如果家族在企业中的控制权较小,其他股东则可能更关注短期财务绩效,对社会责任不太感兴趣。因此,随着家族成员在企业中的权力加强,他们对企业战略决策的影响也显著增大,同时更有能力和意愿来承担社会责任,以减轻企业声誉损害对家族的不利影响。基于社会情感财富理论,家族企业倾向于通过积极践行社会和环境责任来树立良好的企业形象，同时吸引其他利益相关方的关注，促进家族企业的可持续发展和延续。

中国儒家思想与家族 ESG 体系。对于中国的高净值人群来说，ESG 理念正在成为新的家族价值观，除了 ESG 理念的不断推广，也与中国社会传统的儒家思想有关。作为中华民族的传统文化精髓，儒家文化以忠诚与仁爱的核心价值观在商业伦理中扮演着重要角色，对公司的行为和管理决策产生了深远的影响。这一文化经历了几千年的发展，仍然保持着强大的生命力，在当今社会中占据重要地位，并逐渐被企业领导者接受，成为普遍遵循的道德准则和行为指南，深刻影响着他们的治理方式和经营决策。

首先，儒家文化中的"大同世界"思想和追求社会和谐的愿景与企业履行社会责任的行为高度一致。受儒家思想影响的领导者在决策过程中会因背离道德标准而产生内疚感，会促使他们在道德层面约束自己的某些行为，更多地考虑公众的利益，从而承担更多的社会责任，促进社会和谐发展。

其次，"利他主义"的儒家哲学观念已深植人心，成为企业文化的重要组成部分。研究表明，儒家文化氛围浓厚的地区企业家更倾向于慈善行为，积极参与社会慈善事业，即便这可能需要付出一定成本。

最后，儒家文化的"天人合一"理念，强调人与自然和谐共生，也潜移默化地促进了企业绿色环保的意识。因此，儒家文化不仅影响企业治理的各个方面，也促使家族企业在保持儒家核心价值观的基础上，关注企业结构的完善和可持续运营。而 ESG 体系正好是用现代化的科学管理手段去实现"利他"目标的工具理论，因此，越来越多的中国家族也正在将 ESG 体系纳入家族治理的重要环节中。

如何利用 ESG 工具改善家族治理？ 在实操层面上，目前越来越多的家族企业已经意识到了 ESG 治理的重要性，但从执行层面上仍然不清楚该如何去做。很多家族企业已经采取了一定的措施，如提高 ESG 信息的披露程度、制定可持续性报告或举行与可持续主题相关的投资者活动。当然，这些"条目式"的做法的确能够提升 ESG 治理水平，但仅停留在表面的措施和行动是远远不够的，因为企业并没有改变以往的经营管理思路，也没有将 ESG 的主要理念融入业务流程和组织架构中。由此导致的后果是，很多企业发现自己采取了措施，但没有获得预期的回报，有时甚至遭受投资者的批评。因此，家族企业的领导者需要寻找更适合自己企业特点的ESG动因，明确ESG与其盈利模式之间的关系，并将ESG重点整合到公司战略和运营的新管理模式中，以此来打造独具特色的竞争优势。打造独特的ESG治理体系，可以从以下几个方面入手：

- 根据家族企业的实际情况，制定符合企业发展战略方向的ESG战略框架及项目规划；
- 拆分ESG整体目标，从整体和模块上分别建立细致明确的责任体系；
- 围绕主营业务，明确企业愿景，并将ESG融入其中，加强企业文化的建设；
- 改善业务流程，将ESG指标落地到具体业务当中；
- 改进投资者关系策略，建立良好的对外管理体系。

在战略层面，家族企业的战略制定是实施ESG体系的基础。成功的ESG实践不仅要体现在短期行动上，更要融入长期的企业战略规划。为了在利用ESG提升公司长期财务表现方面取得成效，家族企业必须在战略上与竞争对手形成显著差异。这就要求家族企业的领导者比竞争对手更早地预见和评估新兴趋势及其对行业的影响，深入了解和掌握ESG实践的核心要素，从而找到有效的方法促进企业的持续变革和发展。

例如，对于工业企业来说，环保创新的产品或服务的推出可能成为企业获得竞争优势的关键。家族企业领导者需要洞察市场和技术趋势，积极投入研发，以环保技术为核心，开发新产品或优化现有产品线。此外，企业还需注重在运营过程中减少能源消耗和碳排放，通过高效的资源利用和废物管理，实现对环境保护的承诺。

同时，家族企业需要在内部文化和组织结构上进行相应的调整，以支持ESG战略的实施。在实践中，很多ESG相关项目或计划存在"推不动"的现象，原因在于执行层的员工不理解它的意义和价值，因此应当将企业文化的打造作为企业战略的重要一环。这包括培养员工的环保意识、提高管理层对ESG价值的认识，并在公司治理结构中设置专门的ESG委员会或部门，确保ESG政策的有效执行。通过这些措施，家族企业能够在ESG领域建立良好的品牌形象，吸引更多的投资者和合作伙伴，从而在长期的市场竞争中占据有利地位。

此外，家族企业还应关注与利益相关者的沟通和合作，包括客户、供应商、社区和政府机构。通过与这些群体的有效互动，企业可以更好地理解外部环境的变化，识别潜在的风险和机会，从而制定更加全面和具有前瞻性的ESG战略。总之，家族企业的ESG战略应当是一个全方位、多维度的长期计划，通过不断的创新和改进，将可持续发展深深植入企业的基因中。

在责任体系建设层面，明晰的责任体系是ESG策略实施的基本保障。责任体系的建立，不仅是为了明确组织中每个人的工作范围和权责，也是为了建立明确的激励机制。比如，通过将ESG治理业绩同管理层薪酬挂钩，来提升管理层的改革动力。实施一项高效的ESG战略需要全面的运营调整和战略重塑，这一过程应该采用"自上而下"的方式，即从公司的高层管理者开始，将该战略贯穿于整个组织结构。为了实现公司的整体目标，增强市场竞争中的运营能力和核心竞争力，公司应该利用绩效管理系统来设定目标，同时确保和监督公司整体利益、各部门利益和个人利益与公司的总体战略目标高度一致。

在业务流层面，企业在成功部署ESG业务改革的过程中，通常会经历三个主要的发展阶段：第一阶段，企业的主要工作是从法律法规出发，构建完善的合规体系，从而有效地降低风险；第二阶段，企业会注重业务流程的重塑，将ESG的概念融入常规业务中，并形成固定模式，让全体员工遵照执行；第三阶段，企业会注重组织架构和业务流程整体创新性的提升。在这一发展过程中，企业往往最初将ESG相关业务和合规性作为核心，这有助于企业在贯彻ESG理念的同时提高运营效率。但是，进入第三阶段后，企业需要将ESG活动的重心转移到各职能部门，让具体的部门承担对应的责任并提高整体的执行力。

为了支撑这一去中心化的过程，企业往往还需要建立恰当的辅助机制。比如，构建一个将前端业务与后端管理相结合的框架，以形成有效的协调和支持体系。

案例：中国台湾三联科技和勤美集团[①]

中国台湾三联科技成立于1967年，早期从事制造安装工厂电气设备与自动

---

① KPMG.ESG开启家族企业永续经营新篇章［EB/OL］.（2022-02-22）[2024-01-20]. https://kpmg.com/tw/zh/home/insights/2022/02/esg-opens-a-new-chapter-for-family-business-sustainability.html.

化控制面板，后来逐步发展成为多领域仪控系统和生产系统解决方案头部供应商。三联科技曾经承接大量中国台湾大型工程安全检测工作，其实操案例包括德基水库、石门水库、曾文水库、翡翠水库、高雄东帝士摩天大楼、台北101、远东国际大饭店、台中港码头和高雄汉神百货大楼等。

三联科技的创始人林荣渠在创业时期就非常注重企业价值观和企业文化的建设，他始终将"诚信"作为企业经营管理的信条。无论是对外建立人际关系，还是对内组建和管理团队、引入新人时，他都会将印有"诚实"字样的卡片相赠，用以表达自己的核心价值观并激励他人模仿学习。

林荣渠之子林廷芳是三联科技第二代继承人。2015年，他负责勤美集团日常运营的工作，该公司由林廷芳的舅舅何明宪创办，主营业务是高端精密零件制造。从2017年开始，林廷芳之子林大钧开始接手三联科技的业务。

在家族企业庞大复杂的业务体系中，三联科技不仅顺利完成了代际继承，还通过有效的治理模式和企业管理，帮助企业紧跟时代，不断进步。60多年来，借助在行业中沉淀的丰富经验和持续创新的精神，三联科技成功服务了海内外大量用户，赢得了全球客户的认可和支持。该公司与世界各地声誉卓著的代理商建立了密切的合作伙伴关系，确保产品在性能和稳定性上达到高标准。此外，三联科技在全球范围内提供个性化的支持和服务，努力提高产品的安全性、增强品牌的影响力以及提升市场份额。

在ESG理念上，三联科技也走在了时代前列。林廷芳本人对ESG理念有深刻的理解和认知，他认为联合国设定的ESG体系，体现了目前及未来企业发展和管理的大趋势。对它们这样历史悠久的家族企业来说，以前的企业愿景、发展目标和使命需要不断革新、与时俱进。

在企业内部，三联科技已经积极展开行动：2021年成立了ESG委员会，下设"环境永续组""社会责任组""公司治理组"三个职能组织，并建立了工作机制和阶段性工作目标。比如，2021年2月召开了第一次会议，行动正式进入第一阶段，此阶段要求聚集公司人力资源，共同学习和认识ESG相关目标。同时，公司系统性地组织人力建设ESG资料库，旨在帮助全体员工了解相关知识并提出意见和建议，资料库的内容包括GRI规则以及碳管理、温室气体的核查等。

根据三联科技的实际工作情况，他们发现大部分委员会成员对于ESG的规则及具体做法都很陌生，因此公司一方面寻找各类对标产业及案例作为参考；另一方面聘请了第三方机构对公司员工进行培训，主要内容包括气候变化管理的国际趋势、碳中和PAS 2060标准、企业管理与ESG要素等。

在日常经营管理方面，三联科技也将ESG理念践行到具体行为中，主要体现为节能降碳。其主要做法包括：

第一，对于旗下各分支机构的内部设备维修、改造及升级，要求以提高能效、降低碳排放为出发点，严格检查设备能耗情况及使用年限，并以此淘汰一批旧设备或配件。比如，公司已经将各办公室的灯管全部更换为高效节能灯管，还定期审查水电和其他能源消耗，并实施一系列节能措施，以进一步降低能源使用量。

第二，三联科技长期强调无纸化办公，通过电子手段及线上OA降低行政管理中的能耗。各行政类的通知及手续均以电子形式办理，如员工请假单、公司活动通知等。公司还积极倡导员工对平日阅读的杂志和报纸等进行分类回收，以促进节约纸张和使用再生纸。同时，公司要求尽量使用双面打印，进一步减少纸张使用，有效降低资源消耗。

第三，三联科技从主营业务及自主研发的核心产品出发，积极开发环境友好型产品，并不断提升产品的附加价值。公司要求所有产品设计均严格遵守"可循环使用、减少环境污染、提高能源效率"的规定，来促进环境保护及行业的持续发展。在生产过程中，公司持续优化现有的制造工艺和管理流程，以降低对环境的负面影响。公司同样重视原料的有效使用和废物的回收利用，目的是最大化资源的使用效率，减少废弃物的产生并降低生产成本。为了确保这些措施的有效实施，公司每年都会进行内部审计和法规合规性的检查，保障内部控制措施的有效运行，并在发现任何问题时立即进行纠正。

对于林氏家族的另一家企业勤美集团而言，也是如此。1972年，何明宪创办了勤美集团，经过多年的发展，形成了以金属成型事业、建设住宅事业、生活创新事业（饭店及商城）为主的多元化业务体系，同时集团旗下还设有勤美璞真文化艺术基金会。

在金属成型事业方面，集团的生产部门专注于铸造、铁材加工、机械加工及汽车机械零配件生产，并提供全球仓储及配送服务。在中国台湾设有新竹和桃园工厂，而在中国大陆则在天津和苏州运营工厂，这些工厂均获 ISO 9002、QS 9000 及 TS 16949 认证。此外，集团在天津设有勤威工厂，并在中国台湾及中国香港设立了上市公司勤美和勤美达国际。勤美达在天津和苏州的三个生产基地中，专注于金属铸件的定制设计、开发和生产，主要产品包括汽车零部件、机械零部件和压缩机零部件，这些业务是公司业绩增长的主要来源。

林廷芳在谈及勤美集团 ESG 体系建设时，强调要将环保理念与企业战略紧密结合，以创造可持续的商业价值。为此，他对企业架构和业务方向进行了大规模改革，在担任董事长的第二年，他就当机立断地关闭了集团生铁业务部门。要知道，当时勤美集团是中国台湾地区最大的生铁进口商。尽管当时这一决定在外界看来难以理解，但事实证明林廷芳的变革不仅出于环境要素的考虑，也直接通过战略性的变革提升了企业的竞争力。

关闭生铁业务部门后，勤美集团的主营业务不得不转而使用回收钢材。林廷芳耗费大量资源从国外重金聘请专家来亲临指导，帮助勤美集团系统性地梳理了业务流程，建立了 ESG 工作机制。虽然这个做法最初也遭到了大量质疑，很多人认为花大价钱请专家"吃力不讨好"，但林廷芳的坚持最终让回收率提高到了 99% 以上，这也完美地证明了他的前瞻性和决策的正确性。

同时，在事业部的打造上，林廷芳独具匠心地引入"外部"经验，他将三联科技的信息化环境监测手段引入勤美集团。勤美集团在他们的项目中引入了物联网（IoT）技术，来精确监控地下水抽取和工地安全。与中兴大学土木系的合作使他们能够在工地进行实地水量测试，使原计划需开挖的 21 口井减少至 12 口井，从而节约了超过 1000 万新台币的工程费。林廷芳意识到传统持续抽水法对环境和资源的重大影响，因此引入了产学合作的远程监控系统，代替了 24 小时不断的抽水作业。尽管原计划设有 12 口井，但实际操作中通常只开设 5~8 口，这在两年半的工期内节约了约 868 万吨水，相当于 6 座石冈水坝的容量，并减少了 500 万 kW·h 以上的电力消耗，节省了约 2000 万新台币的临时工业用电费。这种改变不仅对环境更友好，减少碳排放，也降低了企业的运营成本，让勤美集团实现了可持续发展和成本效益的双重目标。

不仅如此，勤美集团还将 ESG 发展上升到企业战略层面，分别制定了短期目标、中期目标及长期目标，并从公司治理、环境面、企业内部和企业外部四个维度设立具体的目标[①]（见表 7-1）。

表 7-1 勤美集团 ESG 战略目标

维度	短期目标（2023 年）	中期目标（2025 年）	长期目标（2027 年）
公司治理	1. 强化信息披露； 2. 官网设立 ESG 专区； 3. 设立永续发展委员会	1. 将公司治理评级升至 6%~20% 的企业； 2. 持续推动 ESG 可持续发展，并制订相关政策和计划，加强 ESG 战略与日常实践，提升公司对社会和环境的贡献	持续强化公司治理，提升信息披露规范性，保障股东和利益相关方的合法权利
环境面	1. 设立除尘设施，降低粉尘排放； 2. 更新设备； 3. 改进流程，减少耗电量； 4. 铺设太阳能发电设备； 5. 加强废弃物管理	1. 加强绿色建筑的建设，增加雨水回收的举措； 2. 加强太阳能电力系统的建设，包括顶层绿化隔热等； 3. 加强废弃物的管控，要求逐年降低 5%； 4. 设立小型的风力发电设备	1. 将铁原料用量控制在 10% 以内，加强循环经济效益的产品设计标准，加强节能减碳的研发工作； 2. 提高特殊作业的自动化程度，减少生产操作过程中对环境的污染
企业内部	1. 加强企业社会责任宣传； 2. 将 ESG 纳入供应商考核项目； 3. 确保供应商核查无过失； 4. 加强相关人才梯队建设	1. 建立绿色供应链； 2. 扩大供应商 ESG 评级和管理； 3. 提升客户满意度； 4. 举行年度供应商大会	1. 建立绿色化、智能化的管理机制； 2. 提高员工合法权益的保障
企业外部	1. 持续关注社会福利相关信息； 2. 积极参与社会公益事业	长期关注和支持弱势群体并给予帮助	1. 建立长期的志愿者行动计划，鼓励多方合作共同帮助弱势群体； 2. 从文化创作的角度提升 ESG 治理

在 ESG 项目规划方面，勤美集团根据气候适应计划、碳中和及净零排放三

[①] 勤美集团官方网站，https://www.cmp.com.tw/cht/csr?serno=13#first.

大模块，建立了完整的战略体系（见表 7-2）。

表 7-2 勤美集团 ESG 战略体系

气候适应计划	碳中和	净零排放
环境管理系统认证（ISO 14001） 温室气体核查（1SO 14064-1） 产品碳足迹查证（IOS 14067） 能源管理系统认证（IOS 50001）	CSR 永续领域 ESG 与气候风险管理 环境设立理念 欧洲碳关税 集团商誉提升 SDGs 目标管理 TCTD 架构建立 ASB 信息披露 公司治理 3.0 生物多样性评估 CPD 碳揭露计划 "水足迹核查计划"	永续奖项参与 低碳策略倡议 气候变化管理 绿色机会转型

在一系列的努力下，勤美集团获得了一些成果：遵从 TCTD 的指导，集团对可能存在的实操风险进行了全面评估，并制定了明确的目标，包括降低碳排放、减少产品碳足迹和温室气体排放。在金属成型业务中，经过大量的技术改革，集团成功提高了回收钢材的使用率，从 2015 年的 71% 提高到 2022 年的 94%，有些工厂甚至达到 99%。此外，自 2015 年以来，集团的温室气体排放密度下降了 13.02%。在建筑领域，集团采用了绿色和智能建筑设计理念，通过建筑信息模型（BIM）优化了设计、施工和运营。从 2022 年开始，集团对建筑项目实施碳足迹评估，目标是获得 LCBA 建筑碳足迹认证。在生活创新方面，以台中草悟道为核心，集团推出了街区经营计划，整合了 200 多家商铺和社教机构，利用数字科技推动城市深度旅游。这一举措每年减少了 3 万张塑料卡和 25 万张纸质礼券的使用，促进了数据共享和永续生活圈的发展。

中国台湾的三联科技和勤美集团是 ESG 家族治理的典范。首先，两家企业虽然创始人不同，但都曾经由林廷芳担任最高管理者，因此在企业管理和企业文化上有共同的基础，但也很容易陷入复杂的家族关系中。但这两家企业从创立之初就建立了目前的企业核心价值观，并一直采用科学的管理方法，因此不仅没有陷入复杂的家族治理误区，反而通过积极发展 ESG，成功推动了企业不断转型发展。其次，它们对 ESG 的认识和思考深入而全面，既注重具体技术的应用与发展，也注重将 ESG 体系纳入企业日常经营及长期战略规划中，通过高维度的战略目标，成功落地了 ESG 的具体项目，从而在提升企业价值的同时，极大地提升了环境和社会效应。

对于其他企业而言，可以从这两家企业中学习到的经验包括：

- ESG 的践行与提升离不开企业主营业务的发展；
- 应以具体时间节点制定多维度的战略规划；
- 管理层应当牵头，加强全体员工的 ESG 教育；
- 内外部资源整合，企业可通过外部专家帮助提升企业 ESG 认知。

ESG 与家族企业传承

一些引发思考的调查数据。根据 2022 年普华永道的继承人调查报告[①]，新冠疫情客观上让家族成员有更多时间相处，并且思考代际传承和继承的事宜。在受访家族企业中，有 61% 的企业表示已经有代际传承的计划，而这一数字在 2021 年的调查中为 30%，显然越来越多的家族企业开始重视代际传承的问题。

在 ESG 思维的融合方面，拥有家族办公室的企业展现了更强的前瞻性。其中 43% 的企业已经制定了自己的可持续发展策略，而在那些没有设立家族办公室的企业中，这一比例仅为 37%。这些拥有家族办公室的企业在家族治理上也表现得更为规范，这在一定程度上是因为它们代表的是更广泛的家族利益，他们更倾向于制订明确的"家族宪法"[②]和接班人计划。那么 ESG 到底与家族企业的代际传承有什么联系？为什么越来越多的家族重视 ESG 体系的建立呢？

家族企业与 ESG。家族企业与 ESG 的关系可以通过理解家族企业的三大要素来更加深入地探讨。这三大要素分别是商业、家庭和财富（见图 7-3）。

---

① PWC. Today and beyond: The next generation challenges the status quo of family business，PWC's Global NextGen Survey 2024［EB/OL］.（2024-01-15）［2024-01-20］. https://www.pwc.com/gx/en/services/family-business/nextgen-survey.html.

② 家族宪法是一个源自西方的概念，英文为 Family Constitutions 或者 Family Charter。

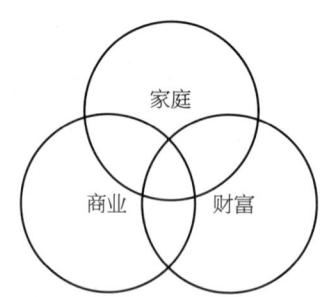

图 7-3　商业、家庭和财富三者的关系

首先,商业是家族企业的核心,它不仅决定着企业的经济活动和市场表现,也是实现价值增长和提升家族影响力的主要途径。在这一点上,家族企业与其他类型的企业相似,都需要通过有效的商业运作来保证持续的成长和盈利。

其次,家庭在家族企业中扮演着至关重要的角色。家庭不仅是由血缘或姻亲关系构成的社会单位,也是家族企业的情感基础和文化传承的核心。家族的凝聚力和价值观对于企业的长期发展至关重要。在家族企业中,选择和培养合适的继任者是确保企业稳定传承和未来发展的关键。

最后,财富是家族企业的基础和目标。它不仅是企业过去成功的体现,也是未来发展和扩张的基础。家族企业需要通过有效管理和财富增长来支持企业的可持续发展和提高家族成员的福祉。

在这三个要素的交织中,ESG 战略的重要性显而易见。通过实施有效的 ESG 政策,家族企业不仅能够在商业上保持竞争力和可持续发展,还能通过更强大的凝聚力更好地落实传承规划。同时,ESG 的实践有助于保护和增加家族财富,通过负责任的投资和运营实践,提升企业的长期价值。

因此,对于家族企业而言,ESG 策略是协调商业、家庭和财富三者关系,实现企业长期发展和家族财富顺利传承的有效方式。通过将 ESG 纳入企业文化和运营模式,家族企业可以在不断变化的商业环境中保持竞争力,同时为后代营造一个更加可持续的营商环境。

继承人的愿景。在企业继承问题上,ESG 正在逐步成为一个新的关键要素。ESG 体系对于继承人的影响是多方面的,如家族企业让年青一代积极参与 ESG 项目,积累工作经验,提升对社会和商业的认知,从而提升自己的影响力。

在普华永道的报告中,一位来自非洲的家族继承人讲述了自己的经历。这位继承人是非洲一位商人的女儿,正在英国伦敦上学。她的父母在2010年成立了家族基金会,主要为非洲的创业者提供投资机会。

与传统的金融和商业教育相比,她更加注重提升自己的分析能力和人际交往技巧。因此,她参与创建了一个名为Talk Africa的播客,用于传播有关撒哈拉以南非洲地区的社会经济不平等和女性主义等议题的想法和观点。她还担任了联合国"无限一代"青年行动小组大使,该行动是联合国推动的全球性项目,旨在支持边缘化社区的年轻人。

她认为,这些活动能够帮助自己提高能力,从而能够更好地适应并胜任基金会的工作。她希望利用这些经验作出更大的成绩。她认为,对非洲地区的回馈和帮助,不应当仅停留在提供救援物资的层面,还应当包括人才的引进、培育和人才梯队的建立,从而帮助当地人真正改善生活方式。

目前,这个基金会已支持了超过15000名非洲青年创业者,并在整个非洲大陆创造了超过40万个直接和间接的就业岗位。

继承人对ESG的认知对家族企业的传承和发展至关重要,这不仅体现在继承人个人职业规划和个人能力提升的层面,有时候还会涉及企业发展战略转型、调整,甚至会影响整个企业未来的命运。

继承人与企业战略调整。美国公司Leaf and Limb主要从事树木砍伐服务①,在家族二代接班的过程中,继承人巴斯尔·卡姆(Basil Camu)陷入了长期主义的难题中。

Leaf and Limb创始人科林·卡姆(Colin Camu)是南非人,在荷兰上完大学之后来到美国,并于1997年创办了公司,主营业务是帮助客户伐木。在2008年全球金融危机背景下,伐木服务的需求量大减,公司经营陷入了困境,他们开始思考业务转型的问题。业务量持续下降是一部分原因,而绿色环保和可持续发展理念的出现与发展,也让伐木业务在客户眼中的形象下降。

巴斯尔在继承公司的过程中开始以宏观视角思考这一议题,他意识到人类

---

① 公司官网,https://www.leaflimb.com/how-we-began/.

社会的发展是存在问题的，人类对自然无休止地索取带来的不仅是资源浪费，还有空气污染、土壤流失、可饮用水资源储量下降、生物多样性减少等全方面的问题。而树木将是这个困难问题的答案之一。通过种植和维护树木，以及普及大众教育，可以促进自然生态系统的恢复和发展。这种方式不仅对地球有益，而且可以带来商业收益。因此，他想以此理念为核心，调整公司发展策略。

在这一问题上，Leaf and Limb 虽然已经深刻意识到问题所在，但实际执行起来并不顺利。按照巴斯尔的计划，在未来几年内他们要彻底转变公司的业务方向，但截至 2015 年，砍伐树木的业务仍占公司总收入的 60%，到 2017 年这一比例下降到约 40%。令人遗憾的是，直至 2019 年，公司在这方面的转型仍未取得明显成效。巴斯尔不得不作出艰难的选择，直面作为公司领导者的责任，他下定决心要立即停止砍伐树木的服务。

这个决定首先需要与他的父亲达成一致，因为他的父亲作为合作伙伴，拥有同等的股权。他们之间建立了深厚的信任关系，但让一位创始人削减公司 40% 的营收，无疑是一个大胆、激进而又困难的举动。在父子俩坦诚、深入地沟通之下，他的父亲最终认同了这一决策。

之后，巴斯尔又与公司的 50 位员工沟通这一激进的变革，并最终获得了他们的支持。为此，他们召开了一次又一次的内部会议，进行了一轮又一轮的谈判与商议，最终在 2019 年 9 月，巴斯尔和他的父亲达成了共识，在 2020 年 1 月之前结束所有的砍伐工作，并正式宣布 Leaf and Limb 将完全退出伐木业务。

目前该公司已经建立了更加合适的业务体系，包括树木及灌木护理、修剪服务、种植服务、树木护理规划以及草皮相关服务。这家公司仍然以树木为主业，但是将自身的角色定位完全改变，从生态环境的破坏者转变成了一个可持续发展的服务者和供养者。这个转型过程对于企业来说并非一件容易的事，而从家族企业传承的角度来说，巴斯尔不仅成功地接手了企业，还帮助企业调整经营战略，重获新生。在这个过程中，他主要做对了三件事：

第一，从员工视角出发，提高企业的凝聚力和向心力，帮助改革顺利进行。巴斯尔非常注重员工的合法权益、安全和培训。不同于一些同行公司通过现金支付工资的方式来避税，或不给员工缴纳保险，Leaf and Limb 坚持按照法定标准保护员工的合法权益。同时，巴斯尔强调在企业转型期应当为员工提供充足的培训。他花费了7年来完善员工培训体系,确保每位员工在3~5年内完成全面的课程。新员工的前两周主要聚焦于职业安全和健康教育,确保他们在工作中的安全。之后,他们将经历10个不同级别的培训,直至成为合格的树木修剪专家。公司不仅为树木修剪师提供培训,还聘请了土壤和昆虫学方面的专家来指导工作并为销售人员提供定制化的培训。Leaf and Limb还承诺支付员工职业认证的生活补贴,并与社区内的非营利组织合作,共同推动社区商业的发展和提升员工的整体福祉。

第二,从客户需求出发,加强客户教育和长期培养。不同于消费类的行业,客户对自身需要有快速、明确的认识,生态行业的客户并不一定具有专业知识,或对可持续发展议题有深入洞见。基于这个理念,巴斯尔坚持向客户传达环保行动的重要性,即便这可能导致服务成本上升或者遭到客户质疑。他认为,一味地追求低成本而不综合考虑环保效益的客户不符合公司的发展价值观,因此不需要去刻意维护这部分人群。

他规定,想要砍伐健康树木的客户需负担种植两棵新树的成本。他还对公司使用的所有化学品进行了严格审查,排除了对蜜蜂和蝴蝶有害的成分,并推动使用有机物和可持续农业方法,如用自然覆盖物替代传统化学肥料。

巴斯尔后来也复盘了这段变革经历,他认为,当公司坚定地对外传达环保立场时,反而受到了客户群的强烈支持。虽然在最艰难的时候,他一度考虑将公司卖掉,但忠实客户成了最佳宣传者,他们在社区和朋友圈中积极地推广Leaf and Limb的服务,并自发形成了一个支持该公司的社群。于是Leaf and Limb就通过这个契机建立起了"粉丝圈",极大地提升了品牌形象和用户黏性。

第三,制定更加科学公正的业绩评价体系。对于许多公司来说,业绩评估通常依赖于营收增长这样的量化指标。然而,Leaf and Limb采取了一种更全面的评估方法。公司不仅关注财务成绩,还运用多种调查工具来深入理解员工的参与度和投入感。公司特别为其土壤复育服务项目设定了KPI,以确保销售团队的工作目标与公司的可持续发展愿景相契合。通过这种有组织的转型策略,Leaf and Limb致力于在员工成长、环境保护和利润三个方面之间找到平衡点。

另外,Leaf and Limb发起了Pando计划,这是一个社区志愿者植树项目,名称源于拉丁语中的"我扩展"。该项目的目标是向个人和机构免费提供本地原生树种，以降低市场上流行的外来树种对生态多样性可能造成的影响。通过与各方利益相关者及热心志愿者的协作，Leaf and Limb 有效地促进了当地生态系统的恢复和保护，展现了其对地球环境的持续关注和贡献。

Leaf and Limb 公司的业务转型过程是一个关于企业责任、环境可持续性与商业模式创新的典范。他们从传统的砍伐业务转型为专注于环境保护和可持续发展的企业，这一过程凸显了以下几个关键要素。

- **愿景与使命的重塑**。他们将公司的核心愿景和使命从单纯的利润追求转变为对环境的积极贡献。这种大刀阔斧的改革甚至推翻了之前已有的整个业务体系，因此对于传统企业来说，尤其是这种本身从事对生态有害的业务的企业来说，必须有足够的魄力和勇气去彻底颠覆传统的业务逻辑。

- **注重员工培训与权益保障**。员工在公司转型中扮演关键角色。通过提供全面的培训和安全保障，Leaf and Limb 提高了员工的专业技能和对公司使命的认同感。同时，规范管理和积极保障员工福利，不仅能够提高员工的积极性，而且能让他们更好地理解公司愿景。

- **客户教育与社区参与**。通过启动 Pando 计划等社区志愿者项目，公司不仅促进了环境的可持续发展，也让客户和社区成员理解并支持这一使命。他们的做法提升了公司在客户心中的价值和品牌忠诚度。

- **持续的业务创新**。在业务体系本身，公司也在不断探索新的业务模式和服务，如使用回收材料和绿色技术，提供乔木和灌木修剪与维护服务，不仅减少对环境的影响，还可以开辟出更有附加值的业务。

对其他企业而言，Leaf and Limb 的转型过程提供了以下几点启示。

- **长远视角**。企业可通过重新定义核心价值观和商业模式，以适应全球环境变化和市场需求。

- **持续创新**。不断探索和采纳可持续的实践与技术，为企业带来新的增长点。

- **员工与社区的参与**。积极参与社区活动并投资于员工培训，可以提高员工的归属感和产品／服务的社会影响力。

- **品牌价值与社会责任**。将企业社会责任纳入商业策略，有助于建立良好的品牌形象和提升市场竞争力。

代际传承的另一条出路。对于家族企业来说,代际传承问题其实和企业本身的可持续发展是密不可分的,但有时候需要继承人自己作出一定的判断。普华永道的调查报告中有这样的案例[①],一名中国香港的企业继承人表示自己希望走出家族企业所在的房地产行业看一看,因为房地产行业的盈利模式依赖于资本运作以及对于土地买卖的决策,因此,对于个人核心能力的培养而言,在房地产行业历练得到的提升是比较有限的。因此他在留学美国之后,选择了自主创业,目前已经有3家公司的创业经历。2018年,他选择在中国香港创办一家科技公司,通过应用光催化技术,生产触光即激活的持久性自然抗菌产品,其中包括一种自净型涂料。这位家族企业继承人之所以选择走出去创业,除了出于个人兴趣和个人能力提升的考虑,他也希望自身的努力能够得到家族的认可,同时通过自己的不断探索为家族企业开拓更多新业务,从而提升家族美誉度,促进家族企业本身可持续发展。

这位家族企业的"继承人"实际上提供了家族企业传承的另一种出路,不再是以往子女继续担任公司管理者的做法,而是通过继承人个人的创业经历和事业成就,从外部增强家族企业的实力。这种做法意味着继承人不是简单地延续家族企业的既有路径,而是在个人发展的基础上,以新的视角和经验来丰富和强化家族企业。

这样的传承模式具有多重优势。首先,它允许继承人在不同的商业环境中积累独立的经验和技能,这些经验在回归家族企业时可以转化为新的思路和策略。其次,它在外部建立个人品牌和声誉,继承人可以将这些正面影响带入家族企业,提高企业的市场知名度和竞争力。再次,它鼓励创新和适应性,因为继承人在外界的成功往往需要他们不断学习和适应不断变化的商业环境。最后,它还强调了个人成就与家族传统之间的平衡,让继承人有机会在尊重家族价值观的同时,也能实现个人职业目标和抱负。这不仅有助于维持家族团结和延续,也为家族企业的长远发展注入了新的活力。通过这种模式,家族企业可以更好地适应快速变化的市场环境,同时保持其核心价值和传统的连续性。

---

① PWC. Today and beyond: The next generation challenges the status quo of family business, PWC's Global NextGen Survey 2022［EB/OL］.［2024-01-20］. https://www.pwc.com/gx/en/services/family-business/nextgen-survey.html.

在家族企业 ESG 目标的落地方面，这类"外部经验、迂回继承"的创新模式也有其优点。

家族企业的"继承人"模式在实现 ESG 目标方面具有重要意义。继承人通过在外部的经历和成就，能够为家族企业引入新的环保技术和可持续的实践经验，帮助企业减少对环境的影响，如采用清洁能源和提高能源利用效率。此外，他们的社会见解有助于企业在社会责任方面的发展，如通过公平贸易和社区投资提升社会价值。在治理层面，继承人可以利用外部积累的管理经验，改善企业的治理结构，增加透明度和道德规范。同时，他们的创新精神和适应市场变化的能力对于企业应对环境和社会挑战，寻找新解决方案至关重要。此外，继承人的个人声誉和成功也有助于强化家族企业的品牌形象，尤其是在实现 ESG 目标方面，这不仅提升了企业的市场地位，也有利于吸引投资者、客户和人才。综上所述，这种模式不仅维护了家族企业的传统和价值观，还在 ESG 领域取得了实质进展，为社会和环境带来更广泛的效益。

ESG 与创新投资

家族办公室对 ESG 的重视程度有所提升。目前这一趋势主要体现在以下几个方面：

- 家族企业开始将资金流向那些致力于 ESG 方面的非营利组织、传媒集团和科研机构。
- 运用家族资金创建全球性的生态基金，参与碳平衡和碳排放交易相关的市场活动。
- 在家族的财富管理策略中，增加对 ESG 相关项目的投资比重或采用与 ESG 相关的投资策略。
- 提升家族慈善事业在推动资本投资回报方面的作用。

在资本市场中，有限合伙人对普通合伙人具有高度影响力。全球著名的机构投资者，包括主权财富基金、公共退休基金和大型保险基金等，通常追求长期稳健的回报。基于这个出发点，这些机构投资者在其投资决策中越来越多地采纳 ESG 因素，目标是实现可持续的财务回报和正面的社会环境影响。

家族企业在这方面不甘落后。它们不仅关注自己业务与 ESG 投资的联系，还关注对应的社会责任，许多家族办公室已开始积极行动。特别是在领先的家族中，它们对 ESG 的理解超出了传统的捐赠和支持，不仅注重科学和系统化的实施路径，还推动着企业内部的投资理念的落地。

在中国，一些领先的家族办公室在谈及 ESG 投资时展现了强烈的自信。它们自豪地认为自己站在探索和创新的前沿，秉持着全球视角和长远的耐心，它们主张以资本向社会作出回馈，目标是实现财富的良性循环和跨代传承。

此外，一些单一家族办公室的合伙人强调，在投资决策中，他们致力于"以责任实现使命"，积极地执行家族资本的社会责任和 ESG 投资。这些家族不仅在 ESG 投资方面加大了投入力度，而且希望在这一领域实现更广泛的发展和影响。

ESG 投资的内核。 ESG 投资的基本理念看起来浅显易懂，但是实际操作起来并不容易，因为仅靠理论上的指标难以平衡市场透明度和投资价值追踪。家族办公室在面对热火朝天、日新月异的 ESG 投资时，并不容易确定业绩的可持续性以及成熟的投资标的评估标准。特别是在确定家族资产配置的比例时，更是如此。为此，选择 ESG 投资项目和确定基准业绩的准则是至关重要的。

家族办公室可以事先为基金经理制定相对明确的投资方向或者投资范围，确保投资项目符合家族价值观、家族的中长期需求，并优先选择那些已经细分到特定行业的项目。此外，投资决策过程中应将 ESG 目标纳入考量范围，确保投资策略已经考虑了这些因素。

当家族办公室直接持有某些股票或基金时，对这些上市公司的 ESG 评级和资本市场的评价进行深入研究变得至关重要。为了确保家族资本在执行 ESG 投资策略时达到国际标准，执行团队需要考虑的事项包括制定清晰的投资目标和时间框架、与主要利益相关者（如家族成员、董事会和监督机构）达成共识、招募适合的人才以及建立有效的组织机构。因此，选择专业机构进行投资评估和价值判定显得尤为重要。

洛克菲勒家族办公室 ESG 经验。 洛克菲勒家族办公室在 ESG 投资领域是先行先试的创新者。自 20 世纪 70 年代起，它便强调在投资决策中并行考量伦理、社会和经济三个维度，而不是单纯地考虑财务因素。洛克菲勒家族办公室专注于寻找既能带来财务收益又对社会有益的投资机会，尤其重视那些既能产生持续性回报，又能对公司长期运营产生积极作用的投资标的。最初它可能并没有正式使用"ESG"这个词，只是从意识层面认识到多维度考虑的重要性。后来，它建立了独特的思考模型，主要包括四个方面的要素：治理、产品与服务、人力资本管理和环境责任，以此来评估企业在ESG方面的绩效。该方法的目标是在追求财务回报的同时，综合考虑企业对社会的长期性影响。其具体做法主要包括：

- **治理层面的深入审查。** 对企业的高层管理团队和董事会进行综合评估，专注于他们的能力、诚信度、透明性和责任机制。此外，也会考察董事会的人员组成、职能结构、运作的独立性、价值理念的多元化、信息披露的效率和透明度，并尽可能量化这些因素对企业整体运营的影响。对于大型企业，它还会以全球视角为切入点，特别关注企业所在国的本地化水平和经营状况。

- **产品和服务层面的细致评估。** 集中分析那些商业运作、产品构思和生产方法与全球持续增长目标相吻合的企业。深入探讨这些公司在市场策略、客户互动和供应链透明度上的表现。

- **人力资本管理层面的考察。** 关注公司在处理人力资本方面的策略，因为合理的薪酬管理、绩效管理及激励机制对员工的工作动力有极大的影响，从而影响企业的未来发展。因此它会对公司在经营场所管理、员工合法权益保障、促进工作环境多样性和培养良性的员工关系等方面进行深入评估。

- **环境责任层面的评估。** 深入分析公司如何应对气候变化的全球性挑战，特别是在向可持续、低碳经济模式转型的过程中所采取的步骤和策略。这包括实施减少温室气体排放的环境友好措施。同时，执行团队还要从产品生命周期的角度来评估企业在设计、生产制造、运输、销售等不同环节产生的影响。

ESG 的六大投资策略

根据学者金希恩的研究理论[①]，ESG 投资策略可以分为六大类，这些策略并非互斥的关系，投资人可以根据实际情况，选择不同类别进行组合（见图 7-4）。

---

① 金希恩. 全球 ESG 投资发展的经验及对中国的启示 [J]. 现代管理科学，2018（9）：15–18.

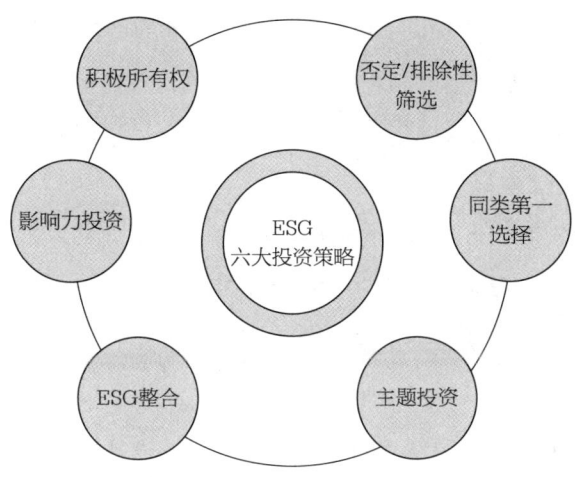

图 7-4　ESG 六大投资策略

- **否定/排除性筛选**（Negative/Exclusionary Screening）。这是一种以否定思维为出发点的选择方法，通过排除那些违反伦理和道德标准的投资标的或公司，投资者能够框定符合社会责任原则的投资范围。例如，投资者可能会避免投资于涉及生产酒精、烟草或赌博性质服务的企业，或者那些侵犯人权和忽略环境保护的公司。这种方法不仅重视财务回报，也考虑了企业的社会和道德影响。由于此类方法准确度高，目前主流的投资机构均会采用此策略。

- **同类第一选择**（Best-in-class Selection）。该方法又被称为肯定筛选策略。该方法采用以环境绩效、社会贡献和优质公司管理为核心的 ESG 标准进行投资。该方法致力于挑选符合相关标准，或者在特定领域内出类拔萃的企业，从而构建一个积极投资组合。该方法关注于识别那些在社会和环境领域有积极表现的公司，而不是单纯基于财务数据，体现了一种更全面和积极主动的投资理念。

- **主题投资**（Thematic Investing）。主题投资策略专注于选择那些在 ESG 具体业务范畴内具有显著增长潜力的特定行业或企业。举例来说，在环保方面，该策略可能会选择专注于水资源优化、废物回收利用、发展可再生能源、应对气候变化与环保技术及设备开发的企业。在社会责任方面，主题投资可能倾向于投资住房建设、教育创新和医疗保健系统的改进。而在公司治理方面，这种投资方式可能会寻求那些致力于提高内部透明度和增强董事会多元化的公司。

- **ESG 整合（ESG Integration）**。ESG 整合是指在资产估值时，把 ESG 项目进行拆解，并且明确可能存在的机会和风险，并在财务分析、尽职调查等具体工作中，全面考量这些定性或定量因素，从而尽可能客观公正地评估投资标的，并实现 ESG 目标。

- **影响力投资（Impact Investing）**。专注于为那些具有显著社会正面影响的公司提供资本，影响力投资的财务回报有时候会低于一般市场水平。这种投资策略有时候会在社会企业初创时期发挥关键作用，因为它能给企业带来方向上的引导。

- **积极所有权（Active Ownership）**。该方法包括主动参与那些符合 ESG 标准的公司的决策过程，从而通过实际举措帮助提升企业的经济和正面的社会效应。其具体做法包括投资者在公司年会上充分利用投票权参与 ESG 相关议题的决策；与公司高层就 ESG 议题展开深入交流并就方向性问题达成长期共识；主动发起股东动议，推动相关项目的落地；召集特别股东会议，并通过新闻媒体宣传公司 ESG 相关的举措和事件。

ESG 与影响力投资

在这六大投资策略中，影响力投资受到家族办公室高度重视。随着家族企业和家族办公室对影响力投资的了解加深，这种投资方式越来越被视为一种促进家族成员之间跨代交流和价值观共享的有效工具。国际案例证明，培养家族成员对慈善事业和影响力投资的共同兴趣，有利于加强家族内部成员之间的纽带和共鸣。同时，将 ESG 原则融入风险投资教育已成为教育家族下一代的关键策略。这不仅能帮助他们理解社会责任投资的重要性，还在实践中提升了他们运用这些原则的技能。

以德国著名的月季育种专业家族办公室——科德斯家族办公室为例，它在全球创立了影响力投资专项家族基金会，该基金会遵循 ESG 投资框架，致力于帮助解决全球范围内女性所面对的困难状况，并尽量帮助遇到困难的女性改善生活及工作条件。科德斯家族的这一实践为其他家族办公室提供了重要的参考价值，特别是对于正在考虑 ESG 投资但缺乏实操经验的家族办公室。科德斯家族办公室的实践经验表明，ESG 投资能够有效地将社会责任和商业目标相结

合,并帮助解决特定的社会问题,虽然是专项行动,但是能产生长远的社会影响。它的经验主要包括:

第一,引入外部的专业机构,"专业人做专业事"。在实施影响力投资策略方面,许多家族办公室会选择聘请外部专家,通过专业指导来规避复杂问题和相关风险。对于这些家族来说,独自解决特定问题或适应影响力投资市场角色并非易事,通常这个过程需要团队进行长期的专业学习,并积累不同领域的实践经验。相对于传统的慈善方式,将家族愿景转化为具体的投资策略更具挑战性。

科德斯家族办公室在这方面提供了有力的实践经验。在建立家族基金后,它开始与影响力投资咨询公司 Alpha Impact 合作。这些咨询公司在多个方面辅助家族办公室,包括:

- 帮助明确家族的愿景和目标,真正了解自身的需求;
- 制定适宜的投资策略和成员激励机制,激发团队活力;
- 提供投资过程全流程的引导、支持和后期复盘服务;
- 执行尽职调查、监控投资表现,并提供专业报告;
- 提供宝贵的资源和行业人脉资源。

科德斯家族办公室同这家咨询公司的合作已经持续了 6 年。它在投资管理、投资机会评估与策划、投资行情监控和后期报告等方面获得了该公司全方位的专业支持。随着影响力投资细分赛道的快速成长,科德斯家族能够及时获取有效的交易策略和最新的市场信息,维持在该领域的领先地位。当然,对于其他有同类需求的家族来说,对外部公司可信度的判断以及长期合作机制的建设仍然是较大的挑战。每个家族的情况不一样,因此其他家族并不能完全照搬科德斯家族办公室的成功经验。

第二,平衡社会影响和企业回报。科德斯家族办公室在影响力投资方面的做法打破了市场上存在的一个普遍误区,即追求社会影响必然导致投资回报的减少。它认为,在进行影响力投资时,完全有可能实现社会影响和财务回报的双重目标,因为二者并非对立的关系。对于刚涉足此领域的投资者来说,要意识到影响力投资不是单纯关于社会责任的行动,它本质上仍然是一种投资行为,应当遵守投资的基本规律和准则。科德斯家族办公室在设定影响力投资组合的过程中,注重实现风险与回报的平衡,确保投资与它对于不同资产类别的风险是相符的。比如,在债券市场上,它力求在保持投资回报的同时,提升其在社会和环境层面的影响力,从而证明影响力投资可以同时满足财务和社会责任的目标。

第三,将影响力投资的意义扩大到金融业务之外的维度。科德斯家族办公室通过其影响力投资的做法展示了金融投资的更深远意义。它的投资决策超越了传统的财务收益考量,更注重"超越金钱的价值"。它不断地思考如何能够真正帮助到更多的社会大众,以及如何实现更具有普遍意义的社会进步。

在实践方式上,科德斯家族办公室特别强调合作的必要性,尤其是面对全球性的挑战时。它认识到,解决这些问题需要更广泛的团队合作和集体努力。

科德斯家族办公室的讨论出发点常常会简化为一点:如何实现真正的社会影响。这不仅是关乎财富的增长,而且涉及提高生活质量、对行业的贡献、建立稳固的人际关系等多个维度,以及对社会的正面影响。它的投资目标是以资本的力量带来社会的长期进步。

ESG投资存在的争议

虽然ESG投资已经受到投资界乃至社会大众的重视和认同,但就ESG与投资决策、公司运营的关系而言,业内仍然存在一定的争议。比如,沃伦·巴菲特就持有不同观点,他认为社会和环境责任不应由企业和投资者来承担,企业的核心目标应该专注于股东收益最大化。他认为,公司成立和运作的资金与资源都来自股东,因此管理层的任务应当是增加股东的价值,而不是拿着投资人的钱去做社会福利事业。另一项争议点在于,由于ESG相关的投入往往是长期性的,可能在短期内无法为LP取得回报。因此,即使ESG体系已经在世界范围内逐步推广和普及,仍有不少人乃至家族企业对ESG的实践持疑虑或反对态度。

不过针对第二种看法,一些ESG的支持者也给出了反馈,他们认为即使ESG及相关投资策略不能在短期内带来回报,至少也能起到"排雷"的作用。

研究表明,投资界正逐渐意识到,将ESG各个要素纳入评估过程,对于实现长远盈利及防范潜在风险至关重要。通过引入ESG指南到投资策略中,机构投资者能够更有效地分析、管理和评估投资组合的风险,并降低市场波动的影响，从而提升长期财务能力。

ESG 的价值为分析企业的全方位运作提供了一个框架，帮助投资者在投资时能够更全面地识别和管理风险，同时发掘更有利的投资路径。投资者们能够通过对被投资的公司进行深入而全面的评估，确保投资收益的稳定性和可靠性。

ESG 的全球趋势

随着 ESG 概念的不断普及和提升，全球各行各业对 ESG 的认知正在不断提升，越来越多的企业正在加入 ESG 的行动中。从整体上而言，ESG 的发展呈现出以下九大主要趋势。

趋势一：ESG 的普适性提升，发达国家率先采取行动。在全球层面上，对 ESG 的关注正在迅速形成一个普遍共识，并进入一个加速增长的新阶段。值得注意的是，近几年全球范围内关于 ESG 的行动变得更加频繁和深入。

在 ESG 数据的公开方面，发达国家正在建立统一标准。例如，国际可持续发展准则理事会推出了全球性的 ESG 信息披露标准，目的是确立一个全球统一、便于执行的标准。

欧盟正在积极强化其 ESG 政策，并确立了更加严格的标准来促进环境保护，同时各国也在加强对发布虚假或误导信息的企业的监督，以避免各种钻空子的行为。这种措施不仅提升了先进国家在 ESG 议题上的主导和主动性，同时对发展中国家在参与全球贸易、海外投资和上市等方面设置了更高的门槛，从而客观上让发展中国家的企业在全球扩张的过程中面临更大的合规挑战。

近年来，中国在 ESG 方面取得了显著进展，其投资规模迅速增长，监管策略陆续推出，评估体系稳步前进，学习研讨及对外交流活动也频繁进行。企业对 ESG 的认知程度快速提升，积极参与 ESG 信息披露的比例也在持续增长。然而，与发达国家的成熟 ESG 体系相比，中国仍存在一些不足。比如，中国尚未与全球统一报告体系保持同步，国内外 ESG 体系和标准之间存在较大的鸿沟。在信息披露方面，中国仍然需要持续改进信息披露要求，建立既符合国际准则又适合中国经济特征的披露标准，以推动企业的高质量成长。

趋势二：越来越多的投资机构关注 ESG 投资及相关议题。随着 ESG 议题的研究和落地不断深入，相关的基金及产品正在逐步走向市场，但是在具体举措和实施方式上，不同机构之间仍然存在很多差异。

首先，就"符合可持续发展标准的企业"的标准和定义而言，ESG 研究机构的看法未能达成统一，这就带来了一个难题：在作投资决策时，某家机构认为符合 ESG 标准的投资标的，而另一家机构可能并不认可。换句话说，真正认定一家符合 ESG 标准的企业仍然是非常困难的。

其次，在综合 ESG 指标评级上获得高分的企业，也不一定就能获得较高的财务收益，因为它们仍然可能在某些具体环节上有所欠缺。这种评价方式显然是有巨大"短板"的，但这不完全是研究机构的责任，因为 ESG 评价体系往往将多个复杂因素合并为单一评级，这个过程中机构常常会忽略部分实际情况。

最后，尽管投资者越来越重视 ESG 体系，但仍然会看重财务汇报。因此，在 ESG 投资行为中，重点信息披露是相当重要的。

趋势三：大型企业领跑零碳项目，绿色贸易开始普遍发展。越来越多的上市公司积极投身于 ESG 信息披露工作，因为投资者越来越关注 ESG 问题，而消费者也逐渐接受了更多的市场教育，开始关注企业本身的 ESG 举措。未来这些大型企业在 ESG 项目实践、企业治理及信息披露方面将起到更加广泛的领头作用。

这些规模较大的企业将发挥其在行业内的强劲影响力，借助龙头地位及高韧性的供应链网络，来推进环保标准的改进和零排放技术的发展。它们在商业决策和遵循规范方面将对广大的供应商乃至整个产业链的合作伙伴产生深刻影响。

在追求经济增长与环境保护二者平衡的思潮下，绿色贸易的概念也正在被越来越多的人士接受和推崇。绿色贸易促使企业提供更多环保的产品和服务，积极转型走上可持续发展的道路。通过采用绿色贸易的理念，企业能够在保持经济效益的同时，减少对环境的负面影响，从而实现对资源的更高效利用和更低的碳排放。这种转变不仅有助于改善环境质量，还能为企业带来新的增长机遇，满足消费者对环境责任和可持续产品的日益增长的需求。随着全球对环境保护的重视程度不断提高，绿色贸易显得越发重要，它不仅代表了一种商业趋势，还是一种社会责任和环境保护相结合的全新思维方式。

趋势四：越来越多的资金愿意流向 ESG 相关赛道。在 ESG 知识普及和实践经验积累的推动下，ESG 项目的吸引力正在不断增强。这些项目包括可再生能源相关解决方案、提升能源效率、优化废弃物管理和资源循环、高效管理水资源、发展社区服务和基础建设、实施可持续的农业实践、减少碳排放、促进社会平等与劳工权利保护、推进科技创新等多个方面。

这些项目对于优化能源消耗效率、推广资源的循环再利用、提升居民区的环境质量、助力社会公平及促进环境可持续发展起着决定性作用。正是因为 ESG 项目带来各种层面的利好，投资这些领域往往能获得超过传统投资方式的回报，从而吸引如政府资金、私企投入、多种投资基金及绿色债券等多元化资本。

绿色债券因其特定的用途目标、资金来源的多样性和资金流向的透明度，在全球范围内获得越来越多的企业支持和应用，从而实现了规模和结构上的快速增长，并且预计在未来将进一步扩大其影响力。

在资金投放选择上，绿色债券更偏向那些能够带来显著环境效益的项目，如推进可再生能源、提升能源利用效率以及废物管理和资源循环利用的项目。

趋势五：ESG 投资日益受到资本市场关注。全球对 ESG 的关注在资产管理领域迅猛增长，促使 ESG 投资成为金融市场的关键部分。众多研究表明，公司在 ESG 方面的出色表现与其盈利能力、创新实力和风险管理能力紧密相连。这表明投资者在追求环境保护、社会责任和有效公司治理的同时，也有望获得可观的投资回报。

趋势六：对 ESG 的监管开始受到重视，标准差异影响 ESG 投资推广。全球对可持续发展的关注日益加强，各国或地区正在加速发展和调整自己的 ESG 评估框架和规则，这标志着 ESG 标准演变的重要阶段已经到来。不同市场的不同监管框架可能会造成 ESG 投资推广难等问题。

在未来 ESG 的全球发展过程中，特别是在发展中国家，环境友好型投资将更加注重提升基础设施的环保效能，如加强水资源的管理和减少空气污染，目的是改善居民的环境条件和加强环境治理。

在制定和实施统一的 ESG 监管标准的过程中，领导者必须考虑不同国家和地区在环境、社会以及公司治理方面的特殊需求和重点方向，确保这些标准能够真正帮助解决普适性的问题。

目前，由于多种 ESG 评价体系之间存在差异和冲突，引发了市场上的混乱局面和一定的不确定性，但从更长远的视角来看，包括政府机构、商业实体和投资界在内的所有相关方均需展现出适应性和开放性。积极的参与和合作有助于推动ESG在全球范围的稳定发展和进步。

趋势七：更多企业在战略层面践行ESG体系。当前，虽然越来越多的企业开始意识到将ESG整合到其发展策略中的重要性，但真正执行这一策略并通过ESG达成商业和社会目标的企业还相对较少。大多数企业仍然把ESG视作满足政府和社会要求的一项任务，缺乏对ESG商业潜力的充分认识，并且不能坚定地把ESG因素融入它们的长期发展规划中。

随着时间的推移，无论是因为外部压力还是内部动力，越来越多的公司开始把ESG纳入公司战略，并且以创始人或高层管理者的角度去牵头落地ESG项目。与此同时，ESG的社会效应也将日益凸显，如通过公司品牌、企业家形象、消费者认知等方式，企业将从ESG的各个维度获得更多的正面反馈。

从消费者、投资者到政策制定者的视角来看，他们通过选择消费产品、资本投资或实施政府政策来支持在ESG上表现优异的公司。这样的社会认同正在激励更多企业积极采纳ESG，并形成积极的循环效应，从而增强了企业将ESG作为其发展策略核心部分的动力。

趋势八：ESG将与各关联方联系更紧密。企业、政府、公众对ESG的期望和认知是不同的。各关联方从不同角度、用不同的方式参与ESG议题，通过消费模式、行为路径选择以及投资策略，正在积极推动ESG策略的实施。

譬如，对于投资者来说，他们重视ESG在长期财务表现和风险调控方面的作用；对员工而言，他们关注的是职场中的机会平等、安全的工作环境和自身合法权利的有力保障；消费者和客户则偏向于支持那些积极从事环保项目、承担社会责任的企业；供应商和产业链上下游企业更加看重商业伦理、行为规范以及环保合规管理等；当地小区和居民注重企业对当地日常生活及社区的影响，以及带来的长期性的变化；政府和监管机构通过立法和制定规则来让企业遵从ESG规则，以此来推进社会和环境以正确的方式长期发展。

这些不同利益相关方不同的期望和关注点对ESG标准的制定和执行产生了重要影响，而他们本身的参与度也在不断提升。

趋势九：新技术助力ESG实践。在现代技术的加持下，特别是大数据技术的应用，ESG数据的获取不再仅依赖于企业公布的财务信息和ESG报告，而是朝着更广泛、更多元的维度发展。

利用最新的人工智能技术，如自然语言处理、机器学习以及深度学习，可以实现对重要数据快速而准确的抓取和分析，这对识别ESG领域的风险和机会至关重要。随着这些技术的不断发展，我们将迎来一个更加精确、全面、及时的ESG评价框架。通过人工智能和大数据的应用，对ESG的评估和相关的投资决策将变得更加普遍和高效。

总而言之，ESG正在成为全球发展的一个主要趋势。虽然在全球范围内ESG的普及仍存在一些挑战和不确定性，但它在企业运营和投资决策中的重要性正在稳步增长，这一趋势似乎将继续加强。

全球企业的ESG实践。成立于1996年的百乐嘉利宝（Barry Callebaut）[①]是由位于比利时的Callebaut和法国的Cacao Barry两大公司合并而成的，其总部位于瑞士苏黎世。该企业的核心业务包括从可可豆原料采购、加工到巧克力生产在内的各个环节。它向包括工业食品制造商、餐饮与烘焙行业专业人士及消费品制造商在内的各种食品企业人员提供服务。

百乐嘉利宝的前身之一法国百乐（Barry）成立于1842年，因此百乐嘉利宝已经积累了超过150年的行业经验。同时，在漫长的岁月中，它一直与时俱进，以强大的研发创新能力，力求在高品质巧克力和可可产品领域维持全球领先地位，并推动整个巧克力行业的创新及其可持续性发展。如今，该公司在全球40多个国家设有66个制造工厂和24个巧克力学院，其产品远销全球100多个国家。

百乐嘉利宝对ESG有深刻的认识[②]，并且在企业经营管理的过程中积极践行ESG准则。它的策略包括制定长期主义目标、加强内外宣传教育、建立以客户为中心的解决方案和卓越的运营实践。

百乐嘉利宝在推广和教育活动上致力于成为行业典范，通过发布白皮书等

[①] 175年甜蜜传奇，全球可可和巧克力原料巨头百乐嘉利宝是谁？［EB/OL］.（2023-06-27）［2024-01-20］. https://www.foodtalks.cn/news/39725.

[②] Barry Callebaut.Forever chcolate progress report 2022/23［EB/OL］.（2023-09-30）［2024-01-20］. https://www.barry-callebaut.com/en/group/forever-chocolate/sustainability-reporting/download-center-progress-report-202223.

方式对外宣传公司的实践经验。这些白皮书帮助它的团队在科特迪瓦乃至整个西非地区采用创新的可可种植方法。在为客户提供解决方案的过程中，百乐嘉利宝始终将客户的需求置于核心位置，并定制适应性项目，以多样化的方式满足不同的客户需求。

在运营方面，百乐嘉利宝将其卓越成就归功于来自可可产区的1600多名员工，他们是团队的核心，因为他们在孜孜不倦地贡献自己的专业技能和独到见解。作为全球领先的可可产品和巧克力供应商，百乐嘉利宝努力在供应链的每一环节都达到最佳水平，并有效地扩展关键业务范围。在公开信息方面，它也致力于保持透明度和准确性。

在具体项目上，百乐嘉利宝致力于帮助当地农户脱贫致富，根据早期制定的目标，公司计划在2025年帮助供应链中的50万位农户脱离贫困。到2030年，其上下游的供应方及相关合作伙伴都将采用创造性的种植模式，实现独立营收。百乐嘉利宝通过改良科特迪瓦和西非的传统农业模式，来提升可可种植效率。其核心策略是增加小规模农民的产量，帮助他们通过提高作物产量、扩大农业面积和提升市场价格来改善生计。鉴于许多可可农户面临资金短缺的问题，公司积极为他们提供必要的支持，如补贴农业投入品、提供财务援助等，以增强他们的生产力和收入，从而促使他们走向可持续的生活方式。

在生态环境方面，百乐嘉利宝以森林为依托，积极发展绿色供应链。它的中长期目标是到2030年，实现企业的碳足迹脱碳；到2050年，成为一家真正的净零公司。为坚守对生态保护和稳定的坚定承诺，百乐嘉利宝致力于构建对森林有益的供应链，并致力于降低碳排放量。因此，公司设定的目标不仅包括实现零森林砍伐的供应链和采购策略，还包括长期且大规模的森林保育行动。同时，它还通过提升适宜区域内的可可种植效率，来促进农户的经济增长，减缓气候变化的影响，保持生态平衡，恢复农田的生物多样性。

第 8 章

金融科技与家族办公室

科技发展：金融科技的理论与应用

金融科技的发展是数字经济时代金融发展的必然趋势。金融科技以大数据、人工智能、区块链、云技术等前沿技术为体系，并与金融业务相结合，在各个不同的业务场景中发挥不同的作用。金融科技的主要应用场景涵盖五大领域：支付结算、信贷与融资、保险业务、投资管理和市场辅助服务。

近年来，随着这些技术的不断成熟、应用面不断扩展，金融科技正在引领金融市场和服务进行重大革新，并带来新型的商业模式和服务模式，包括数字银行、在线支付、线上信贷、虚拟货币、数字货币、网络保险等创新金融服务。

金融科技的发展有望极大地提升金融服务的效率，降低成本，并对金融行业的主流业态产生显著影响，重塑金融市场的格局，并成为未来分析和管理金融稳定性的重要影响因素。截至目前，金融科技已经拥有普遍的应用场景和大量的使用案例。

- **移动银行和支付应用**。金融科技推动了移动银行应用的发展，用户可以通过智能手机进行转账、支付账单和管理财务。例如，支付宝等手机 App 能够让个人之间的转账变得快速和方便，各大银行自研 App 极大地减少了用户实地前往银行办理业务的次数。
- **在线贷款平台**。在线贷款平台如 Lending Club 和 Prosper 让用户能够远程申请贷款，无须访问传统的银行机构。这些平台使用算法来评估贷款申请人的信用风险，在极大地缩短贷款审批时间的同时，更加全面、科学地评估交易风险，有效地保障了供需双方的合法权益。

- **机器学习与风险管理。**金融机构正在使用机器学习算法来识别欺诈行为、评估信用风险和进行市场分析。这些先进的算法可以从大量数据中提取有用数据，帮助金融机构作出更明智的决策，如反洗钱 App 能够帮助银行识别异常交易，极大地提升了监管效率。

- **区块链技术与金融科技。**区块链技术通过不可篡改的分布式账簿记录交易，确保了数据的透明性，减少了信息不对称的问题，同时使用加密技术来保护交易信息，能够帮助提高交易的透明度和安全性。例如，以区块链技术为底座的比特币和其他加密货币提供了一种去中心化的支付方式。

- **智能投资顾问：**被称为"Robo-advisor"的智能投资顾问，如 Betterment 和 Wealthfront，利用算法为用户提供投资建议，自动管理投资组合，进一步简化了投资流程、提升了投资者黏性。

金融科技发展的三个阶段。金融科技的发展和应用伴随着互联网的快速发展和普遍应用，可以大致分为三个阶段（见图 8-1）。

移动互联网时代
1.智能手机和移动设备的普及推动金融科技焦点向移动支付和应用转变。
2.出现了移动支付解决方案。
3.银行和金融机构推出了移动应用，提供即时的账户管理和金融服务，提高了金融服务的效率和用户体验。
4.金融科技发展的根本动因是满足更多元化的需求，而不仅是将在线服务从PC端"移动"到移动端

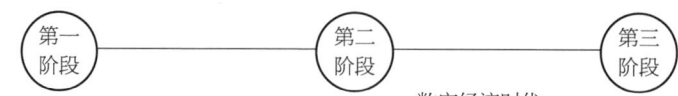

互联网时代
1.金融科技初步以互联网为基础。
2.重点是将业务流程线上化。
3.提供了基本的在线金融服务，如账户查询、转账和支付。
4.金融机构建立了网上平台，使客户能够进行金融操作。
5.出现了在线交易平台，如E-Trade，方便个人投资者进行股票交易

数字经济时代
1.技术为底层、数据为中心：金融科技正朝着以技术为基础、以数据为核心的发展模式转变。
2.先进技术驱动：大数据、人工智能、区块链和云计算等先进技术大量使用。
3.个性化服务：利用大数据分析客户历史投资行为，以匹配更适合的金融产品或投资方案。
4.风险防范和控制：新技术提高了风险评估和欺诈检测的准确性和效率。
5.与其他领域相互连接。
6.电商平台的创新

图 8-1 金融科技发展的三个阶段

第一阶段是互联网时代。金融科技的初步发展以互联网为基础，发展的重点和核心是业务流程的线上化。比如，提供基本的在线金融服务。这一时期，金融机构首次建立了网络平台，允许客户通过互联网进行账户查询、转账和支付等操作，这大大方便了用户的日常金融活动。同时，出现了像 E-Trade 这样的在线交易平台，使个人投资者能够直接在网上购买和销售股票，这一时期的金融科技主要是将传统金融服务数字化，提高其可访问性和便利性。

第二阶段是移动互联网时代。随着智能手机和移动设备的普及，金融科技的焦点转向了移动支付和应用。移动支付解决方案如 Apple Pay 和 Google Wallet 的出现，使用户能够利用移动设备进行便捷的支付和交易。此外，银行和金融机构推出的移动应用，提供了即时的账户管理和金融服务，使得用户能够随时随地处理自己的财务问题，大大提高了金融服务的效率和用户体验。但仅将在线服务从 PC 端"移动"到移动端并不是主要目的，金融科技发展的根本动因是为了满足更加多元化的需求。

第三阶段是数字经济时代，随着数字经济时代的到来，金融科技正转向以技术为底层、以数据为中心的发展模式。大数据、人工智能、区块链和云计算等先进技术能够让传统的金融机构提供更加个性化的产品和服务。比如，利用大数据对客户历史投资行为进行跟踪和分析，推导出投资偏好和风险承受能力，从而为之匹配更加适合的金融产品或投资方案。

在风险防范和控制方面，这些新技术也让风险评估和欺诈检测变得更加准确、高效。比如，区块链技术不仅催生了加密货币的兴起，还通过各种智能合约，在金融交易透明度和安全性方面发挥了重要作用。

除此之外，全面数字化时代的金融科技，并不仅服务于金融行业或具体的金融业务，而是与其他生活、工作场景相互联通，从而沉淀更加"全面"的数据。比如，一些传统电商平台利用大数据技术推出更加精准的金融产品。这些产品以客户往常购物频次、金额和偏好为基础，推算出此人的购买力和贷款需求，从而在客户发生购买行为时推送最新金融产品的信息。

推动金融科技发展的动因及影响。金融科技在全球范围内的迅速发展可以归因于几个关键因素。首先是消费者需求的转变：人们希望获得更方便、高效，用户友好且成本更低的金融服务。席卷全球的新冠疫情也让人们更加意识到远程处理业务的重要性。其次是技术创新推动了金融服务的多元化发展。例如，区块链技术不仅在加密货币领域大放异彩，也在传统银行业务中提高了交易的安全性和透明度。最后是金融监管框架的不断变化也助推了金融科技的应用。例如，银行端数据与监管机构数据打通，不仅能够减少信息孤岛带来的隔阂，同时能够极大地提升监管效率。

首先，金融科技的普遍使用对金融市场产生了多维度的影响。站在金融机构的角度，去中介化成为新的发展趋势和必然要求。比如，花呗、京东白条等互联网金融平台为消费者提供了新的贷款路径，传统的银行不再是唯一的资金来源。为了应对此类挑战，传统银行应当及时调整自身定位，以往"中介"的角色已经不再受欢迎，提供个性化的精准服务应当是传统银行转型的新方向。

其次，金融科技的发展也推动了金融机构之间的改组，通常是通过并购的方式形成优势互补。例如，支付巨头Visa收购了Plaid，后者是一家专注于金融数据聚合的金融科技公司。此举使Visa能够直接连接到消费者的银行账户，提供更加无缝的支付体验。西班牙银行BBVA收购了美国的数字银行Simple。通过并购，BBVA能够进一步拓展其数字业务、改善用户体验，同时能够快速进入美国市场，可谓一举多得。

最后，金融科技改变了机构进入金融市场的衡量标准。在银行业，金融科技既可以帮助银行实现数字化转型，又能够帮助银行开发出以往没有的新产品和服务。例如，数字银行Revolut和N26提供了比传统银行更灵活的账户管理和国际转账服务。银行可以通过投资或与金融科技公司合作，实现业务上的互补和扩展。

金融科技（FinTech）与科技金融（TechFin）。金融科技领域，人们常常谈及两个相似的概念，即金融科技与科技金融，二者都涉及高新科技在金融领域和具体业务上的应用，但从认知概念上来说，二者存在明显的区别。金融科技通常是以银行为主导的传统金融机构，以自身业务和发展需要为出发点，积极引入相关技术和管理体系，将科技应用到产品和服务当中。而科技金融通常是指非金融行业的相关企业，以相关技术为载体，推出一定的金融产品和服务，从而涉足某个细分金融领域。这种战略，往往与该企业本身的主营业务或企业战略有关。

开放银行（Open Bank）是一个典型的金融科技的案例。开放银行指的是传统银行利用 API（应用程序接口），实现银行服务和其他金融或行业资源的集成与深度融合，从而为客户提供更加直接和精准的服务。这种方式推动银行业务与终端客户需求的深度对接，从而引发银行业务模式的根本变革，进一步改变了传统银行的结构和服务模式。

开放银行的运作模式，能够帮助银行与各种外部合作伙伴形成"生态圈"的关系，让更多金融服务融入日常的业务中，形成每个具体场景的链接。换句话说，银行满足同一客户更多元的需求，从而提高客户的黏性。而银行本身也在从单纯的产品供应者变成金融服务平台。在这个过程中，金融科技扮演着重要的角色，既包括底层技术的支撑，也包括应用端的开发、数据的监控和分析等。

浦发银行的 API Bank 就是一个典型的案例。浦发银行以数字化转型和业务提升为出发点，打造了一个集成式的平台媒介，通过技术整合能力和外部技术支持，提供多元化的服务，从而有效地提高了服务质效。

首先，通过 API 的连接，浦发银行构建了一个具有普适性的生态系统，极大地延伸了自身的服务范围。其主要思路是以 API 的架构为底层工具，以客户需求为业务着眼点，银行对内形成业务生态，对外链接各种业务场景和资源，并不断扩大合作方的数量，从而形成不同行业之间的链接与合作。这种方式，不仅将银行的影响力延伸到行业之外，也能够使服务覆盖更广泛的人群。其次，浦发银行的这个生态系统采用开放的商业模式，突破了传统的物理网点和应用程序的限制，将产品和服务有效地与合作方的业务场景相结合，从而成功打通连接客户的"最后一公里"。这种方式不仅能够有效提升平台流量，还能够提升单个客户的黏性。

截至 2019 年上半年，浦发银行的 API Bank 平台已经发布了超过 300 个 API 服务，成功实现与 100 多个合作伙伴的应用对接，总共处理了 4300 万笔交易。此外，银行通过与生态伙伴的协作，进一步推动了人工智能的创新应用，结合 AI、AR/VR 技术，更精准地洞察客户需求，提供了更加个性化的服务。客户也能够通过小程序、合作伙伴的应用等多种途径调用银行的 API，以享受即时的跨界服务（见图 8-2）。

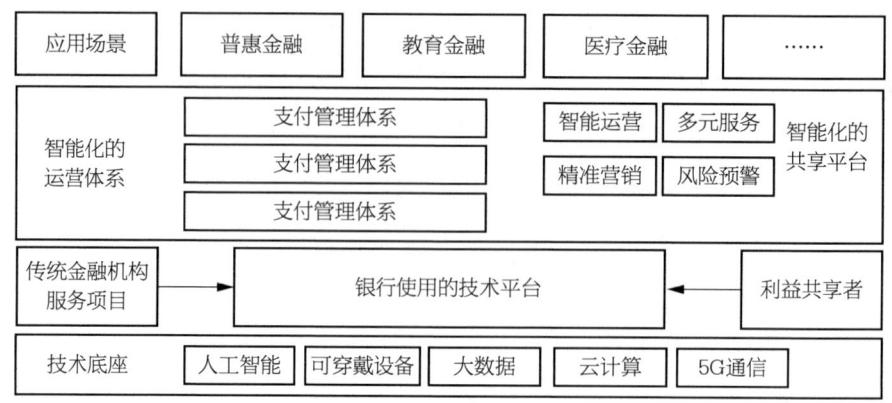

图 8-2 数字生态银行架构

而科技金融方面，由于很多参与企业本身的主营业务并非金融，因此这些企业推出相关的金融产品和服务通常是为了服务其主营业务，或是为了开拓新的业务。例如，苹果公司在 Apple Pay 之后，推出了 Apple Pay Later 和 Apple Card Savings 两款金融服务。Apple Pay Later 让顾客可以在消费之后再付款，逻辑类似于中国的花呗、京东白条等，即分期付款。Apple Card Savings 则更加类似于中国的余额宝，能够为储值用户提供 4.15% 的利率。这些服务是苹果与高盛联手推出的。

苹果这类科技公司推出金融服务，是典型的科技金融，其主要目的并不是让自己的金融业务和传统金融机构竞争，而是在已有科技生态的基础上进一步提升用户体验、提高用户黏性和复购率，推动新产品的推广。实际上，苹果在金融业务上一直属于"有想法但是动作不大"的状态，早在 2014 年 iPhone 6 发布时，Apple Pay 就已经发布，但用户扩展相对缓慢。截至 2020 年，仅有 50% 的 iPhone 用户使用 Apple Pay，到 2022 年此比例已上升至 75%。苹果通过内部项目开发以及与支付服务商的合作，让 iPhone 不仅能付款还能收款，同时创建一个独立的支付闭环，减少对传统银行和支付网络的依赖。这种"持久战"的策略正在逐步加强苹果在支付领域的影响力，还为其未来在金融服务领域占据更大的市场份额奠定了基础。

金融科技发展趋势。 在目前金融科技的大趋势下，传统金融机构通过生态化建设，将业务范围扩展到非金融领域，而非金融企业则通过技术手段触及金融业务，因此，实际上"金融科技"和"科技金融"在实操层面的界限正在逐渐模糊。

新兴的金融产业生态带来了深刻的变化。首先，金融机构业态逐渐多元化。传统金融机构在资源上的垄断地位已经逐渐被瓦解，许多以技术为主导的中小机构也有机会获得金融行业的市场份额。金融资源的分配模式也在改变，资源分配的不平等现象正在逐渐瓦解。其次，金融服务的个性化需求正在日益凸显，一方面各主体对金融机构的技术依赖正在日益提升，另一方面技术的发展提高了对相关基础设施的需求。同时，金融科技将随着技术水平的提高，在更多具体场景中得以应用。

例如，AIGC与金融科技相结合，通过人工智能大语言模型驱动，能够生成新内容，优化市场预测、提供个性化解决方案，进一步提升金融机构后台服务能力；云原生和数字原生解决方案的推广，帮助金融机构深化数字化转型，提高服务效率和安全性；金融营销的全域化，通过整合线上线下渠道改善客户体验；隐私计算的应用，确保金融数据的安全流通，保证在信息不泄露的情况下进行数据分析及机器学习；动态风险治理，通过持续的风险识别和管理降低金融安全的成本；元宇宙体系嫁接金融科技，将为客户打造沉浸式金融服务；Web3和去中心化金融的兴起，通过区块链技术保证不可篡改的金融交易流程。这些趋势共同推动金融科技深度融入经济结构，引领金融服务的未来发展方向。

金融科技与家族财富管理

目前越来越多的家族办公室引入不同的金融科技，这是因为随着家族财富管理需求的多元化，实操过程中的几大痛点日益凸显，而金融科技是快速解决这些痛点的最佳方式。

金融科技与日益上涨的财富管理成本。对于高净值家族来说，通过家族办公室去打理财富管理事宜是最佳选择，但构建和维护一个专业团队是一项重要且成本高昂的任务。以单一家族办公室为例，其财富管理层面可能包括以下成本：

- **高昂的直接成本**。专业团队的直接成本主要包括金融顾问、法律专家、税务专家等专业人员的薪酬。这些专家通常具有高级专业资格和丰富的经验，因此他们的薪酬水平相对较高。对于大型家族而言，可能需要聘请多位此类专家以满足不同领域的管理需求，从而导致人力成本大幅增加。

- **培训和技术支持成本**。随着金融市场的快速变化和法规的更新，更新团队的专业知识和技能至关重要。这就需要定期的培训和教育，以确保团队成员了解最新的市场趋势、法律法规和最佳实践。此外，为了高效管理家族财富，家族办公室还需投资于先进的技术支持系统，如财富管理软件、风险分析工具等，这些也是成本的一部分。

- **管理成本**。管理一个多领域专家团队不仅需要时间，还需要专业的管理技巧。组织和协调这样一支团队，需要有效的沟通机制和决策流程。此外，为了确保各项服务的连贯性和一致性，还需要投入额外的管理资源。

- **灵活性与效率的挑战**。专业团队的构建虽然能带来专业的服务，但同时可能降低灵活性。在快速变化的市场环境中，团队的调整和优化可能会受到限制，影响决策的效率和及时性。

即使是选择联合家族办公室，直接成本相对低廉，但在实际执行的过程中，依然存在一些隐性成本。例如，沟通成本，家族如何让联合家族办公室深入了解己方需求，并且提供足够个性化的解决方案。针对这些问题，金融科技能够提供有效的替代方案。

新加坡的财富管理平台LUMIQ[①]就是一个典型的案例。这家公司以自雇资管专家、对冲基金专家及财务顾问为主要团队成员，打造了一家兼具高度专业化及扎实的技术能力的平台公司。其创始人及CEO Aaron Low拥有丰富的全球金融领域经验，曾在太平洋投资管理公司（PIMCO）担任投资组合主管，负责全球和新兴市场基金，之前还在Rosenberg Capital Management Global Investors担任固定收益主管。Aaron Low的职业生涯始于IBM，并在金融界担任多个重要角色，是凯洲资本国际、国泰君安资产管理等机构的董事会成员，也是研究基金会董事会主席和《期货市场杂志》董事会编辑。

LUMIQ平台以人工智能技术为底层，将专业财富管理团队的人工服务与人工智能相结合，实现智能投资组合优化解决方案，在保证客户个性化需求的

---

① LUMIQ官方网站，https://www.lumiq.com/.

基础上，提高决策的量化程度。其主要业务包括：

- **业务检测**。通过可视化技术和数字化分析，帮助客户随时了解业务状况。通过精密的数据仪表盘，客户能够随时审阅和调整自己的投资组合，极大地降低了沟通成本、提高了交易效率。另外，数字化的客户报告能够帮助客户详细了解自身情况，并做好监管方面的准备工作。

- **投资规划**。LUMIQ 通过技术手段，建立了一套投资组合构建工具，从而高效地创建和管理客户投资组合。在这个系统中，LUMIQ 利用引擎创建或利用预设的模型投资组合，为所选资产分配适当的权重。在资金分配上，该系统还能帮助客户将资金分配到不同的产品当中，并通过各类指标进行量化分析。

- **独一无二的优化器（Optimizers）**。优化器是机器学习中的一种算法，它帮助模型通过调整内部参数来改进学习过程，目的是使模型的预测更准确。它可以被看作为引导模型朝正确方向学习的"指导者"。LUMIQ 平台使用优化器来帮助实现资产配置，方法是以当前市场价格为基础，考虑中长期回报以及资产的波动性等不同要素，通过算法来配置合适的权重，从而实现资产配置的最优解。

- **目标导向型的规划**。LUMIQ 根据客户的需求、目标、承担风险的能力和意愿来执行投资策略。在制订方案方面，该平台会根据客户的具体意愿、风险偏好、投资目标和现金流状况制订个性化方案，同时通过一系列具体的情景分析对投资组合进行压力测试，从而分析成功的概率。另外，LUMIQ 还会对不同投资组合进行对比，并通过调整现金流的方向来分析哪种投资组合成功概率更高。

在战略逻辑方面，LUMIQ 的团队认为，家族财富管理之所以沟通成本高昂，原因之一在于高净值人群及家族对财务顾问团队不够信任，但这种"不信任"并非因为团队成员不够努力，而是因为他们没有足够强大的资源储备、高效的工具来全方位支撑业务体系。LUMIQ 通过技术方法，将自然人类顾问与人工智能的优势巧妙地融合起来，既能够满足客户深度沟通的需求，也能够充分发挥人工智能的算法优势，提高家族财富管理的质量和效率。目前 LUMIQ 主要面向 B 端的企业客户，但正在计划面向 C 端转型，从而将服务覆盖到更广泛的客户群体上，后续他们还将推出 B2B2C 产品，用以优化自身的产品线。

在核心竞争力方面，LUMIQ 的发展思路非常清晰，依托三大主力产品——产品创新（Alpha）、市场洞察（Beta）和客户定制（Gamma）来推动业务发展。在资产配置方面，公司以人工智能为主导，建立自动化投资组合工具，为不同客户类型制订高效资产配置方案，并跟进从资产配置到优化产品选择的全过程。此外，该系统允许管理者根据客户对风险、收益或损失可能性的个性化需求，方便地定制和跟进投资组合。

总而言之，LUMIQ 是一个典型的金融科技的案例，通过融合人工智能技术与专业财富管理服务，能够帮助从业人员优化家族财富管理流程。该平台利用智能投资组合优化解决方案和数字化业务检测工具来降低沟通成本，提高投资效率。同时，其独特的优化器算法和目标导向型规划提高了投资决策的精确性和个性化水平，提升客户满意度。LUMIQ 的转型策略及核心竞争力在产品创新、市场洞察和客户定制方面效果显著，能够有效降低家族财富管理的总体成本，同时增强客户对财务顾问团队的信任，为家族财富管理领域提供了创新且高效的解决方案。

对于家族办公室从业人员来说，LUMIQ 提供了一种创新思路——通过技术手段解决具体问题，将自身的重心放在提升服务质量、沟通客户需求方面。对于家族办公室来说，在团队管理和组织架构上，通过利用此类平台，它们可以采用"精兵强将"的方式，精减人员数量、提高人员专业化水平，从而控制总体成本。家族办公室的财富管理业务核心仍然是满足客户需求及家族的发展需求，因此公司的服务仍然应当由自然人完成，而数据化、程式化的分析工作，则可以交给人工智能。

金融科技与家族办公室的信息渠道。家族办公室作为专业化的机构，业务范围不仅包括家族资产管理，还要负责处理高净值家族的其他业务，因此家族办公室对于信息的需求存在一定的特殊性，主要表现为：

- **信息覆盖的广泛性。**家族办公室需要获取关于各种投资标的（如股票、债券、不动产、私募股权等）的信息。同时它们还需要跟踪全球市场趋势、宏观经济变化、政策调整等，以便作出明智的投资决策。除此之外，家族办公室提供的相关信息可能还涉及家族企业治理，因此，它们对信息的覆盖面具有极高的要求。

- **信息的专业性与深度**。家族办公室需要深入分析专业信息，包括复杂的财务报告、市场分析和风险评估。这些专业信息需要由具有相关知识背景的人员处理和解读，对于不少规模较小的家族办公室团队来说，他们并没有足够的能力深入处理这些信息。

- **定制化信息需求**。每个家族的财务需求和目标不同，需要定制化的信息和有针对性的策略。家族办公室需要根据特定家族的需求，筛选和优化信息来源。即使对于规模较大的联合家族办公室来说，实现此类需求都不是一件容易的事情，需要专业的研究团队与客户精准对接，中间需要花费不少的时间和精力。

- **及时性与更新频率**。国际形势、宏观经济和金融市场变化迅速，家族办公室需要及时获取最新信息，同时要有足够的敏感性，从中发现机会和可能存在的风险，并及时为客户提供参考。在信息更新频率方面，家族办公室需要持续监控市场和相关信息源，并保证客户能够经常收到最新资讯。

- **隐私性和安全性**。家族办公室处理的信息不仅涉及内部敏感财务数据，还涉及家族企业、家族成员的具体信息，因此需要确保信息渠道的安全性，做好隐私保护，防止数据泄露。信息安全的保证不仅是技术问题，还关系到团队职业化水平、职业道德等多方面问题，因此需要家族办公室建立足够强大的保障机制。

- **信息整合、管理和存储**。家族办公室需要处理来自多个渠道的大量信息，因此需要有效的信息管理系统来整合、存储和检索这些信息。同时，家族办公室团队还需要建立一套完善的信息处理的方法论和工作流程，从而能够在大量信息中筛选、分析有价值的信息，并进行分类储存。

上述痛点、难点仅依靠人工手段是难以解决的，必须借助金融科技的手段。FINTRX 公司以人工智能等技术为出发点，专注于解决此类痛点问题。该公司成立于 2014 年，总部位于美国波士顿，主要产品是家族办公室和投资顾问数字化信息平台。通过为头部资产管理和金融机构提供关键的数据、分析和工具，帮助客户提升财富管理业务能力（见图 8-3）。

图 8-3　FINTRX 平台

FINTRX 的集成式智能化信息平台[①]，主要从家族办公室和智能投顾两个角度出发，帮助连接家族办公室、投资顾问、私募基金和经纪交易商等多个主体。

- **家族办公室信息模块。** 该平台覆盖了 480 万家族办公室数据点，涉及的家族办公室总资产为 7.6 万亿美元，囊括的内容有家族办公室的行业特点、财富来源、主要管理团队、主要新闻动态、资产管理类别、主要投资范围等，既帮助高净值人群寻找合适的家族办公室，也帮助家族办公室寻找合适的对标产品、潜在的业务机会。该模板以人工智能为技术底层，跟踪家族办公室的投资情况和资产分配，展示过往的交易信息，以便更好地了解家族将资本配置在何处。同时，其独具特色的相关性联系功能，能够通过算法帮助高净值人群或家族办公室精准地找到与其他家族办公室人士的共同点，从而帮助分析、决策。

- **智能投顾模块。** 该模块覆盖资产总额为 115 万亿美元，囊括了 650 万智能投顾数据信息。其信息库主要包括私人财富管理团队的信息、监管分析、投资边界构建、投资主题分析、可视化投顾资讯搜索、相关性分析、投顾资产查询、新闻动态、投顾团队信息等。该模块能够按 ETF 敞口、板块、行业等不同维度提供投资组合顾问，如按照行业提供 ETF 和股票走势，并分析具体持股比例，还可以帮助客户跟踪所持有的仓位，并对所持头寸变化设置提醒。在私募基金方面，该模块可以提供私募基金投资建议和基金投资的分配等，平台通过人工智能技术对持股和资产类别敞口进行深入分析，并随着时间的推移对投资标的进行细分，从而分析资产流动的趋势和地理归因。

---

① FINTRX 官网，https://www.fintrx.com/family-office-data.

在技术功能模块，FINTRX 构建了一套方便、快速、用户友好的使用体系，其功能包括：

- 云功能。通过云平台实现多设备在线使用，打破不同设备之间的界限，实现随时随地可同步，防止信息混淆。
- 整合领英平台功能。将私人财富数据与领英页面融合，帮助客户优化人脉关系网、拓展潜在业务。
- 自定义数据源和 API 接口。平台数据和信息能够导入客户自有系统和平台中，从而实现数据互联、多种方式交付、个性化营销推广等。
- 谷歌浏览器扩展。将信息和数据入口整合到谷歌浏览器中，帮助客户快速访问大量数据点，从而极大地提升用户体验。
- iOS 系统应用。帮助客户从 iPhone 或 iPad 端随时访问数据。

金融科技平台在解决家族办公室信息渠道问题上扮演着至关重要的角色。因为家族办公室面临信息覆盖广泛性、专业性与深度、定制化需求、及时性、隐私性和信息整合等方面的挑战，金融科技能够提供创新且高效的解决方案。

FINTRX 是一个典型案例，它通过整合先进的人工智能技术和庞大的数据资源，有效地提升了家族办公室在信息获取、处理和分析上的能力。该平台提供了广泛而深入的市场和投资信息，覆盖了各类资产管理类别和全球市场动态。通过智能算法，FINTRX 能够针对特定家族的需求提供定制化的信息服务，极大地提高了信息的相关性和实用性。同时，该平台还能通过云功能、与社交媒体平台的整合、自定义数据源和 API 接口等技术手段，提升信息管理的灵活性和用户体验。这些功能使家族办公室能够在保证信息安全的前提下，高效地整合、管理和存储大量信息，更好地服务于家族成员和客户。

总体来说，金融科技平台能够利用其高度的定制化、智能化和安全性的特点，为家族办公室提供强大的信息处理和分析能力，让它们在复杂多变的金融市场中作出更加明智和有效的决策。这些平台不仅帮助家族办公室解决了信息渠道上的痛点，还提高了其整体运营效率和服务质量，对家族财富管理业务产生了深远的影响。

对于家族办公室来说，充分利用金融科技平台来解决信息渠道问题是非常必要的。家族办公室可以采用以下做法：

● 充分利用集成金融科技解决方案获取深度市场和投资信息，用最小的成本完成信息和数据搜集，并根据自身业务需要，建立定制化的数据库和信息源；

● 建立专业团队来筛选、解读专业数据，从而构建更加专业的信息输出能力；

● 采用多渠道的信息采集策略，结合高级数据管理系统整合和安全存储各类信息，并确保通过定期培训保持团队的专业知识更新；

● 加强信息安全和网络安全意识，强化数据隐私措施来保护敏感信息；

● 通过数据分析为客户提供定制化财务建议和解决方案，从根本上提升自身的服务能力，从而提高客户满意度和忠诚度。

通过这些措施，家族办公室不仅能高效处理信息，而且能更好地适应市场变化，为客户提供专业高效的财务管理服务。

金融科技与投资风险管理

家族办公室投资风险的主要类型。 家族办公室在进行投资决策和具体行动时会面临各种风险，这些风险带来的影响程度随家族的规模、所处行业而变化，并不是固定的。对于家族办公室来说，风险虽然无法完全消除，但是可以通过一些投资措施和技术手段，将其控制在可以承受的范围之内（见图8-4）。

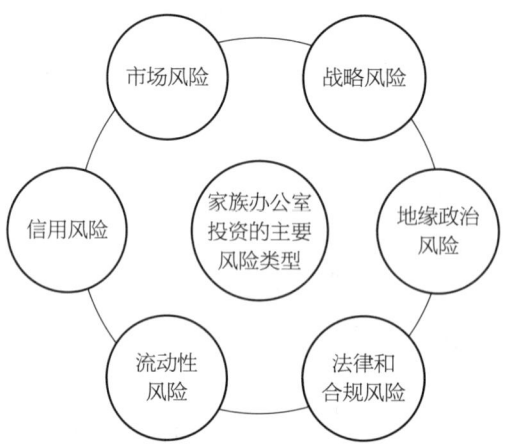

图 8-4 家族办公室投资的主要风险类型

家族办公室投资过程中的主要风险类型一般包括：

- **市场风险**：是指整个市场环境变化所带来的风险，如股市波动、利率变动、汇率变化等，这些都可能影响投资回报。比如，在 2008 年国际金融危机期间，由于美国房地产市场的崩溃和信贷市场的紧缩，全球股市经历了剧烈波动。许多国家的股市指数在短时间内大幅下跌，投资者的投资组合价值大幅缩水。当时，美国的标准普尔 500 指数从 2007 年 10 月的高点大幅下滑，到 2009 年 3 月达到了低点，跌幅超过 50%。这不仅影响了股票投资者，还波及债券市场、货币市场以及许多其他类型的资产。

- **信用风险**：是指投资对象无法履行其财务义务的风险。例如，如果家族办公室投资了某公司的债券，而该公司无法按时偿还债务，就会产生一定的损失。信用风险并非只存在于公司或个人层面，有时候国家层面也会面临信用风险，这就需要家族办公室团队做好市场调研和风险预判工作。

比如，2015 年的希腊债务危机。在这次危机中，希腊政府面临严重的财政困难，无法偿还巨额债务。外界对其信用状况严重担忧，这不仅影响了希腊政府发行的债券，也波及了整个欧元区的金融市场。投资者担心希腊可能违约或退出欧元区，导致希腊国债的收益率飙升，债券价格暴跌。对于那些持有希腊债券的投资者，包括家族办公室、养老基金、银行和其他金融机构来说，面临着重大的损失风险。此外，由于金融市场的相互关联性，希腊债务危机还加剧了全球市场的不确定性，影响了其他欧洲国家的债券市场和全球股市。

希腊政府的惨痛教训，不仅说明信用风险会对投资者产生直接的财务影响，也说明此类风险有可能在全球化的金融体系中迅速传播，并波及其他的经济体。

- **流动性风险**：是指在需要的时候资产持有者不能迅速将投资转换为现金的风险。尤其是不动产类，如房地产或某些类型的私募股权，如果不容易快速变现，那么极有可能会影响主体机构的资金流情况。

比如，2016 年英国脱欧公投对当地市场产生了巨大震动。在公投结果宣布后，由于市场对英国经济前景的不确定性，许多投资者试图撤出在英国的房地产基金和其他投资。这导致一些房地产基金面临巨大的赎回压力，迫使它们冻结资金，阻止投资者提取资金。一些大型房地产基金，如 Standard Life 和 Aviva Investors，由于赎回压力过大，不得不暂时冻结其房地产基金，因为它们无法足够快地出售物业来满足大量赎回要求。这意味着投资者无法迅速将他们在这些基金中的投资转换为现金。

这个例子说明，即使在看似流动的市场环境中，特定事件也可能导致流动性迅速枯竭，尤其是英国脱欧这类概率低、不可预测的特定事件。对于家族办公室和其他投资者而言，在投资决策中应当提前考虑资产的流动性，特别是在市场不稳定的时期，应提前采取措施，尽量规避一些敏感性的特殊事件。

- **法律和合规风险**：涉及违反法律法规的风险，包括税务问题、合同纠纷、政府的合规性审查等。比如，2015年德国汽车制造商大众集团（Volkswagen AG）的排放丑闻。在这起事件中，大众集团被发现在其柴油车辆上安装了软件，该软件在排放测试中能够作弊，使车辆的排放数据看起来比实际情况要好。

这一发现迅速引发了该集团在全球范围内的法律和监管问题。大众集团当时面临来自英国、法国、德国、韩国、印度等十几个国家的调查和诉讼，包括巨额的罚款和赔偿费用，据悉其直接经济损失已超过300亿欧元[①]。同时，这一事件不仅涉及了大量的直接财务损失，而且对公司的品牌和市场信任产生了长期影响。直到2022年，大众集团仍需支付英国市场部分的赔偿金。

大众的例子说明企业在合规方面的失败不仅可能导致直接的法律后果，还可能对投资者产生严重的间接影响，尤其是在全球化的经济环境中，公司的法律和道德行为越来越受到公众和市场的关注。而站在家族办公室投资行为的角度来说，做好尽职调查、了解企业合规行为是非常有必要的，团队应当尽可能地规避法律及合规风险，将资金配置在行为规范、符合社会价值的企业上。

- **地缘政治风险**：政治环境的变化可能影响投资的稳定性和回报，尤其是在跨国投资时更为明显。比如，2020年年初新冠疫情导致的全球性影响。这场突如其来的病毒大流行不仅是一场健康危机，也引发了深刻的经济和政治后果。

随着新冠疫情的蔓延，许多国家采取了封锁措施，导致国际旅行受限、供应链中断，以及全球贸易和投资活动的大幅下降。例如，旅游、航空和零售行

---

① 惨重代价！大众汽车仍在为丑闻买单［EB/OL］.（2022-05-28）［2024-01-20］. https://www.sohu.com/a/552042546_121285101.

业受到了严重打击，许多公司面临收入大幅下滑甚至破产的困境。

对于全球化布局的家族办公室和其他国际投资者来说，新冠疫情引发的不确定性和经济放缓对他们的投资组合构成了显著的风险。股市在新冠疫情初期经历了剧烈波动，许多资产类别价值迅速下降。

- **战略风险**：是指投资策略本身的缺陷，如资产配置不当、投资决策错误等。2007年美国房地产巨头贝尔斯登（Bear Stearns）的崩溃就是一个典型的案例。[①] 贝尔斯登的战略风险主要体现在其对次级抵押贷款市场的过度投资。在房地产市场高涨时期，贝尔斯登大量投资于以次级抵押贷款为支撑的证券，期望能够从中获得高额回报。这种战略决策在市场表现良好时看似合理，但却严重忽视了潜在风险。

当房地产市场开始崩溃，次级抵押贷款的违约率飙升时，以这些贷款为基础的证券价值暴跌。贝尔斯登由于过分依赖这一单一领域的投资，缺乏足够的资产多元化，因此极度脆弱。最终，这家公司在2008年遭遇严重的流动性危机，被迫以低价出售给摩根大通。

对于家族办公室来说，首先，在选择投资标的公司时，应当关注企业本身的投资决策，关注投资的行业、周期、分散程度，并作出合适的风险评估；其次，在建立自身的对外投资框架时，也应当合理评估战略风险，合理评估可接受范围并制订应急计划。

金融科技与家族投资风险。金融科技能够利用数据和算法对部分风险进行评估和计算，从而帮助家族办公室规避一定的风险。

Halo是一家创新的金融科技公司，成立于2015年，总部位于美国芝加哥，在苏黎世和阿布扎比也设有分支机构，其创始人为贾森·巴尔塞玛（Jason Barsema，现任总裁）和比朱·库拉塔卡尔（Biju Kulathakal）。

Halo以其创新性和灵活性著称，成立8年来，与40多家全球领先的银行和保险机构建立了合作关系，成功吸引了遍布四大洲的客户群体。Halo的商业模式是开发一个灵活的交易期权平台，为客户提供更多样化的投资选择。该公

---

① 贝尔斯登垮台十周年：全球强化宏观审慎监管［EB/OL］.（2018-03-15）[2024-01-20]. https://www.yicai.com/news/5406975.html.

司在金融产品创新方面取得了显著成就，与纽约证券交易所合作推出了第一个在交易所交易的二元期权，标志着其在金融市场的重要突破（见图8-5）。

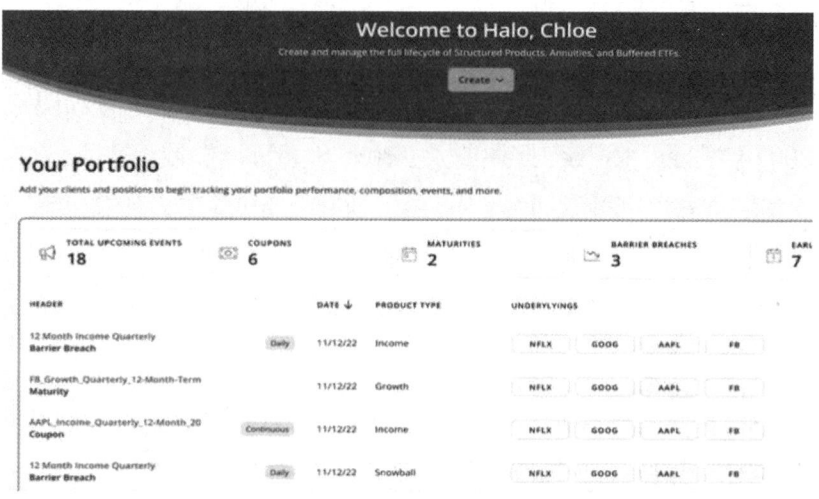

图 8-5　Halo 平台

随着市场的发展，投资者开始寻求股票和债券之间的中间产品，Halo 因此将重点转向结构性票据。结构性票据作为一个投资工具，由于其复杂的结构，因此往往涉及高度手动操作，这一流程十分耗时。Halo 在此领域发挥了重要作用，通过创新的结构化票据平台，简化了这一流程，使银行能够更高效地服务于更广泛的客户群体。

目前的 Halo 平台以"保护性投资"为主要核心理念。保护性投资指的是通过一定的资产配置，尽可能地降低投资风险、保障投资收益。其主要思路是改变传统的标准股票和债券配置的界限，通过结合结构化票据、年金和具有保护效果的交易所交易基金（ETF），丰富常规的投资组合，并专注投资于市场表现相对稳定的资产。当市场趋势向上时，这种投资方法能够保持甚至提升资本价值。在市场下行时，其损失通常比传统投资资产要少，为投资者提供了一层潜在的财务保护层。

Halo 的产品体系主要包括四大模块：

- 结构化票据（Structured Notes）；
- 结构化票据 SMA；

- 年金；
- 缓冲型 ETF。

结构化票据。结构化票据是一种创新的投资工具，由银行发行，在为投资者提供下行保护的同时，允许其享受市场上升潜力。这些票据的市场规模庞大，起源于 20 世纪 70 年代的欧洲，现已成为全球金融产品的重要组成部分。虽然结构化票据在资产类别的构成上没有明确的规定，但 SEC 确定了构成投资组合三个主要领域：股票、债券和现金，也包括一些房地产、大宗商品或货币。

结构化票据的核心特点包括：

- **多样化的投资组合选项**。结构化票据可以与各种基础资产挂钩，如股票、ETF 或一揽子股票，提供不同期限长度和保护选项，使投资者能够根据自己的风险偏好和投资目标选择合适的产品。

- **风险和回报的灵活性**。结构化票据的设计允许投资者在保护资本的同时，享受市场上行潜力。它们可以提供市场下行保护、积极参与市场上行趋势、定期付款或满足特定市场条件时的到期支付。

- **不同类型的票据**。结构化票据有多种类型，包括收益票据、增长票据、本金保护票据（PPN）、绝对票据和数字票据，每种都有其独特的特点和适用情境。

- **适用于多种投资策略**。结构化票据可以作为投资组合的补充，用于核心持股或作为战术短期持有。这是一种在保护本金的前提下，参与市场增长的方式，特别适合那些寻求在不确定市场环境中保持资本稳定性的投资者。

- **市场环境对定价的影响**。结构化票据的定价和回报与市场环境密切相关，影响因素包括标的资产的表现、市场波动性和利率等。

年金。年金是一种通常由保险公司提供的金融产品，用于为个人或机构提供长期或终身的定期收入。它们主要作为退休规划工具，确保投资者在退休后有稳定的收入来源。年金分为即期年金和延期年金两种类型，前者在一次性支付后立即开始支付，而后者则在未来的某个时间点开始支付，允许资金在此期间累积。年金的支付方式可以是固定的，也可以根据投资表现而变动，包括固定年金、变动年金和指数年金。年金的主要优势是税收延迟，但在提取时需按个人所得税标准缴纳税款。它们通常用于退休规划、资产传承和税务规划，是管理退休期间收入和风险的一种方式。

缓冲型 ETF（Buffer ETF）。缓冲型 ETF 是一种创新的期权策略型交易所交易基金，由美国基金管理公司 Innovator 推出，旨在提供对市场波动的部分保护。这些 ETF 主要围绕合成股票和垂直价差来构建，涉及多个指数，如标普 500、明晟国家指数和明晟新兴市场指数等。

缓冲型 ETF 的核心特点是它们提供固定的收益结构（Defined Outcome），利用期权价差策略在牺牲部分上行收益的前提下形成损失下行的保护层，同时形成有限的收益上限（Cap）。这种产品设计原先只在结构化产品和某些保险产品中使用，Innovator 将其应用于股票型 ETF 产品中，实现了对领口策略的优化。

缓冲型 ETF 的显著特性是它们确立了一个固定的收益框架，通过采用期权策略来实现。这些基金在一定程度上放弃了部分上涨潜力，以换取下行风险的保护，并设定了收益的上限。这种产品的设计初衷是主要用于结构化的金融产品和某些类型的保险产品中，但 Innovator 把这种理念应用于股票型 ETF 中，采取了更细致的风险管理手段。

缓冲型 ETF 提供多种选项，投资者能够根据自身风险承受能力选择不同的收益范围和损失限制。这些 ETF 产品定期续发，每年到期后保留原有的产品代码，向投资者提供丰富多样的方案。

这类缓冲型 ETF 吸引了大量投资者，包括很多具有较高资产净值的个人、正处于退休阶段的人士、多种年金计划、各类慈善组织基金、专注于 ETF 的投资策略专家、各种机构型投资者以及对冲基金。这些 ETF 产品适合那些想要在股票市场上获得一定保护的投资者。从 2018 年 7 月开始发行至今，这一产品类别已经推出了多种不同的选项，并且其所管理的资产规模呈现出稳步增长的态势。

缓冲型 ETF 在市场大幅下跌时能够限制损失，而在市场温和上涨时则能取得较好的收益，从而为投资者提供一种相对稳健的投资选择，特别是在面对市场波动时。

Halo 平台通过数字化的手段整合和分析投资信息，为财务顾问和金融机构提供不同类别的投资组合方案，从而有效控制投资路径中的风险。作为一款成功的金融科技产品，Halo 主要有以下优势和特点：

- **专业化及多元化的投资工具**。Halo 通过结构化票据、年金和缓冲型 ETF 等产品，提供了丰富的投资组合选项。这些工具使投资者能够根据自己的风险偏好和投资目标选择合适的产品，从而更好地分散风险。

- **风险和回报的灵活性**。Halo 的产品设计允许投资者在保护资本的同时享受市场上行潜力。结构化票据和缓冲型 ETF 通过期权策略提供市场下行保护和上行参与的平衡，帮助家族办公室在追求收益的同时控制风险。

- **适用于多种投资策略**。Halo 的产品不仅可以作为投资组合的补充，也可以作为核心持股或短期持有。这些产品适合寻求在不确定市场环境中保持资本稳定性的投资者，尤其是那些关注长期投资和资产保值的家族办公室。

- **创新的技术应用**。Halo 利用金融科技，包括高级数据分析和算法，来提供洞察力和增强的投资决策工具。这些技术的应用有助于更有效地评估和计算风险，为家族办公室提供精确的市场分析和预测。

- **市场环境适应性**。Halo 的产品在设计上考虑了市场环境的影响，使投资者能够根据当前市场状况灵活调整投资策略。这种适应性特别重要，因为它让家族办公室能够更好地应对市场波动和不确定性。

从家族办公室选择金融科技产品的角度来说，Halo 提供了几点有益的启示：一是技术驱动的创新个性化解决方案是金融科技产品的核心，专业的金融产品体系是金融科技产品的基础；二是应当关注金融科技平台产品配置的风险管理策略和市场适应能力，这对高净值家族至关重要；三是在选择金融科技产品时，还应当关注平台是否能提供全面的市场洞察和数据分析、是否具备长期的投资视角和可持续性等。综合考量上述因素确保投资策略符合家族的长远目标和价值观。

数字资产与家族办公室

数字资产的内涵与概念。数字资产是一种基于数字化技术的资产类别，其核心特征和内容主要包括以下几个方面：

- **基础技术**。数字资产通常基于区块链、分布式账本和密码学等先进技术。这些技术的使用使得数字资产具备了去中心化、不可篡改、可追溯等关键特性。

- 加密货币。作为数字资产的重要组成部分，加密货币（如比特币、以太币等）是基于区块链技术的电子货币。它们能在全球范围内进行交易，不依赖于传统的金融体系，主要特点包括高效、低成本和去中心化。
- 数字证券。数字证券是指以数字形式存在的证券，如股票、债券和基金。这些证券的发行、交易和结算都以区块链技术为基础，因而能够提高交易效率、降低成本、增加市场透明度。
- 数字商品与数字版权。数字商品如虚拟游戏物品、数字艺术品，以及数字版权（音乐、电影、文本等）通过区块链技术确保所有权和交易记录的安全与不可篡改性，从而能够更好地保护知识产权。
- NFTs（非同质化代币）。作为一种新兴的数字资产形式，NFTs代表了独特的、不可替代的数字项目，如数字艺术品、收藏品等。它们在区块链上具有独一无二的身份和所有权证明。
- 资产支持代币。这类以区块链技术为底层的代币反映了对现实世界资产（如房地产、贵金属）的所有权。通过区块链的特性，它们提供清晰、安全的资产权益管理与交易，增强交易透明度，简化资产管理和转让流程，有效降低了交易成本。

数字资产作为一种新兴的资产类别，其市场行为在很多方面遵循传统金融和经济市场的基本规律，特别是在供求关系、市场情绪、投机活动和全球经济影响等方面。加密货币等数字资产的价格受到市场需求、供应限制、挖矿成本等因素的影响，同时受到投资者情绪和全球经济动态的极大影响。然而，数字资产也展现出其独特性，如较高的市场波动性、受技术创新和网络安全事件影响，以及特有的供应机制等。此外，监管政策的变化对数字资产市场也具有显著影响，由于各个国家的国情不同，对数字资产的定义、管理范围和监管程度均有不同。因此，对于数字资产的分析应当"具体问题具体分析"。

数字资产的监管政策：以中国香港为例。各国和地区对于数字资产的认知和管理方式不同，因此采取了不同的监管政策，其中香港是一个典型案例。为了进一步提升金融市场的活跃度、丰富金融产品，香港特区政府正在大力支持数字资产的管理。2022年，香港在数字资产领域取得了重大进展。10月31日，香港的金融监管机构公布了一项决定，批准与比特币和以太坊期货相关联的ETF在市场交易。同时，该监管机构为这些ETF的发行方提出了一系列的具体指导原则。

随后，南方东英资产管理公司于12月13日推出了两款ETF产品，即南方东英比特币期货ETF和南方东英以太坊期货ETF，主要投资对象为芝加哥商业交易所上市的比特币和以太坊期货合约。这两款ETF于12月16日在香港证券交易所正式上市，共筹集资金超过7360万美元。这些动作体现了香港致力于成为中国在全球金融领域的创新试验中心和主要金融港口的战略方向。

针对具体的数字资产产品，香港特区政府也推出了以下举措：

在虚拟型数字代币方面，2022年6月24日，香港特区政府正式发布了《2022年打击洗钱及恐怖分子资金筹集（修订）条例草案》，该草案于12月7日在香港立法会经过最终审议并获批准，并设置了一定的过渡期，关于虚拟资产的牌照及部分罪行的认定从2023年6月1日开始生效。根据这项新法案，虚拟资产被正式定义为加密技术保护下的数字价值表征，并且在定义中明确了以下维度：

- 数字价值维度，即虚拟资产的价值能够通过其存储的经济价值来衡量；
- 交易媒介用途，即虚拟资产可以用于付款、还债、投资等；
- 这类资产具有电子转移和存储的能力；
- 香港官方能够通过官方公告来进一步明确其定义范围。

香港官方定义的虚拟资产，与国际金融行动特别工作组（FATF）制定的全球标准相一致。FATF是一个在全球范围内从事反洗钱和反恐融资工作的领导性组织，其成员遍布全球主要金融中心。该组织的《反洗钱四十项建议》和《反恐融资九项特别建议》构成了全球反洗钱和反恐融资的核心框架。根据FATF在2021年发布的指导文件，虚拟资产被定义为可以在数字平台上交易或转移的价值的表示形式，主要用于支付或投资。

在稳定币方面，2022年年初，香港金融管理局针对加密资产和稳定币发起了一项重要讨论，致力于制定更详细的监管政策。该机构探讨了香港目前的稳定币监管框架，征询了公众和行业对于稳定币作为支付工具的看法，并考虑采用现有的《支付系统及储值支付工具条例》进行管理。此次讨论涵盖了多个风险领域，包括金融稳定性和用户保护，这显示出香港在数字货币监管方面的前瞻性和主动性。

在ETF方面，香港证监会在《虚拟资产发展政策宣言》发布当天宣布，根据《证券及期货条例》，首次授权在香港发售与虚拟资产期货相关的ETF。这项政策初始仅适用于在受监管的期货交易所（如芝加哥商品交易所）交易的比特币和以太坊期货ETF，未来可能会扩展到更多品类。此外，ETF的发行方必须满足至少3年的管理经验、足够的流动性、严格的监管遵从性和投资者教育等要求，以确保ETF的稳健运作和投资者保护。

在NFT方面，根据香港2022年颁布的《2022年打击洗钱及恐怖分子资金筹集(修订)条例法案》，游戏中使用的NFT不被视为数字资产。2022年6月6日，香港证券及期货事务监察委员会发布了关于NFT风险的提醒，指出那些仅作为数字收藏品（如电子艺术、图像、音乐或视频）存在的NFT不在《证券及期货条例》的监管范畴内。然而，一些NFT可能涉及金融资产属性，如被视为《证券及期货条例》下的"证券"或"集体投资计划的权益"，它们将受到相应的监管。

家族办公室与数字资产。 2022年毕马威发布的《投资于数字资产——家族办公室和高净值投资者对数字资产配置的看法》报告显示，虽然2020—2022年数字资产市场表现出一定的波动性，但家族办公室和高净值人群对数字资产的投资仍持有一定的兴趣，尤其是中国香港和新加坡家族办公室。他们对30家家族办公室和高净值家族进行了调查，发现92%的受访者对数字资产感兴趣，其中58%的受访者已采取投资行动，34%的受访者有相关的投资计划。投资者对数字资产感兴趣的原因比较多样，如他们当中的一部分人看重数字资产的增长潜力，还有一部分人看到越来越多的主流机构投资者参与其中，自己的信心也随之增强。

从资产配置方式来看，加密货币在这些投资者的数字资产投资中占据主导地位，所有投资数字资产的受访者都持有比特币，而87%的人持有以太坊。同时，人们对NFT和去中心化金融（DeFi）的兴趣也在增长，这集中反映了这两个领域的全球性扩展。DeFi 是基于公共区块链和智能合约的金融服务，其市场规模由智能合约中锁定的资产总价值衡量。从 2020 年开始，DeFi 市场迅速发展，到 2022 年 9 月已成长为一个价值约 554 亿美元的市场。DeFi 的创新和吸引力促使其用户基数显著增长，即使在市场波动中也保持稳定增长。

在本次调查中，60% 的受访者表示已经投资于 DeFi 代币，且认为 DeFi 有潜力改变金融市场。一位亚洲对冲基金经理将 DeFi 视为金融市场的潜在"游戏规则改变者"，尽管其用户群体仍相对较小，也尚未形成大规模应用。此外，新加坡一家外部资产管理公司的投资主管指出，他们的客户对 DeFi 应用程序，如流动性挖矿和跨区块链资产转移，表现出越来越明显的兴趣。

在投资渠道方面，家族办公室和高净值家族在投资数字资产时，主要通过以下几种渠道进行：加密货币交易所、专注于加密货币的对冲基金、直接投资数字资产服务的服务商。这些投资者还重视投资组合的多样化，58% 的受访者已经对诸如加密货币交易所和软件开发商等数字资产服务提供商进行了直接投资，以捕捉生态系统的增长机会。在选择具体的渠道方面，投资者也需要深入考虑多重因素：

- 在选择适当的服务商时，这些投资者会充分考虑各类因素，包括团队过往的业绩、行业的名声、商业模式、合规管理、风险管控机制等。在选择加密货币交易所时，这些投资者则看重优质的服务和用户体验、交易和数据的安全性。

- 当涉及加密货币交易平台的选择时，家族办公室和高净值人群更注重平台的用户界面设计和保障数据的安全措施，而对流动性的关注相对较少。截至 2022 年 9 月，市场上大约有 300 个集中式交易平台和超过 200 个分布式交易平台。一项调查显示，大约 74% 的参与者更倾向于那些操作简便、提供优质用户体验的平台。对于这些投资者来说，交易所的安全记录和其遵守的监管规则同样至关重要，他们认为一个安全可靠的交易平台更能吸引专业的交易者，并能有效降低遭受网络攻击的风险。市场上领先的交易平台不仅易于操作，而且往往在行业内引领创新，提供丰富的教育内容和风险管理建议，从而确保用户享受到高质量的体验和安全保障。随着用户对数字资产市场的了解日益深入，他们开始寻求更多新颖且独到的交易体验。

在投资策略方面，随着数字资产行业的成熟和机构投资者的增加，投资渠道变得更加多样化。这些投资者通常采取多元化的策略，以覆盖数字资产市场的主要增长动力，同时在投资决策中会考虑与合作伙伴的关系以及特定主题和行业的机会。这种综合和策略性的方法体现了他们对当前市场动态的深入理解以及对未来趋势的预见性思考。

家族办公室对数字资产及相关服务的一些担心。 对于数字资产，大部分家族办公室及高净值家族虽然表现出越来越明显的兴趣，但目前仍然存在一定的担心，具体来说，主要包括以下事项：

● **数字资产监管信息披露程度、监管规则的开放程度。** 很多家族办公室及高净值家族主要担心监管机构对于数字资产的信息披露要求不明确，导致投资决策的不确定性增加。由于数字资产在大部分国家和地区属于新兴事物，并没有完全成熟、可靠的案例，因此监管上的不确定性对于大部分潜在投资者来说，都是必须仔细考量的因素。

2022年6月24日，香港特区政府公布了《2022年反洗钱及反恐怖融资修订草案》，引入虚拟资产服务提供商（VASP）的发牌机制，并对其施加反洗钱和反恐怖融资义务，预计将实施比新加坡、英国和日本更全面、更严格的监管制度。该法案初期只对专业投资者开放服务，且扩大了证监会的监管权力。同时，新加坡金融管理局也计划增加关于对加密货币的监管法规，并计划在2022年10月就此进行咨询，以实现新加坡作为数字资产中心的愿景，这一计划受到市场参与者的欢迎，尤其是在市场波动性增加的背景下。

● **数字资产的波动性。** 加密货币等数字资产的价格波动性非常高，有时候由于人为的因素，加密货币的价格有可能呈现异常趋势，因此，出于整体风险管理的考量，家族办公室及高净值家族应当对自身的风险承受能力做好充分的评估，并制定一些风险防范措施。

● **数字资产的估值问题。** 由于数字资产是一个相对较新的市场，缺乏成熟的估值模型，因此确定其真实价值是非常困难的。例如，不同的加密货币估值方法可能导致对同一资产的不同价值判断。

● **相关税收规则和政策。** 各国对于数字资产的税收政策差异较大，这为全球投资者带来了挑战。在某些国家，加密货币的税收规定可能非常严格，如美国要求报告所有加密货币交易，而在部分国家对加密货币交易本身就设置了一定限制。如果涉及加密货币在不同国家之间的交易，其税务问题将变得更加复杂。

以中国香港为例，目前香港的税法尚未明确包含关于加密货币的特别规定。对于那些没有包含在《证券及期货条例》中的加密货币，税务处理主要取决于是否将其收益视为资本收益或一般收入。个人投资者在非商业性的加密货币交易中所获利润通常不需缴纳利得税。对投资公司而言，这些原则在实际应用中更加复杂。税务局对加密货币的指导原则相对笼统，如利润的来源判断往往取决于交易是否处于传统交易所的地点，而非是否处于加密货币专属交易所。

- **数字资产与企业的财务管理问题**。企业如何在财务报告中合理地记录和管理数字资产仍是一个难题。例如，公司持有比特币作为资产，就是个复杂的会计问题。此议题不仅是公司内部的财务管理问题，也与监管政策息息相关。例如，监管部门是否将加密货币纳入合规体系中，允许企业将其归于资产类。加密货币在国际财务报告准则（IFRS）和美国通用会计准则（US GAAP）下被视为无形资产，但现行会计模式仅在资产出售时确认其增值，而非实时反映市场变化。为了更准确地反映数字资产的财务影响，国际上需要新的会计模型，基于公允价值来衡量资产，并及时确认收益或损失，这就需要对现行国际财务报告准则进行相应修改。

- **数字资产配套服务供应商**。目前，数字资产市场的成熟度不高，高质量的配套服务供应商（如可靠的交易平台和顾问服务）相对有限。投资者在选择服务提供商时需要小心谨慎，以确保资产安全和交易的顺利进行。

金融科技在家族办公室中面临的挑战

金融数据和金融安全问题。全球数据量正在以每年约40%的速度增长，2017年全球数据总量达到21.6ZB，其中金融数据占有较高比例。有研究指出，科技的发展在便利金融行业的同时，也导致风险的积聚和传播更迅速，威胁性增大。网络安全和数据保护已成为金融行业的重要议题。例如，Verizon公司

2019年的一项调查显示，多数数据泄露事件是为了勒索，且大多数攻击来自外部。近年来，金融业数据安全事件频发。

其中最为典型的案例是2011年韩国农协银行的网络故障事件。2011年4月12日，韩国农协银行发生一起重大电脑网络故障事件。在这场网络系统的崩溃中，农协银行的顾客面临多项银行业务的中断，包括无法取款、转账、使用信用卡和申请贷款等。尽管银行迅速采取措施以恢复服务，但直到4月15日，系统才部分恢复正常。在此期间，银行员工不得不采用传统的手工处理方法来维持基本的银行业务，直至4月18日大部分服务才完全恢复。

事件的起因是在4月12日下午，外包团队中的一名雇员使用了一条删除服务器上所有文件的命令，影响了银行核心系统的275台服务器。此事件凸显了信息安全领域的三个关键点。

- 权限控制和审计。需要更严格的权限管理和审计措施来限制、监控重要的系统访问。
- 应急响应。事件暴露了银行在应急响应方面的不足，强调了在信息安全领域中应急和流程管理的重要性。
- 灾难备份及恢复。该事件凸显了灾难备份和恢复工作的重要性，相关分析如果有更好的备份和恢复策略，银行可以显著减少处理时间和经济损失，同时保持客户信任。

金融安全问题从何而来？ 金融科技的快速发展为家族办公室的投资决策带来了极大的便利，但也带来了潜在的金融安全问题。这些问题主要来自三个方面。

首先，新技术的应用引发了一系列全新的安全问题，特别是人工智能和机器学习在金融领域的广泛使用，这些技术以"黑盒"特性而著称，即在输入数据和输出结果之间缺乏明确的可解释性。为了确保这些技术的输出结果具有真实性和正确性，金融科技部门不仅需要严格审查传统的方案和代码，还需要对使用的大量训练数据进行细致的管理。此外，云计算技术虽然为银行技术转型提供了重要支持，但管理上的不确定性也为数据安全带来了新的挑战。特别是那些依赖于公有云服务的中小型金融机构，数据安全问题尤为突出。

其次，金融科技带来的新机会和新业态也成为潜在风险的聚集地。金融行业积累的大量客户信息成为网络犯罪分子的主要攻击目标，由此金融犯罪活动高发。随着网络攻击手段的不断演变，对这些威胁的识别和评估变得更加困难。网络的匿名特性进一步增加了识别的复杂性。这些威胁不仅针对单个机构，还可能在整个金融系统中引发连锁反应，造成持续的损失。

最后，随着大数据技术的发展，金融机构积累了大量的客户数据，但在数据安全管理方面存在明显的不足。传统的基于数据分级的安全保护策略在大数据环境下变得不再适用，因为数据内容的不断迭代变化和边界的模糊化增加了安全管理的复杂性。此外，金融科技领域中数据过度采集和倒卖等行为为金融机构的数据安全管理带来了新的挑战。因此，为应对这些挑战，金融机构必须采取更加有效和创新的安全措施。

金融科技及相关的安全问题对家族办公室业务的影响。金融安全问题对家族办公室的投资决策和管理有极大影响，主要基于以下几个原因。

- **资产保护的核心**。家族办公室的主要目的之一是保护和增长家族财富。金融安全问题，如数据泄露、欺诈行为或非法交易，可能直接影响家族资产的安全。一旦家族的金融信息受到威胁，可能会导致重大的财产损失。

- **保密性和隐私**。家族办公室通常需要处理大量的私密和敏感信息，包括投资细节、家族成员的个人信息和财务状况。金融安全的威胁可能导致这些信息被泄露，影响家族成员的隐私和办公室的声誉。

- **投资策略的影响**。家族办公室依赖于准确和安全的金融数据来制定投资策略。如果金融数据被篡改或存在误导性信息，可能导致基于这些数据作出的投资决策错误，从而影响投资回报。

- **合规风险**。家族办公室需要遵守各种金融和隐私的法律法规。金融安全问题可能导致他们违反这些法规，从而使家族办公室面临法律和合规风险。

- **信任和声誉**。家族成员和其他利益相关者对家族办公室的信任度很大程度上取决于其保护资产和信息的能力。金融安全事件可能损害家族办公室的信誉，影响其与现有和潜在客户的关系。

- **操作的连续性**。金融安全事件可能导致重要系统的瘫痪，影响家族办公室的日常运营。例如，银行账户被冻结或投资平台遭受攻击可能暂停交易活动，影响流动性管理。

金融科技服务商的业务能力。 随着金融科技工具的不断普及，各个家族办公室对金融科技工具的使用越来越频繁，提高投资决策效率的同时，新的挑战也在产生——不同金融科技服务商的服务能力不同、技术和业务标准不同，因此给家族办公室业务带来的实际效果也不同。具体来说，主要问题包括：

- **数据孤岛问题。** 不同的金融科技平台可能使用不同的数据标准和格式，导致数据集成和共享困难。家族办公室如果同时使用多个这样的平台，可能会发现它们之间的数据不易于合并和分析，从而影响对整体财富状况的全面理解。

- **工具和平台的多样性。** 市场上的金融科技工具和平台种类繁多，各具特色。不同家族办公室根据自身需求选择不同的工具，可能导致相同类型的数据及其分析结果在不同工具间产生差异，影响投资决策的一致性。

- **技术和算法差异。** 金融科技工具的算法和技术水平不一，这可能导致投资分析和预测的准确性存在差异。家族办公室依赖的具体平台或工具的技术能力，直接影响其投资决策的有效性。

对于家族办公室来说，客观评估各服务商的实际能力、分辨金融科技平台的效用不是一件容易的事。因为这要求家族办公室相关人员具有广泛的专业知识、市场洞察力以及对金融科技领域的深入了解。首先，进行深入的市场研究和比较需要掌握关于各种金融科技解决方案的最新信息和技术趋势，这可能超出了许多家族办公室人员的常规知识范围。其次，强化数据管理和集成不仅涉及技术挑战，还需要在不同系统之间确保数据的兼容性和安全性。定期评估和调整工具与平台的效果要求机构持续关注和投入资源。最后，寻求专业咨询和支持可能需要额外的资金投入，从某种程度上来说反而是增加了家族办公室的管理成本。同时，家族办公室还需要与可靠的合作伙伴建立关系，并进行深度的沟通。因此，对于家族办公室来说，这些策略虽然对优化投资决策和运营至关重要，但也带来了实质性的挑战和责任。

第 9 章
家族办公室的组织与人才

组织架构：家族办公室的组织模式

家族办公室的组织架构见图 9-1。家族办公室的组织架构，是指家族办公室的不同部门、团队或个体及其相互关系和互动方式的总体框架。通常来说，家族办公室的组织架构的核心是决策层，这个部门负责整个家族办公室的战略方向和重大决策，下设董事会和各个委员会，负责家族办公室的公司化运作。在这个框架内，通常会由职业经理人担任总经理或者 CEO，负责公司的日常管理、具体项目的操作、家族事务的处理、投资决策的落地等。

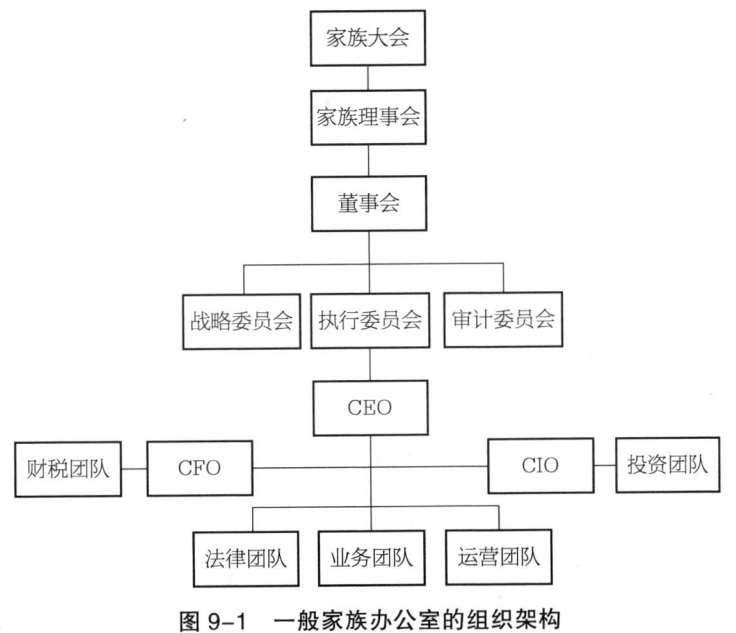

图 9-1　一般家族办公室的组织架构

家族办公室和普通公司在组织架构上具有一些共性，因为很多家族办公室本身就是以公司形式运作，或者设立在大型集团框架内，但是具备公司独立经营运作的能力。首先，家族办公室与普通公司一样，都设有领导团队，这些领导负责指明战略方向和作出重要决策。其次，两者都设有不同的部门或专业化团队来处理特定职能，如财务、法律和行政等，同时部分职能可能通过外包方式来执行。最后，两者在决策过程上也有相似之处，通常是从高层的战略决策到日常管理的具体执行。

但是，家族办公室与普通公司在组织架构上的目标、治理结构、决策过程、信息披露方面都存在根本性的区别。

- 在目标设定上，普通公司一般以营利为主要目标，而家族办公室则更注重管理和保护家族财富，并确保财富的长期传承和稳健增值。同时，家族办公室往往还承担着很多"非财务目标"，如家族精神的传递、家族继承人的教育和培育、家族公众形象的维护、家族企业内部的治理等，这些内容都是普通公司不会涉及的。家族办公室组织架构的特殊之处就在于目标的复杂性，因为家族办公室需要平衡企业管理和家族长期利益等多方面内容。

- 在治理结构上，普通公司一般按照法律和规章制定，设有正式的治理结构，如董事会和股东大会。而家族办公室通常更私密，有时候会具备一定的主观性。由于每个家族的具体情况和需求不同，家族办公室的组织架构往往难以标准化，而是由具体家族的偏好和管理方式决定的。在具体的治理措施方面，普通公司一般受企业文化的影响，而家族办公室则深受家族价值观和文化影响。

- 在决策过程上，普通公司的决策过程更趋向于形式化和制度化，通常以职位等级为基础，形成一套自下而上的汇报机制、自上而下的决策机制。而家族办公室的决策过程往往更加集中和个人化，经常由家族成员直接参与。虽然现代家族办公室也在公司化运营，并且有职业经理人的参与，但是由于家族成员天然的血缘或姻亲属性，因此难以完全避免主观情感因素带来的影响。

- 在信息披露方面，普通公司尤其是上市公司在透明度和公开披露方面面临更严格的要求，一般来说由监管机构制定相关的标准，普通公司需要遵照执行，以满足合规要求。而对于家族办公室来说，其信息披露和透明度要求往往较低，所以家族办公室的运作通常更为私密。

总体而言，家族办公室的组织架构更专注于满足单一或多个家族的特定需求，而普通公司则力求实现广泛的商业目标和满足股东的利益。

家族大会和家族理事会。在大型家族中，随着家族成员数量的增加，彼此之间的关系变得更加复杂，而维持有效的沟通和协调也需要更大量的工作。因此需要成立专业性的机构来处理专项事务，这类机构通常称为家族大会（Family Assembly）。家族大会是一个集中处理家族内部事务和代表家族整体利益的专业平台。在成立之前，家族需要明确定义家族成员的范围，包括直系亲属、配偶和法律上认可的收养成员。同时，家族需要决定哪些家族成员有投票权，一般来说，投票权拥有者包括直系成年后代，而对于女性、配偶、收养的或非直系成员的投票权，每个家族的具体规定不同。

家族大会具备三个核心职能。

首先，它是家族成员之间交流和分享信息的主要渠道，尤其是对于那些不参与家族企业或家族办公室管理的成员而言。这些人虽然并不直接涉及业务处理和企业运营，但是他们在家族中仍然具备隐性影响力，如通过亲缘关系间接影响家族重大决策。由于边缘成员行为不可控也不可量化，常规的公司化管理很难起到约束作用，因此家族大会将起到重要的沟通作用。在这个过程中，家族大会既具有一定的公司属性，也具有家庭成员的亲缘属性。

在家族大会上，成员可以获取关于家族企业和家族办公室的最新财务和管理信息，并就现有运营和策略提供反馈。家族大会也是解决家族纷争、形成重大决策的小型论坛，一些家族会以民主投票等方式运作，如定期召开会议，对重要议题如家族宪法、股息政策、股权结构变化等进行讨论和投票。决策的透明度和清晰度对家庭大会的成功至关重要。

其次，家族大会代表家族最核心的利益，不仅包括商业利益，也包括家族治理、家族成员关系等多项内容。家族在处理这些事情时，效率至关重要，尤其是当家族成员众多、事项复杂的时候。

最后，家族大会还能增强家族成员之间的联系和凝聚力，改善家族治理，促进家族的顺利传承。家族大会不仅组织家庭聚会和庆祝活动，将家族成员团结起来，还可以通过培训人力资本，提升成员的专业知识和技能。另外，家族大会还可以通过组织体育比赛和慈善活动来加强家族成员之间的信任和团结，并促进家族价值观的传承。

总而言之，家族大会既是一个中立、客观、理性的小型机构，通过渠道化的方式来处理家族核心事务，疏通内部关系，也是一个具有家族性质的交流平台，从家族精神、家族内部团结等层面，改善家族治理。

家族理事会。家族理事会的职责是贯彻执行家族大会的决定，起着类似行动小组的作用。理事会代表家族股东负责监管家族企业和家族办公室的高层管理。理事会成员的选举应在家族章程中明确规定，确保各家族分支都有代表。理事会的职能还包括维护家族成员之间的和谐，有效处理内部矛盾和问题，保证决策的公正性和平衡性。

家族理事会有时是家族委员会的一部分，有时则独立设置。该理事会专注于确定家族成员参与家族企业管理的程度并确保他们遵守家族规定。例如，有些在国外受教育的家族年轻成员可能选择不加入家族业务，而自行创业。在这种情况下，家族委员会可能根据家族章程的相关规定召开特别会议处理这些情况。一个中国香港的家族的做法是，每年举行内部股权转让会议，使家族成员在不影响家族整体利益的前提下自由交换股份。

家族理事会负责为家族成员制定政策和提供建议，同时促进家族成员与公司董事会之间的沟通和策略一致性，如在企业中家族成员的职位安排等事宜。而公司董事会专注于企业的战略规划和管理方向，并就企业运作向家族理事会提供咨询服务。尽管家族理事会和董事会各自承担不同的职责，但两者需要保持有效协作，避免相互干涉决策和职责领域。

家族办公室董事会。家族办公室董事会对股东承担着直接的责任，其核心使命是对家族办公室的战略方向和日常管理进行严格的监督。董事会通常由经验丰富、见识广博的资深行业人士组成，成员宜保持在5~9人，且为奇数，以避免在决策上形成僵持局面。

在理想的情况下，董事会应主要由来自外部的独立董事构成。这些独立董事可以包括资历深的企业领导，全职董事，学术研究者或法律、管理、财经、营销、人力资源、信息技术等领域的专家，甚至可以是其他家族的成员。例如，三星集团的副会长李在镕，作为李健熙家族的一员，曾在阿涅利家族控制的意大利 EXOR 集团担任独立董事。这些外来的独立董事不仅可以为家族办公室带来专业技能和广泛的人脉资源，还能在处理人事政策和家族内部的摩擦时提供一个中立和客观的平衡点。

家族办公室组织架构的重要性。 家族办公室的组织架构可能会对家族企业业务产生正面影响，其中的关键要素包括明确家族成员在企业中扮演的角色、保证优秀外部人才的引入以及有效的沟通机制和信任关系的建立。

首先，明确家族成员在企业中的角色对于维持和增强家族企业的稳定性与可持续发展至关重要。确立家族成员的影响范围和责任能够让家族成员无论选择继承家族事业还是独立创业，都能为家族企业带来积极影响。例如，一些家族企业实施了明确的继任和培训计划，帮助年青一代逐渐融入企业管理，而那些选择独立道路的家族成员也能将外部经验带回家族企业，为家族企业注入新的活力。

其次，家族以外的优秀人才（如职业经理人），能为家族企业提供新的视角和创新思维，有助于打破家族内部的同质化思维，从而实行更加多元化的管理和决策方式。这些外部人才不仅能增加企业的竞争力，还能促进企业的长期发展。

最后，建立有效的信息沟通机制和信任关系，确保对家族成员和职业经理人进行公平的评估和激励，是构建家族办公室组织架构的另一个重要方面。这不仅有助于提高企业的管理效率，还能促进家族成员和外部管理人员之间的和谐合作。

综上所述，一个有效的家族办公室组织架构能够明确家族成员在企业中的正确定位，引入并充分利用外部人才的专业技能，同时通过建立透明的沟通和信任机制，提高整个家族企业的运营效率并取得丰硕的业务成果。

案例：李锦记的成功经验

李锦记最初是珠海南水镇的一家小茶馆，后逐渐演变成全球著名的调味品帝国，它也是一家非常成功的家族企业，目前已经成功传承至第四代。李锦记的第一代创始人李锦棠在1888年开始创业，到了20世纪初，李锦棠之子李兆南将业务拓展到北美市场。20世纪70年代，李兆南的长子李文达接管了家族企业，通过引入先进的自动化技术，成功进入欧洲、东南亚及日本市场。1992年，李锦记进入中国内地市场，发展成为一个产品线丰富的跨国企业。

尽管取得了巨大成功，李锦记也经历了家族内部的重大危机。20世纪70年代，由于与其他家族成员在经营理念上存在分歧，李文达被迫购买了他们的股份，以保持企业的完整。不久之后，他与自己的弟弟因股权分配问题产生争执，导致了双方长达6年的法律纠纷和企业财务危机。这些挑战使李锦记深刻认识到家族和睦对企业稳定的重要性，并促使他们重新思考家族与企业的关系。

李锦记的发展历程反映了家族企业和一般商业企业在管理上的区别。在家族企业中，管理层不仅与商业利益相关联，还与家族成员的情感纠葛相互交织。家族成员在公司中可能同时是股东、董事会成员和管理人员，这种角色重叠往往会导致家庭和工作冲突，影响家庭关系并干扰企业决策。

为了更好地处理家族与企业之间的关系，李锦记在2003年采纳了一项重要的创新策略——建立一个专注于家族学习和发展的家族委员会。这个委员会是李氏家族在深入研究了瑞士、英国、美国、日本等国的管理模式后设立的，它将中国传统文化与西方的法律原则结合起来，形成独特的运作模式。

家族委员会后来成为李锦记家族中决策的核心平台，它的宗旨是将家庭事务与公司管理分离开来，确保两者各司其职。委员会重点关注家庭治理的最优做法、家族争议的调解、家族规则的建立及后代培养。同时，委员会不插手公司的具体运营和管理，以明确家庭与业务的界限。这种做法能够帮助减少家庭成员关系对企业运营的干预，保障企业的专业性和独立性。

李锦记的家族委员会摒弃了传统的家族企业接班人制度，而是采取家族集体领导模式，即委员会成员共同讨论并决定重要事务，从而避免了家族内部的独裁现象。委员会由李文达、其配偶以及他们的五个子女共七人组成。家族委员会的主席由七人轮流担任，负责挑选讨论议题和安排委员会的会议日程。

李锦记的家族委员会对各专业部门进行了精细设计，并规定了各自的具体职能。

● 教育与发展部门。主要负责家族成员的综合教育和成长规划，特别强调传承家族的根本价值及家族精神的教育和继承。该部门由家族的第四代成员交替负责，目前其教育职能已经传递至第五代，内容全面、综合性强，部门安排的课程包括中国经济、历史、文化等内容。

- 家族议会。该机构是家族委员会的下设机构，为所有家族成员（含配偶）提供沟通的渠道和平台。这个机构根据家族成员的具体诉求，举办不定期的会议或活动，商讨全家人需要共同参与的事务。家族议会的常规会议可以由家族委员会成员或其他家族成员发起，需要得到委员会的批准。
- 妈妈小组。该小组为家族中的母亲提供交流育儿心得的平台，家族内的母亲都是此团体成员，她们每月聚集一次，分享关于孩子教育的想法和经验。
- 家族慈善基金。主要负责家族在慈善领域的活动，代表家族履行企业社会责任。
- 家族投资中心。主要负责管理家族的投资项目，并支持有潜力的创新项目。
- 家族办公室。作为家族活动的支持和协调机构，对各类事项进行统一的协调和组织管理。

上述每个部门都由专人负责管理运营。通过清晰的部门设置和责任划分，李锦记家族形成了一套完善的家族事务管理机制。不仅如此，李锦记家族还通过召开家族会议的方式，解决家族治理过程中遇到的具体问题。在这些例会上，家族中的各种问题都会被公开讨论，从而明确家族挑战、设定共有目标、达成共识，确保家族成员的思想和行动的一致性。

家族委员会的聚会安排为每季度举行一次，每次持续 4 天，全年共计 16 天。所有核心家族成员都有义务出席，未能准时到场的成员需要缴纳 2000 港元的罚金。其他家族成员虽然不强制参加日常会议，但年终大会全体成员都要出席。

在聚会的首日，每位成员都会介绍自己和家庭成员，特别是子女的情况；第二天和第三天主要围绕家族治理的议题进行讨论；最后一天，家族成员的配偶也会参与进来，他们会深入了解会议的主要决策和公司的最新进展。这样的安排能够促进家族内部的理解和联系，实现家族在思想和行动上的统一。

在李锦记的家族委员会中，成员们还需要遵循一套行为规则。这个规则分为两类：鼓励的行为和禁止的行为。鼓励的行为包括集体先于个人、坦率交流、提供积极反馈、自由讨论、针对议题的辩论、专注于事实而非个人；而禁止的行为包括表现消极情绪、独裁式管理、坚持个人观点、言行不符和个人攻击。这些规则旨在维持家族讨论的和谐与积极气氛。

在家族聚会上，每位家庭成员都要进行"幸福指数"评估，评估内容包括快乐程度、压力水平和健康状态，评分为1~10分。这个过程能够增强家族成员间的相互了解和亲密度。

家族聚会的组织由家族委员会的主要成员轮流负责，每位承担此责任的成员都要负责会议的筹划、实施和后续行动。会议完结后，负责人会挑选下一场聚会的组织者，并提供相应的指导，以保障任务的顺利交接。这种轮换制度能够促进家族成员间相互协作，强化整体的团队合作精神。

此外，李锦记家族还定期安排家庭旅行，参与者包括从第三代到第五代的所有成员。这些旅行不仅加强了家族成员之间的情感，也让年青一代更深入地了解家族的业务和使命。这样的活动不断强化了家族的团队精神，还培养了"团队大于个人"和"家族大于家庭"的观念。

建立家族委员会之后，家族成员对在家庭和企业环境中应讨论的议题有了清晰的界定。另外，企业战略方向的选择会在董事会层面得到认真审议，而家族相关的规划和事宜则由家族委员会来负责处理。这种机制有效地平衡了家族对公司管理的影响力，也保证了企业运营的专业性和独立性。

除以上内容，李锦记家族委员会还制定了家族管理宪法。宪法的内容和修订必须得到超过75%的家族委员会成员同意才能通过。其中一项关键规定是，第五代家族成员需先在外部企业工作3~5年后，才有资格加入家族企业，且入职流程和评估标准与非家族成员相同。此举是为了避免家族成员直接担任高级职位带来的负面影响。另一条宪法内容则涉及家族企业的治理结构，它规定关键领导角色由家族成员和外部专业人士共同担任。在董事会上，家族成员和独立董事共同存在，确保企业的决策既能够反映家族利益又能够吸纳外部专业观点。至于重要的管理职位，如董事会主席，则由家族成员定期轮换担任，以维持家族对业务核心的主导地位。同时，集团总董事长永久由家族成员出任，以保证家族对公司的长期控制。首席执行官则可能来自外部，这样的配置目标能够将家族价值观与市场专业性相结合，从而实现企业的稳健发展。

第三个重要条款针对第五代及以后的家族成员：如果他们对接管企业没有兴趣，可以选择放弃股东身份，但仍然保留家族成员身份和参与家族委员会的权利。这样既保证了家族成员控股，又考虑了不愿参与家族企业的家族成员的个人感受。

最后，李文达推行了"三不原则"，包括不晚婚、不离婚和不婚外情。违反这些规定的家族成员将不得在董事会任职。尽管这项规定引发了家族内部的争议，但李文达坚信家庭和睦对家族的繁荣至关重要，最终这一条款在家族委员会中全票通过。

在李锦记家族企业的发展中，"家族宪法"作为其结构支柱，而家族的信条和思维模式则形成了精神核心。其中最核心的家族信条是"共同利益"。李文达作为家族的第三代领袖，将这一理念作为家族经营和商业活动的主导原则。这个概念不仅针对家族成员，也针对员工、顾客、合作伙伴甚至竞争对手，即把所有人都视为"我们"的一分子。"共同利益"着眼于如何作出对所有人都有益的决策。

第四代家族成员对这一理念有了进一步的诠释，核心观点可以概括为"置换视角""共鸣"和"宏观视野"。

- 置换视角，是指在所有情况下考虑问题时都要站在对方的立场上，如领导者需从员工的视角思考，商业活动应考虑顾客需求。例如，一个经常外出的家族成员在归家前会考虑家庭成员的期望。

- 共鸣是在言行中顾及他人的感受。例如，李锦记家族成员在通话时，他们通常首先询问对方是否方便，而不是直接提出问题，这体现对他人情感的考虑。

- 宏观视野，是指在思考问题时能像乘坐直升机一样超越个人和当前的局限性，站在更高的维度看问题，如从国家、民族或社会的角度出发。

有时面对家族委员会的激烈讨论，主持人会建议先暂停，进行一些轻松的活动，如打球，然后冷静思考刚才的讨论是否体现了共同利益，是否考虑了他人的感受，是否具备宏观视野。

李锦记家族成员中最重要的共识是创新的必要性。家族坚信仅依赖传统做法无法保证长期的成功，必须通过持续创新来保持发展势头。因此，李锦记的关注点不是停留在现有产品上，而是通过不断研发新产品，积极进军全球市场。

另一个重要共识是将家族放在企业之前。家族是整体的根基，企业仅是其中的一环。如果优先考虑企业发展，一旦企业遇到重大问题，整个家族都会受到影响。因此，家族治理被视为最重要的议题，李氏家族相信良好的家族治理是企业成功的关键因素。

李锦记成功的家族治理和传承背后，核心要素在于用明确的家族宪法，来确保治理规范和预防未来挑战。家族深植"共同利益"等核心价值观，如利他主义、换位思维和宏观视野，引导成员在决策中考虑全局。创新被视为企业持续发展的关键，通过不断推陈出新和市场扩张来维持竞争力。家族与企业之间的平衡被高度重视，家族的和谐被认为是企业稳定的基石。定期的家族会议和沟通平台能促进成员间的参与和联系，而对年青一代的教育和培养则可确保家族价值和经营理念的延续。家族宪法具有开放性和包容性，允许成员根据个人选择参与到家族企业中，平衡了家族事业和个人自由。

综合来看，李锦记的家族治理和传承是建立在规范、创新、平衡、沟通和包容等价值观的基础上，是企业长期成功和稳定发展的关键。

对于其他的家族办公室和高净值家族来说，李锦记家族是值得学习和参考的典型案例，因为它不仅从结构上解决了家族治理过程中的难点问题，而且从精神层面和价值观导向层面建立了"榜样式"传承方式，通过对下一代潜移默化的影响，形成软性的代际纽带，将家族核心价值观传承下去。

运作模式：家族办公室的工作体系

家族办公室可以采用不同的运作模式，具体模式的选择取决于家族企业和家族治理的需要、家族代际传承的方式等，主流的运作模式一般分为六种。

模式一：内置家族办公室（Embedded Family Office）（见图9-2）。内置家族办公室通常适用于单一家族办公室，其运营和服务被嵌入或集成到家族企业的结构中。在这种模式下，家族办公室不是作为一个独立的实体存在，而是作为家族企业内部的一个部门或子系统存在。它通常由家族企业的员工组成，可能包括财务顾问、法律顾问、税务专家和其他相关专业人士，他们同时处理家族企业的业务和家族私人财富的管理事宜。

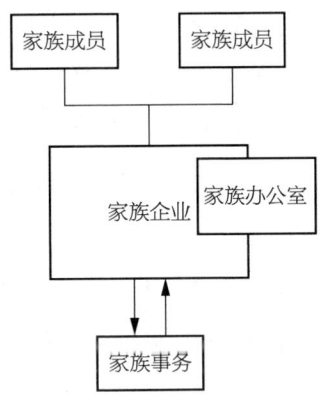

图 9-2　内置家族办公室模式

世界上知名的内置家族办公室是三星家族办公室,该机构由李秉喆创立。它既处理集团的企业和人事管理,也负责李氏家族的资本运作和继承计划。与欧美家族企业的资产分离模式不同,韩国的财阀家族更倾向于通过家族成员控制企业,以此保持企业运营的持续性。秘书室作为嵌入集团的家族办公室,协助管理庞大的三星集团,这是其设立的初衷。三星集团的业务涵盖众多领域,投资分散,因此,没必要将家族财富与企业资产分离。在三星这样的企业中,除控股家族,还存在其他小股东。秘书室管理的资金主要是控股家族的私人资产,有时会损害集团小股东利益,引发企业与家族利益的冲突。

内置家族办公室作为一种特殊的运作模式,具备显著的优势。首先,集中的决策体系与效率化的操作能够帮助企业提升资本运作的效率。在企业集团内部,内置家族办公室在加快精确化决策过程中扮演着关键角色。对于那些具有全球子公司网络的大型企业来说,因为地理位置比较分散,很多决策面临执行和监督的难题。在这种情况下,内置家族办公室能够起到中枢作用,通过财务资源的分配和人事管理的安排,确保集团层面的决策能够迅速有效地落实。其次,内置家族办公室能够帮助企业制订周密的传承规划,强化人力资源的配置和资本维护。内置家族办公室通常与家族核心团队走得比较近,或者其成员本身就是家族核心成员,因此非常了解家族核心利益。因此,内置家族办公室会制订继承者的职业路径并进行对应的职权配置,以保障家族在企业中的主导地位。这种策略不仅有助于家族企业的平稳过渡和长久发展,也增强了对家族资产和人才资源的有效管理。

当然，内置家族办公室也存在一定的"短板"。首先，高度中心化的权力结构会降低子企业的独立性。内置家族办公室可能导致决策权在家族企业中过度中心化，这种趋势可能对附属机构产生制约作用。这样的管理风格会削弱子企业的自决能力和创新精神。从长远来看，内置家族办公室对分支机构经营的密切干预可能会阻碍它们的常规运行，影响经济效益。当然，内置家族办公室带来的负面效应与家族领导风格、企业治理方式等各种因素相关，需要具体问题具体分析。其次，家族与企业利益难以区分，可能会激发许多潜在的矛盾。家族办公室在处理集团业务和家族相关事务时，有时难以平衡家族与企业之间的利益，也就难以保证决策的客观性和公正性。对内置家族办公室来说，偏向家族利益可能会损害企业长期利益，而专注于企业管理则可能忽视家族的长远规划和关键利益，从而影响家族企业战略的执行落地。

模式二：家族控股＋职业经理人管理的单一家族办公室（见图9-3）。此模式是由家族企业投资，或家族成员投资、控股，聘请外部职业经理人进行专业化管理的方式。

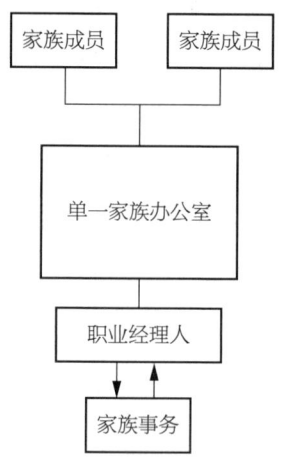

图 9-3　家族控股＋职业经理人管理的单一家族办公室模式

世界上知名的戴尔家族办公室就采用此模式。①戴尔电脑由迈克尔·戴尔创办，成功融合了在线销售和电脑生产，这种创新的商业模式在IT界独树一帜。

---

① 芮萌，陈浩. 家族办公室战略投资官之多元化投资［J］. 家族企业，2016（8）：68.

戴尔电脑上市后，迈克尔·戴尔最初借助高盛的私人理财服务来管理个人财产。在资产逐渐增加之际，戴尔力邀两位高盛前高管加盟，协助自己成立家族办公室。他们花了大量时间来沟通，最终达成了观念上的一致，树立了以长期资本增值为核心的价值观，并在该价值理念的指导下展开投资活动。自1998年戴尔家族办公室成立以来，其资产从4亿美元增至超过130亿美元，并在纽约、洛杉矶和伦敦等地设立分支机构，雇用了超过100位专业人员。

戴尔家族办公室的投资领域广泛，包括股票、特殊机会（如欧元区危机期间的国债投资）、房产、私募股权和对冲基金联合投资等。多年来，其投资标的遍及能源、餐饮、通信、金融、建筑和房地产等多个行业，平均每笔投资额为1亿~2.5亿美元。

戴尔家族办公室在资本市场的投资不仅促进了家族财富的增长，还降低了公司业绩波动对家族总财富的影响。2002年，尽管戴尔公司的年净利润下降了42.8%，但迈克尔·戴尔的个人财富实现了14.3%的增长，这得益于金融投资收益。长期来看，家族企业与金融投资之间关系较弱，通常呈负相关关系。2013年，戴尔家族办公室协助迈克尔·戴尔与银湖资本合作，以250亿美元收购其上市公司股份，助其完成了公司的私有化过程。

这一策略标志着家族企业的重塑，即从公开上市转为私有化。在此过程中，戴尔家族办公室采用了产业投资的策略，利用外部资本的杠杆效应，实现了家族战略目标的再定位。戴尔家族办公室成为家族强大的后盾。这就是专业家族办公室的力量。

从戴尔的案例可以看出，"家族控股＋职业经理人管理"的单一家族办公室运作模式具有显著的优势。首先，通过引入职业经理人，家族办公室得以实现专业化管理，不仅提高了决策的质量和效率，也保证了管理的客观性。其次，家族与管理的分离减少了情感干扰，使决策过程更为理性。再次，家族控股保证了家族的长期利益得以延续，而职业经理人则专注于日常业务经营效率和提升短期业绩，从而实现了企业长期稳定的经营。最后，这种模式通过家族成员和职业经理人之间的角色分工分散了风险。

然而，这种模式也存在一些劣势。在决策过程中，家族的长远愿景和职业经理人的业务策略可能会发生冲突，需要有效的沟通和协调以解决这些分歧。

同时，聘请专业的职业经理人可能会导致管理成本的显著增加。虽然家族仍然保持控股地位，但在日常运营中，家族的实际控制力可能会有所减弱。此外，职业经理人个人的因素也会影响家族办公室的运营情况，如缺乏长远规划的职业经理人只考虑个人发展，而不会真正站在家族的角度思考企业的长远发展；拥有多年经验的职业经理人跳槽后，带走当时的一部分资源。

模式三：职业经理人控股＋职业经理人管理的单一家族办公室（见图9-4）。职业经理人控股＋职业经理人管理的单一家族办公室模式是一种特殊的家族资产管理结构，其中家族办公室的所有权和日常运营均由专业的经理人团队掌控。这种模式能够将家族成员从日常管理中解脱出来，将财富管理、投资策略、税务规划和家族治理等职责完全委托给有专业知识和经验的经理人，而家族成员可以专注于更长远的家族治理事宜。在这种模式下，家族办公室不仅提供了专业的管理和增值策略，能有效应对市场和法律挑战，但也可能造成家族成员与财富管理的脱节，因此需要建立良好的沟通和监督机制以保证家族利益与管理策略的一致性。

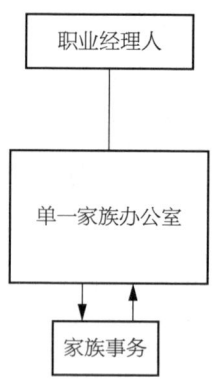

图9-4　职业经理人控股＋职业经理人管理的单一家族办公室模式

在此类家族办公室运营模式中，德国邓克曼家族办公室以其独特的经营方式广为人知。该家族办公室由金融领域的资深专家拉尔夫·邓克曼建立和管理，只为邓克曼家族服务。在股权结构和管理层面上，拉尔夫·邓克曼对这个家族办公室有完全的控制权，并单独制定管理策略和人事任命，保证服务对象家族的独立性。邓克曼家族办公室作为独立的单一家族办公室模式，全面负责该家族的金融资产管理，双方是以短期合同的方式保持合作的。

在这种合作模式下，客户家族可随时结束与邓克曼家族办公室的协议，选择与其他家族办公室合作或自行管理家族资产。同样，邓克曼家族办公室也保留了终止服务该家族的权利。因此，双方合作的核心是基于相互之间的信任。

邓克曼家族办公室有三个分支机构，一个位于德国博德斯霍尔姆，另外两个分支机构分别位于新加坡和苏黎世，三者共有 10 位员工。德国的办公室作为总部，主要负责外汇市场交易和策略的制定，而中后台部门则专注于数据分析、风险控制和客户关系管理。新加坡办公室在运营上与德国总部相互独立，主要负责亚洲时区的外汇市场交易。位于苏黎世的分支机构则是为了将来可能的家族合作拓展而设立的。

在投资领域方面，邓克曼家族办公室主要专注于四个业务领域：房地产投资管理、外汇交易、资金流管理和家族事务。自 2001 年起，其房地产投资管理服务转向了现金流分析、流动性和风险评估、成本预测、资本配置，以及会计与行政支持。外汇交易是其核心业务，团队共管理高达 40 亿欧元的投资款，并作为家族与银行之间的中介，进行交易、定价和策略决策。在资金管理方面，办公室提供无杠杆的资金和收益管理服务，以提高银行账户中外汇的收益。

拉尔夫·邓克曼虽不以家庭事务咨询为主营业务，但仍然以非正式的方式为其家族提供服务。这项服务主要针对家族的创始人和继承家族企业的第二代。家族内部拥有一支专门负责房产和固定资产管理的专业团队，以及一群私人审计师、会计师和法律顾问。因此，邓克曼家族办公室的职责主要集中在为家族治理提供咨询、制订战略规划上，并在必要时帮家族成员寻找专业的第三方服务机构。

在决策机制方面，邓克曼家族自身是最高决策实体，而家族办公室则扮演向家族提供投资咨询和执行方案的角色。

- 决策提案流程。在进行外汇交易时，家族办公室率先进行详细的数据分析，随后将分析结果与家族进行交流和讨论。家族成员也时常在周末自行研究外汇市场，之后向办公室提出关于特定货币的持仓建议。在这种模式下，无论是家族办公室还是家族成员本身，都拥有提出投资建议的权利。
- 监督和评估。家族在投资表现及目标达成方面采取以结果为导向的监督方式。家族办公室的首要任务是为家族寻求最优投资方案。在房地产融资领域，家族办公室致力于在众多银行中筛选出最合适的融资方案，而家族更关注获得最优利率、投资起始金额和预期回报。在外汇市场方面，家族的目标是实现显著的投资收益。尽管家族办公室拥有完整的执行权，但最终的决策权始终掌握在家族手中。

● 风险控制。邓克曼家族办公室在风险控制方面表现出色，他们有专门的中后台团队负责监督和管理风险事务。前台交易员执行的所有操作和交易数据都通过彭博系统传输到中后台的数据处理模型上。中后台团队由四名员工组成，负责从数据中提炼客户的持仓和流动性信息，并进行日常汇报。家族办公室的内部监控系统与彭博系统保持实时链接，能够访问和分析过去10年的交易数据和图表。办公室内的所有关键数据都被详尽记录，并存储在每天备份的服务器上，确保在任何紧急情况下都能快速恢复运作。

模式四：家族控股+家族管理的联合家族办公室（见图9-5）。此类家族办公室模式常常源于单一家族办公室，随着业务量的增长、家族企业实力的提升，单一家族办公室具备了更强大的服务能力，因此家族办公室开始向联合家族办公室发展。这种模式的主要优势在于资源共享和成本效益。多家族共享资源和专业知识，可以降低单个家族对广泛服务（如投资管理、税务规划）的成本负担。此外，联合家族办公室因规模较大，能够吸引更多专业人才，提高投资决策质量，并接触更多元化的投资机会。多家族的结合还增强了商业网络关系和影响力，为家族创造更多机会和利益。

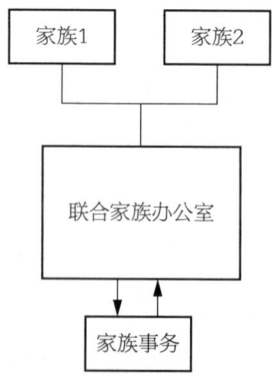

图9-5 家族控股+家族管理的联合家族办公室模式

然而，这种模式也存在一些缺陷。例如，不同家族在投资目标和风险偏好上有所差异，可能会导致决策中出现利益冲突。家族成员可能对共享敏感信息和放弃部分控制权感到担忧，因此在联合结构中，保持信息透明度和隐私保护也是一大挑战。随着加入的家族数量的增加，协调彼此的需求和期望变得更加复杂，管理多家族资产的决策过程可能变得更为缓慢和困难。

这种模式的一个典型案例是皮特卡恩家族。皮特卡恩家族的商业经历可以追溯到1883年，当时约翰·皮特卡恩和约翰·福特合作创立了匹兹堡平板玻璃公司（Pittsburgh Plate Glass Company，PPG），很快该公司就成为玻璃行业的领军企业。约翰·皮特卡恩的三个儿子雷蒙、西奥多、哈罗德也积极参与到家族企业的运营中。

1923年，三兄弟建立了控股公司，负责管理家族在匹兹堡平板玻璃公司的股份，同时追求个人事业的发展，这标志着皮特卡恩家族办公室的初步形成。

1985年，皮特卡恩家族作出重大决策，将其在PPG的全部股份以5.3亿美元的价格出售①，实现了与创始公司的彻底分离。为了管理这笔巨额资产，1987年，家族针对流动资产的管理，专门成立了皮特卡恩信托。

到了1989年，皮特卡恩信托发起了专注于家族企业股票的战略信托基金，并在同年开始向其他家族提供服务，由此正式转型为联合家族办公室。2000年，该信托将其不同的基金整合到"皮特卡恩家族基金"下，并隶属新设立的皮特卡恩基金。

为了更好地服务日益增长的家族办公室业务，皮特卡恩基金于2004年更名为皮特卡恩金融集团，业务范围扩展到财富管理、信托、房地产和税务规划等多个领域，管理资产总额达200亿美元。皮特卡恩家族办公室不只从事传统的财富管理业务，还从事房地产、税务规划、慈善事务、家庭日常管理和家族传承规划等领域的业务，是一个综合性的专业联合家族办公室。该家族办公室在2013年获得《家族办公室评论》颁发的年度最佳联合办公室等奖项，说明其成功经历已得到业界认可。

---

① PPG已在原有名称的基础上，更名为PPG工业集团（PPG Industry），即1923年PPG的名称是原名，1985年该家族出售的股份是PPG工业集团的股份，已改名。

皮特卡恩家族办公室的服务范围比较全面，包括信托规划、家族传承安排、日常家庭事务管理和与其他家族办公室合作。

- 信托规划。皮特卡恩家族办公室对家族的需求有深刻的理解，并拥有丰富的信托管理经验，因此它能够提供创新策略来实现受益人的长期价值最大化。其投资重点是实现长期收益，因此倾向于私募股权投资和基础设施投资。

- 家族传承安排。该家族办公室负责制订接班人计划，促进家族成员间的有效沟通，并为下一代制订教育和培训计划，从而建立灵活的家族治理结构。

- 日常家庭事务管理。提供财务规划、预算管理和税务筹划等服务，从个人、公司、信托和基金的全方位视角出发，帮助实现家族利益的最大化。

- 与其他家族办公室合作。皮特卡恩家族办公室与其他家族办公室建立了广泛的合作关系，为那些已设立家族办公室的家族提供专业技术和资源支持，并提供定制化的家族传承解决方案。在提供优质服务的同时，该家族办公室还特别注重客户的独立性和隐私性。

皮特卡恩家族办公室通过创新运营方式实现了家族企业和家族办公室的双重身份，既达成了家族的目标，也造就了机构自身的成功。他们将优质服务推广到更多高净值家族中，形成了另一种形式的资源整合和连接。这种模式对于高净值家族新设立的家族办公室来说，具有极高的参考价值，因为它指明了一条崭新的发展道路。

模式五：家族控股＋职业经理人管理的联合家族办公室（见图9-6）。这种模式是最主流的联合家族办公室的运营方式，家族成员的直接参与和专业管理人员的专业能力相结合，形成了协同效应。在这种模式下，家族成员保持对家族办公室的控制权和重要决策的影响力，而职业经理人则负责日常运营和专业投资管理。

这种模式的最大优势是能将专业知识、行业经验与家族价值观、发展愿景有效结合，让职业经理人的金融和投资管理知识与家族成员维护的长期价值观相互补充。此外，职业经理人的参与提高了决策质量，提供了更广泛和深入的市场洞察，有助于家族作出更明智的投资选择。同时，引入的风险管理工具和策略有助于分散家族资产的风险。此外，职业管理团队的有效运营能够提高家族办公室的工作效率，增强对市场变化的快速响应能力。

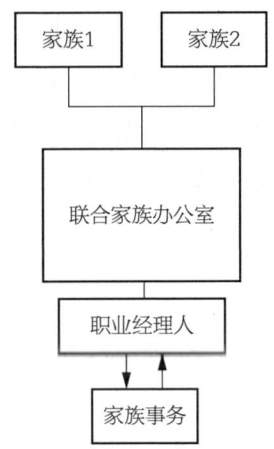

图 9-6　家族控股 + 职业经理人管理的联合家族办公室模式

不过这种模式也存在一定的不确定性，包括控制权和信任问题。例如，家族成员可能对职业经理人的决策不够信任，尤其是当这些决策与家族价值观相冲突时，甚至会直接干涉职业经理人的决策动作。此外，聘请高水平的职业经理人会显著增加运营成本。在利益协调方面，双方还存在潜在的利益冲突问题，职业经理人的个人利益可能与家族利益不一致，因此需要适当的监督和激励机制来确保二者目标一致性。

在这类联合家族办公室的案例中，最成功的莫过于贝西默信托。贝西默信托位于纽约第五大道洛克菲勒中心，是一家享有盛誉的家族办公室。这个家族办公室的历史最早可以追溯至美国钢铁业传奇人物安德鲁·卡耐基的合伙人亨利·菲普斯，家族的兴起与此人的后裔有关。截至 2013 年，贝西默信托通过其全球 16 个分支机构和 800 余名员工，为 2200 个高净值家族管理约 950 亿美元资产。他们的客户中大部分为外部高净值人士。该机构获得了包括洛克菲勒家族在内的多个著名客户的高度评价。

贝西默信托的客户群不仅包括菲普斯家族成员，还有至少拥有 1000 万美元可投资资产的其他高净值家庭，以及众多政商界名人。该机构曾在 2005 年被《国际私人银行家》杂志评为杰出家族办公室，2014 年被《家族财富报告》评为美国顶级联合家族办公室。此外，根据 Luxury Institute 对美国前 10% 财富人群的调查，贝西默信托在 2005 年和 2006 年连续被评为"声誉最佳"的财富管理公司。

亨利·菲普斯与安德鲁·卡耐基的合作始于19世纪中期，他们当时共同投资了当地急需资金的铁匠铺，这成为他们日后铸造钢铁帝国的基础。亨利注重财务管理和成本控制，他与卡耐基一起工作，后来他们的公司控制了整个钢铁产业链。1900年，卡耐基钢铁公司成为全球最大的钢铁生产商，最终以4.8亿美元卖给J.P.摩根，并合并为美国钢铁公司。亨利获得了该公司价值数千万美元的股票和债券，一举成为巨富。

1907年，为了更好地继承和管理这一巨额财富，亨利成立了贝西默信托公司，公司以革新炼钢工艺的英国人亨利·贝西默命名。1911年，亨利进一步将家族资产进行整合，成立了贝西默投资公司，管理大量不动产和证券。他将财富主要传给自己的家族成员。

1930年，菲普斯家族第二代成员成立了贝西默证券公司，专注于投资业务，与贝西默信托相辅相成。贝西默信托专注于信托和财富管理，而贝西默证券则管理上市公司股票、长期股权投资等。这种结构设计有效地区分了两家公司的职能，确保了家族财富的有效管理和传承。

20世纪中期，贝西默信托主要服务于菲普斯家族的近70名成员，为他们提供全方位的家族财务管理服务。但随着家族成员数量的增长，信托面临着运营成本上升的挑战。为了解决这一问题，贝西默信托面临三个选择：出售家族办公室、缩减服务范围或转型为联合家族办公室。最终，他们选择转型成为联合家族办公室，以扩展业务并降低成本。

这一转型决策要求贝西默信托为内部和外部家族客户提供平等的服务，并消除潜在的利益冲突。1974年，贝西默信托获得银行牌照，开始接受外部家族的资金。随着时间的推移，外部家族的资产比例逐渐超过了菲普斯家族。到2001年，外部家族的资产占到了信托管理总资产的2/3以上。通过这种方式，贝西默信托在华尔街取得了良好的声誉，成为一个成功的联合家族办公室的典范。

亨利·菲普斯通过严格的家庭规范和智慧的财富管理，确保了家族财富的稳健传承。他的家族信托——贝西默信托，不仅维护了家族价值观，还强调了财务自律和民主决策。通过家族成员之间的相互协商和股东协议，菲普斯家族维持了对贝西默信托的全面控制，同时保持了长期的再投资策略。贝西默信托的成功也来自对声誉的重视、对服务质量的坚持,以及将客户利益置于首位的经营哲学。这些做法确保了家族财富和企业的持续增长,同时减少了内部利益冲突。

模式六:职业经理人控股 + 职业经理人管理的联合家族办公室(见图9-7)。这类办公室基本上属于金融机构的一部分,因此具有一定金融机构的特点。它们主要由经验丰富的专业管理团队运营,同时为多个家族提供服务,包括但不限于资产管理、财富规划和税务安排等。这种模式为刚开始考虑设立家族办公室的家族提供一种具有强适应性的服务方案。

图 9-7 职业经理人控股 + 职业经理人管理的联合家族办公室模式

成立于19世纪初的瑞士百达银行,由三个有影响力的家族联合创建,致力于为世界范围内的超高净值个人提供专业的财富管理服务。这家历史悠久的银行见证了众多历史时刻,包括全球大战和经济动荡期。

百达银行能够长久稳定运营的关键在于两大独特的管理策略。第一个策略是建立一个由资深合伙人和投资专家组成的投资委员会,负责审查和调整银行的投资方向。该委员会采取审慎的投资原则,避免涉足过于复杂或风险过高的市场,并在市场环境发生变化时迅速调整投资布局,以应对可能的风险。第二个策略是坚持独立资产管理原则,银行既不参与投资银行业务,不发放商业或担保贷款,也不涉足上市或并购等活动。这种独立经营模式确保银行能够专注于客户的资产管理,避免潜在的利益冲突。

这家银行自成立以来一直在创始家族的管理下,目前已经传承至第八代。截至21世纪初,百达银行管理着大约550亿欧元的资产,并在全球拥有多达

26个办事处，雇用了约 3500 名员工。百达银行在金融界中的长期成功得益于其对独立性的坚持和对财富管理的专注，这些经营理念使该银行在众多金融机构中脱颖而出。

人才架构：现代家族办公室需要什么样的人才

家族办公室人才的硬性能力。成功的家族办公室需要有一个多元化的团队，多元化意味着团队成员具备不同的专业背景和思维方式，有时候甚至包括文化价值观等，因为家族办公室团队成员需要面对金融、法律、社会等各种问题，而且这些问题往往不具备标准化解决方案，因此家族办公室团队的成员不仅需要具备扎实的专业基础，还需要具有深厚的从业经验和跨行业协同的能力。

虽然相较于传统金融业，家族办公室人才体系的标准化程度较低，但二者仍有一些共性的核心能力和知识体系。我们将其称为硬性能力，这些能力是进入家族办公室核心团队的基本要求。

- **首席执行官级别的领导能力。**这些能力包括战略规划与决策能力、企业经营管理能力、组织协调与沟通能力、风险防范与应对能力、对外公关及向上管理能力。

- **首席投资官级别的专业能力。**这些能力包括投资策略和组合管理能力、市场分析与调研能力、金融风险评估和控制能力、专项资产管理能力、团队领导能力和沟通能力。如果涉及特殊类型的投资，CIO 还需要具备对应的专项能力，如量化分析能力等。

- **项目识别及执行能力。**家族办公室核心成员需要具备项目相关经验，尤其是以私募股权和直接投资为核心的行业经验。此类人才对资本市场的宏观情况、运行方式有深入洞察，具有高度市场敏感性，同时对项目的整体流程和盈利模式具有丰富的实际操盘经验。

- **扎实的财务知识和财务管理经验。**这类经验包括在家族办公室、传统金融机构、财富管理机构担任首席财务官或财务总监的经验。此类人才具有高站位的财务管理视野，能够合理规划财务管理体系、税务筹划体系，帮助家族办公室提高合规管理水平，同时具备高水准的信息披露及管理水平。

- **扎实的法律知识及相关领域从业经验**。这类人才需具有税法、信托、公司法等细分领域的从业经验。此类人才不仅深入了解法律知识，还能够综合应用这些知识帮助家族企业规避风险，同时他们要具备国际化视野，知道如何处理不同国家的法律事务，并妥善处理跨国事业的法务问题。在日常运营中，他们帮助家族准备和审查复杂的法律文件，如信托协议、遗嘱、购买协议和租赁合同，确保所有文件符合法律要求，充分保护家族的利益。

家族办公室人才的软性技能。除上述技能要求外，家族办公室核心团队人才要求还包括一些软性能力。这些软性能力通常难以通过资格考试、入职测试等方式量化评价，但是会对实际的业务流程产生重大影响。

- **沟通技能**。除职业化、标准化的沟通技能外，家族办公室人才体系中对沟通能力的要求更高。这不仅要求团队成员能够清晰、准确地传达信息，与家族成员、同事和外部合作伙伴进行有效沟通，同时要能够有效倾听，理解他人的观点和需求，并且同时站在专业化和同理心的角度思考并理解对方的立场。只有高水准的沟通技能，才能让团队成员真正理解家族成员之间复杂和微妙的关系，并将自己摆在一个正确的位置上。

- **人际关系能力**。在家族办公室的工作中，建立和维护良好的关系至关重要。个体不仅要与团队内部成员建立稳定的信任关系，还要与家族成员保持合适的关系——既相互信任，又具有明确的业务边界。在涉及国际事务时，人际关系能力能够帮助团队成员理解和尊重不同文化，从而适应跨文化事务中的不确定性。

- **解决问题能力**。家族事务常常具有突发性、临时性和高度不确定性，这就要求团队成员能够在复杂多变的环境下，快速作出理性分析和判断，并进行果断决策。这一能力是建立在性格稳定、思维缜密、考虑周全、高度责任感等多个因素基础之上的，这对家族办公室团队人员的从业经验、性格和个人能力提出了极高的要求。

- **组织和规划能力**。在家族办公室中，组织和规划能力是确保高效运作的关键。这包括精通时间管理，如合理安排日程，优先处理重要任务，有效地配置资源（如财务、人力和信息），以及制订并执行项目计划。这就要求团队成员具有极强的自驱力，能够主动思考和改进工作方法，不断提升组织和管理效能。

- **团队合作。** 由于家族办公室工作涉及的领域多元化，因此需要团队成员鼎力协作，各自发挥专长的同时，能够彼此支持，因此成员需在各种角色间灵活转换，通过充分的沟通来确保信息明确传达。同时，成员们需要共同致力于家族愿景和价值观的维护，解决内部分歧，共同建立信任与尊重的企业文化。

- **道德和诚信。** 对于家族办公室团队成员而言，道德和诚信问题至关重要。首先，因为家族办公室业务经常接触企业内部敏感内容，涉及公司财务、高层人员等重要信息，因此从业人员应当谨慎处理这类内容，并严格遵守保密要求。其次，家族办公室内容关系到家族企业的对外形象，因此从业人员应当以高水准的职业道德，严格要求、规范从业。

家族办公室人才体系中的核心岗位。 一般而言，家族办公室会设置CEO（首席执行官）、CIO（首席投资官）、CFO（首席财务官）等主要岗位，有些还会设置CDIO（首席直接投资官），针对具体的岗位职责有不同的要求。

- **CEO。** 在家族办公室中，CEO的职责不限于常规的管理和战略规划，而需要覆盖家族的多元需求，包括投资策略制定、财富和遗产规划以及关键的法律和税务工作。CEO多半来自家族内部，拥有强大的领导能力和丰富的人际网络，可利用这些资源促进家族成员之间的合作和共同投资。

在其他情况下，家族办公室的CEO可能由外部的专业人士担任，这些人士可能会有会计或投资咨询的背景，或者来自其他服务过的超高净值客户的家族办公室、私人银行或资产管理公司。

然而，外聘CEO面临的一大挑战是，尽管他们负责监督包括CIO在内的整个团队的运营，但在薪酬方面常常得不到与其职责相匹配的回报。这导致许多CEO因为薪酬不足而离开，或者在职位上持保留态度，不会全心全意为家族办公室服务。

总体来说，在家族办公室CEO的选聘上，机构需要综合考虑候选人的工作能力、专业技能、服务态度、从业经验等多个维度，并建立良好的薪酬激励机制。

- **CIO。** CIO在家族办公室的专业体系中拥有核心地位，负责领导投资策略的设计和执行。他们的工作聚焦于分析全球市场动态，制订与家族长期目标相符的投资计划。通常，CIO需花费一年半左右来完全适应家族办公室的运作方式及深入了解家族的特定需求。

CIO 的招聘通常来自私募基金、银行、财富管理公司或投资咨询等相关行业，这些背景为其提供了丰富的经验和市场洞察力。一般来说，具备 10 年以上相关行业经验的专业人士更适合该岗位，因为他们通常更能够从长远视角对市场走势进行综合判断。

CIO 的职责范围因家族办公室的大小、投资领域的广度而定，他们的主要任务是确保投资策略的有效性和家族资产的持续增值。在选聘标准上，比起 CEO 的综合要求，CIO 的选聘更加聚焦于专业能力、业务理解及实际从业经验。

- CFO。在家族办公室中，首席财务官承担着多种重要职责，包括但不限于税务申报、财务报告、会计处理、合作伙伴关系管理、财务建模、借贷管理、家族银行业务监督、现金流管理、账单处理、直接投资回报分析、并购和销售活动的财务处理，以及信贷和债务管理等。

尽管并非每个家族办公室都设有独立的 CFO 职位，但对于那些资产规模较大、拥有复杂投资组合的家族办公室而言，聘请一名专职 CFO 是非常必要的。在某些情况下，CFO 的职责可能由 CEO 或 CIO 兼任。

此外，家族办公室通常会组建一支专业团队，其中包括分析师、投资经理、会计师以及其他支持家族业务运营的专业人员。

人才难点：家族办公室如何破解人才问题

随着家族办公室数量的提升，家族办公室机构对人才的需求也在逐步提升。一方面，它们需要更多高端人才来满足日益增长的业务需求；另一方面，在人才的筛选和匹配上，它们难以获得合适的人选。这些难题是多方面因素造成的。

高度保密性和不透明性。家族办公室的保密性是其核心特征之一，因为其业务涉及海量规模的财富管理以及家族成员的个人信息。因此，在招募新成员的过程中，它们通常会与外界保持距离，不会轻易泄露过多细节，除非认为某个应聘者具有进一步发展的潜力。即使在初选阶段，机构也可能要求候选人签署保密协议。

尽管保密是出于合理考虑，但过分隐秘可能会妨碍潜在人才的流入，甚至引来不符合要求的候选人。比如，管理规模为5亿美元与50亿美元的投资分析师所需技能截然不同。如果一名能够处理50亿美元资产的分析师误以为在加入后自己只能负责5亿美元规模的项目，他可能就不会考虑加盟。如果招募了经验不足的分析师，家族办公室的资产管理可能面临风险。

在家族办公室的多个保密事项中，资产管理只是其中一部分，而其他业务的保密等级或许相对较低，因此家族办公室在招聘人才时，应当对保密性和隐私性进行谨慎的判断和评估，确定更加明确的可公开信息的范围，从而增加双方之间的信任。

难以标准化及量化的业务范畴。家族办公室在招聘人才时面临的一大挑战是业务范围难以标准化和量化。家族办公室的业务通常呈现高度个性化的特点，并深受家族特定需求和价值观的影响，这使得其业务难以采用统一的标准衡量。因此，在招聘人才时，难以通过常规文书提供定量标准。具体来看，业务非标准化主要体现在以下五个方面：

- **多样化的业务需求**。家族办公室的业务不仅包括财富管理和投资策略，还可能包括税务规划、慈善活动、家族治理、遗产规划、教育咨询等。每个家族的需求都不一样，而且具体需求会受到创始人和家族成员个人因素的影响，因此家族办公室必须提供定制化的解决方案，这使得业务难以标准化。

- **团队成员缺乏明确的角色定位**。虽然家族办公室具备企业化的组织架构，并设有CEO、CFO等相关领导岗位，但是相较于常规的金融企业，其岗位职责整体上仍然比较模糊。对于非领导岗的员工而言，他们的职能范围可能缺乏足够的边界感，一名员工可能同时负责投资管理、客户关系和行政工作。这种模糊的角色定位使得招聘团队难以明确职位要求并达到预期成果。

- **业绩衡量的复杂性**。家族办公室的成功不仅取决于财务表现，还包括家族成员的满意度、家族资产的长期保全和增值等。这些因素往往难以量化，因此很难在招聘时有效评估潜在员工的能力和工作成效。加之团队成员本身的职责就存在边界模糊的问题，因此绩效的统计路径、薪酬激励机制的构建，对于家族办公室团队来说都是很大的挑战。

- **文化适配问题**。文化适配问题主要包括两个方面：一方面是来自家族企业文化的影响。家族办公室的企业文化常常深受家族价值观的影响,即使是资历深厚的专业人士,也可能因为不适应家族文化而难以融入。另一方面高净值家族常常涉足海外事务,因此家族办公室成员自身对多元文化的适应性也将影响其在团队内的表现。在实际招聘过程中,家族办公室不仅要考虑候选人的技能和经验,还要评估他们的文化匹配度和文化适应能力。

- **教育和培训的挑战。**由于家族办公室的业务范围广泛、标准化程度低,员工的持续教育和培训也是一项长期性的工作,如何建立有效的员工培训机制将是所有家族办公室都会面临的问题。

具体面试过程中存在的问题。在家族办公室的招聘流程中,制定合适的评估机制和面试策略至关重要。这一过程不仅需要对候选人的个性和专业技能进行深入分析,而且需要通过精心设计的面试问题来判断他们是否能适应这一特殊的工作环境。

家族办公室在面试中可能会提出创造性的问题,用来评估应聘者的临场反应能力和决策能力。这些问题包括从资产管理策略到处理突发事件的能力等多个方面。例如,除了讨论关于投资和财富管理的标准问题,面试官可能会询问应聘者在特定紧急情况下的处理方式。这样的提问有助于了解应聘者在面对高压和复杂场景时的表现,因为他们未来很可能需要在为高净值家族提供服务时处理类似情况。然而,这种做法有时可能会超出求职者的舒适区,甚至导致他们退出应聘过程。

另外,由于家族办公室行业的特殊性,其业务与个人特质的边界感往往低于常规工作。家族办公室在面试时对个人生活的探讨也需要适度。询问与工作相关的家庭和个人情况是可以接受的,但过分涉及私人生活可能会被视为不妥,这可能会阻碍优秀人才的加入。

因此,家族办公室在招聘时需要适当地平衡面试问题的设置和求职者的个人隐私。在寻求与家族文化的契合度的同时,也应避免侵犯求职者的个人隐私,从而吸引并留住合适的高级人才。

在流程方面,因为行业及业务的特殊性,家族办公室的招聘过程往往比较漫长。在某些欧洲家族办公室,整个应聘流程可能持续数月,这与其他地区的快速应聘形成鲜明对比。尽管这样的时间安排可以确保对候选人进行全面的评估和细致的筛选，但也可能导致错过合适的人选。

由于家族办公室工作涉及财富管理和家族传承等敏感领域，因此需要对候选人进行严格的背景调查和深入的评估。这是因为员工不仅要参与日常运营，还可能直接与家族成员交流，处理家族的财务和遗产问题。因此，选择不合适的员工可能对家族办公室产生严重的负面影响。

然而，过于漫长的招聘过程可能会导致错失理想的候选人。在家族办公室中，决策往往需要多方利益相关者的参与和批准，这可能导致招聘流程的延迟。如果各相关方无法及时会聚一堂讨论候选人问题，家族办公室就可能错失优秀人才。

为了有效地应对这一挑战，家族办公室应在整个招聘过程中合理安排每一个步骤，包括及时反馈面试结果、安排后续的面试，并确保招聘资源与所需人才类型相匹配。虽然家族办公室团队不必急于提供职位或为留住人才而作出让步，但合理管理时间和候选人的期望是至关重要的，要避免招聘过程中的效率低下和浪费时间。

第 10 章
愿景与展望

家族办公室的演进趋势

在财富管理和家族企业的世界中,家族办公室的发展和演变是一个极为有趣的过程。通常高净值人士或家族在财富管理的过程中并不是一开始就成立家族办公室,而是在逐步、有序地发展和扩大自己的财富管理体系的过程中组建起家族办公室。

在财富积累初期,高净值人士或家族往往会投资单一项目。随着资产规模的扩大,他们开始考虑更为复杂的资产配置策略,寻求在地区、货币、投资种类和市场板块等方面的多元化投资。这一阶段,家族的财富管理仍相对简单,主要目标是资产增值和风险管理。

当资产规模进一步增长时,家族会面临更多元化的需求。这时,它们往往会选择加入联合家族办公室,这是一种更经济实惠的方式,因为各个家族可以共享资源和专业知识,从而降低家族办公室的运营成本。在联合家族办公室的模式下,多个家族共享专业服务和资源,从而实现规模效应和专业化管理。

随着家族财富的不断增长和家族需求的日益复杂化,一些家族会选择成立自己的单一家族办公室。在这种模式下,家族将拥有专门的团队来全面管理和规划财富,能更好地满足家族特定的需求和目标。单一家族办公室通常提供更为私密和定制化的服务,可以更好地满足客户特定需求。

有趣的是,在一些成熟的单一家族办公室中,我们还可以观察到一种新的合作模式——这些办公室开始联合起来,形成封闭性的联合家族办公室。这种模式允许不同家族办公室的成员共享更大规模的资金和资源,实现更有效的资源整合和家族传承。

在整个发展过程中，一个值得关注的现象是，很多高净值客户在成立家族办公室的初期往往会承受巨大的心理压力，因为他们认为这是一个重大而不可逆的决策。实际上，家族办公室的建立和运营是一个持续演进和优化的过程。高净值家族并不需要在初始阶段作出所有决策，他们要在实践中不断调整和完善，才能找到最适合的运营模式。家族办公室的建立不是一个终点，而是一个新的开始，它为家族财富管理和传承提供了更多的可能性和机遇。

匡特家族的单一家族办公室和联合家族办公室

我们在前文中提到了德国匡特家族的发展历程。但是不同于其他单一家族办公室直接转化为联合家族办公室，匡特家族采用了更加复杂的结构。1987年，他们与约亨·绍本和赖纳尔·劳共同成立了一个独立的联合家族办公室——国际金融经济研究所（FERI）。

在这个新成立的MFO中，约亨·绍本担任主要的股东，而匡特家族持有约25%的股份。因此，匡特家族拥有两个不同层级的家族办公室：HQ Holding作为他们自己的SFO运作，而FERI则作为MFO为其他家族提供服务。

在FERI的建立过程中，匡特家族巧妙地将自己在单一家族办公室的丰富运营经验与约亨·绍本的银行业背景和广泛人脉相结合，从而构建了一个综合性的大型金融服务平台。得益于匡特家族的良好声誉，FERI迅速吸引了许多高端客户群体（起始投资门槛设为1亿德国马克），成为德国最早的几家专业化联合家族办公室之一。在FERI的巅峰期，团队一共为大约160个高净值客户提供服务，管理的家族资产规模达到了200亿欧元。团队当时拥有超过300名专业人员，其中包括约150名研究专家。

FERI的发展历程是一个典型的联合家族办公室专业化发展案例，在20世纪80年代创立之初，它的模式尚未成熟，而且家族办公室行业在德国也是新兴行业。在FERI成立初期，股权由创始团队三方共同持有，而经营管理的重担落在了约亨·绍本的肩上。为了确保与客户利益一致，约亨·绍本并未将个人资产投入其中。约亨·绍本在组建FERI的初始团队后，便专注于制定战略和产品开发。他坚信，为超高净值家族提供理财建议时不能完全依赖传统金融机构的分析。因此，他聘请了一批分析师，独立进行研究并发布具有FERI独特视角的报告，这些报告也被销售给其他小型金融机构。同时，FERI还对德语区域的投资机构和基金经理进行评估和排名，并将这些数据出售。

20世纪90年代后期，高盛提出并购FERI，但约亨·绍本选择了拒绝，这导致高盛将FERI描绘成了"账簿管理员"（Book-keeper）。起初，这一标签让约亨略感不快，但他渐渐认识到，这反而是FERI的核心优势所在。

作为负责超高净值家族资产管理的"账簿管理员"，FERI细致地记录和审计了包括房产、股份、艺术品在内的各类客户资产。FERI凭借其在客户中建立的牢固信任关系，成为客户资产信息的全面管理者，并以其卓越的服务质量赢得了客户的高度赞誉。

同时，FERI不断优化全球资产配置服务，并成为德国率先推出私募股权和对冲基金服务的联合家族办公室。FERI在研究和推广共同基金作为直接企业投资的替代选项方面也处于领先地位。此外，FERI的专业团队不只包括投资管理和资产管理方面的精英，也包括家族咨询、税务规划、法律顾问和会计等多个领域。

2000年，FERI进行重大组织变革，公司被分为两个独立部分：FERI Finance Group负责机构级的研究、房地产和基金投资业务；绍本信托（Sauerborn Trust），专注于联合家族办公室服务、个人财富管理、税务策略、遗产规划和信托管理。到2002年，约亨·绍本在公司中持有37%的股份，匡特家族则持有25%的股份。

2004年，瑞士银行（UBS）以1.6亿美元收购了绍本信托，该公司当时管理着约60亿欧元的资产，并服务于140个德国顶级富裕家族，相比之下，瑞士银行在德国的私人银行业务管理着超过100亿欧元的资产。这次收购事件后，绍本信托的员工和管理的客户资产被并入瑞银的私人银行部门，约亨·绍本则被任命为瑞士银行德国监事会的主席。

未来趋势：家族办公室整体发展趋势

随着全球财富的增长和财富分配方式的演变，家族办公室作为管理高净值家族财富和事务的重要机构,正在迅速发展成为财富管理行业的一中流砥柱。这一趋势不仅体现在家族办公室数量的增加,还体现在服务范围的扩大、专业化程度的提升以及运作模式的多样化。

在经济全球化和技术革新的背景下,家族办公室正在经历前所未有的变革。随着新一代家族成员的加入,他们给财富管理的理念、可持续性投资以及社会责任等方面带来了新的思考。这些年青一代通常拥有更国际化的视野,对科技和创新持更开放的态度,这在一定程度上促使家族办公室在运营和投资策略上进行调整。

同时,数字化和技术革新也对家族办公室的运营模式产生了深远影响。从投资分析到客户服务,技术的运用正在改变家族办公室的工作方式。特别是在数据分析、风险管理、投资决策等领域,技术的应用带来了效率和精准度的显著提升。

此外,随着监管环境的变化和全球税收政策的调整,家族办公室面临着更复杂的法规变化。这不仅要求家族办公室具备更强的法律和合规管理能力,也促使其在全球范围内寻求合作伙伴,以应对跨境财富管理的复杂性。

整体来说,家族办公室未来的主要趋势可以从以下三个不同维度进行分析:投资决策趋势、慈善事业、中国的家族办公室兴起。

投资决策趋势。家族办公室在资产管理上日益偏好非传统投资方式,根据摩根士丹利的数据,家族办公室的投资偏向于私募股权、风险资本、个人信贷、私人房产投资和基础设施项目,因为这类投资通常优于传统公开市场的表现。目前,家族办公室将大约 45% 的资产配置于这些另类投资类别中。瑞士银行的报告显示,超过 80% 的家族办公室参与了私募股权投资。

随着时间的推移,越来越多的家族办公室选择直接投资,私募股权的平均配置量从 2019 年的 16% 增长到 2021 年的 21%。同时,瑞士银行的调查发现,29% 的家族办公室打算显著减少对发达市场固定收益类资产的投资。大约 2/3(63%)的家族办公室不再认为高质量固定收益有利于多元化资产配置。

据业内人士分析,家族办公室青睐直接投资是因为他们希望对投资项目拥有更大的控制权,而直接投资能够吸引具有创业精神的家族成员对投资项目的亲自参与,同时能够降低投资成本。而从机构的角度来说,越来越多的募资机构将家族办公室视为理想的有限合伙人，是因为他们拥有长期投资视角、更灵活的投资策略以及快速直接的投资决策流程。

家族办公室在投资领域的直接参与正在逐年增加，这一趋势显示了多个家族办公室投资理念的变化动因：首先，家族办公室的资产规模不断增长、专业化能力不断提升，因此它们能够更有效地进行独立的投资决策。这种独立性为家族办公室本身及客户提供了更大控制权，从而实现更高的投资收益。其次，家族办公室越来越意识到，作为 LP 来投资基金，尽管能获得一定收益，但也需承担一定管理费用。这一过程会降低投资的总收益率。而依赖 GP 进行投资，家族办公室则无法积累自身的投资经验。直接投资不仅能够降低中间环节的成本、提升利润率，还能提升家族办公室实际投资管理能力。最后，家族办公室通过直接投资著名创业公司，不仅能展示其投资实力，还能提升家族的声誉和在投资界的知名度。

在中国市场，一些经验丰富的家族办公室开始探索直接投资的领域。它们利用广泛的 GP 网络，开始尝试直接接触项目。然而，直接投资也为家族办公室带来一些挑战。对于资金有限和投资能力较弱的家族办公室来说，在竞争激烈的市场中获得成功可能较为困难。此外，直接投资还需要建立和维护一支专业的投资团队，这也会带来运营成本的增加。

因此，对大多数家族办公室而言，通过 GP 进行的投资仍是更高效且稳妥的选择，因为家族办公室可以在 GP 提供的专业基础上作出更明智的投资决策，而无须承担建立和维护独立投资团队的高额成本。

从投资的区域偏好来说，亚太地区对家族办公室投资策略的重要性正在提升。瑞士银行在其 2023 年全球家族办公室报告中透露，亚太地区的家族办公室正逐渐增加对股票的投资，目前投资额度占比已达 37%。值得注意的是，近半数的家族办公室（41%）表示计划在接下来的 5 年里增加对已发展市场固定收益类资产的投资。这一趋势表明，在全球经济形势变化的大背景下，特别是在美元稳定和中国经济的复苏过程中，家族办公室越来越倾向于增加风险较高的资产配置，其中有 35% 的家族办公室计划增加新兴市场股票的持有量。

此外，家族办公室在利用另类资产来分散投资组合风险的策略上表现出强劲的上升趋势。在亚太地区，接近一半的家族办公室（46%）更喜欢使用对冲基金来分散投资，这一比例超过了全球平均水平（33%）。家族办公室对对冲基金的配置比例也从3%上升到了5%。

与此同时，贝莱德发布的全球家族办公室报告也指出了家族办公室在资产配置上的调整趋势，特别是固定收益类资产和私募股权投资市场的重点调整（投资组合中61%为传统资产类别，39%为另类资产类别）。许多家族办公室正在通过增加投资级债券、国债和私募信贷领域的投资进行调整来优化固定收益类资产的配置。

除此之外，投资标的多元化的趋势也日益显著。在家族办公室的投资领域，私募股权因潜在的高回报和广阔的投资机会而受到越来越多家族办公室的青睐。根据最新的全球报告数据，目前有80%的家族办公室已经开展私募股权投资，而这一增长趋势似乎仍在继续，私募股权投资已成为全球家族办公室资产配置体系中一个重要的风险资产类别。2021年，约有77%的家族办公室投资于私募股权，而在2020年，这一数字为60%，这表明家族办公室对私募股权投资的兴趣和参与度正逐年增加。

家族办公室的投资战略往往需要考虑长期的投资期限，以适应家族成员在不同生命周期阶段的多样化需求，如教育、创业、医疗、养老和慈善活动。此外，家族办公室还必须应对复杂的家族特性，如代际传承等。因此，家族办公室在制定投资目标时，不仅需要考虑跨越多个经济周期的长期视角，还需要顾及家族的多元化投资目标和条件。

慈善事业成为家族办公室关注的方向。随着中国经济的发展，以及社会责任意识的增强，国内高净值人群正将慈善活动融入其日常生活。虽然慈善资产占GDP的比例相对较低，仅为0.1%，但这一数字正在稳步增长。特别是在推动共同富裕的政策背景下，越来越多的富裕家庭开始将慈善工作视为其长期战略的一部分。

慈善事业不仅是提高家族凝聚力的途径，而且是吸引年青一代加入家族企业的关键要素之一。它为年轻成员提供了一个参与家族治理和战略规划的平台，有助于传递家族的核心价值观和使命。

在这一变化中，家族办公室起到了重要的协调和管理作用。它们不仅负责系统化地管理慈善资金的募集和分配，而且通过制定家族章程等措施来确保慈善资金的使用符合家族的愿望和目标。这些家族办公室通过精心规划和管理，帮助家族在慈善事业中发挥更大的作用，同时确保了家族成员在慈善方面的利益得到保护和增进。

根据最新的研究报告，慈善活动已成为高净值人群普遍选择的方面之一。招商银行私人银行和北京师范大学中国公益研究院联合发布的《2023中国高净值人士慈善调研报告》显示，超过3/4的高净值个体已参与慈善事业，其中超过40%的人表达了增加未来慈善投入的意愿。在未涉足慈善的人群中，约有15%表示计划未来投入慈善工作。

报告还表明，相较于普通客户，采用家族办公室服务的客户在慈善参与上更为积极，这也彰显了家族办公室在促进高净值人士参与公益方面的重要作用。

高净值人士越来越青睐于用慈善工具来实现系统化公益目标。例如，《2021年美国高净值家庭慈善报告》指出，约34%的美国高净值家庭正在使用或计划使用至少一种慈善工具，其中最为常见的工具是遗产捐赠。在中国，基金会和慈善信托目前是主要的慈善工具。

目前，慈善已逐渐成为家族传承的关键要素，为高净值人士提供了培育下一代、强化家族价值观和凝聚家庭成员的有效途径。

中国家族办公室正在快速崛起。随着改革开放以后中国经济腾飞，家族企业积累的财富快速增长。目前大部分中国家族企业的创始人年龄集中在50~60岁，他们在20世纪90年代的经济腾飞的浪潮中创立了自己的企业，并在此过程中积累了丰厚的财富。现在，绝大多数家族依旧保持对企业的掌控权。这些企业家现在面临的挑战是如何有效管理家族财富并确保顺利的代际传承。

瑞士信贷和胡润研究院联合发布的《2022年中国家族办公室行业报告》显示，中国目前有超过1000个家族办公室，共管理着超过1万亿美元的资产。由于中国私人财富持续增长以及代际传承的迫切需要，家族办公室在市场上的需求预计将持续扩大。在未来的10~20年，中国将经历一个大规模的财富转移期。在这一时期，家族办公室在财富传承方面的角色将变得更加重要，市场需求也将随之增加。

相较于西方家族办公室，中国的家族办公室行业发展起步较晚，但发展潜力不容小觑。根据中国平安银行和福布斯中国联合发布的《2020年中国家族办公室研究报告》，中国私人财富市场在过去10年里增长了5倍。该报告指出，中国高净值家族的数量约为158万户，超高净值家族约为10.5万户。与之相比，国内家族办公室的总数目前为2000~3000家，表明市场中还有大量的潜在需求尚未被满足。

近年来，随着经济增长速度放缓和产业结构转型，社会结构也发生了显著变化，这也改变了企业和个人财富管理的环境。在这种情况下，越来越多的企业家正向家族办公室寻求解决方案，以应对家族企业的转型、家族财富的管理、代际传承，以及承担社会责任等方面的挑战。

在投资决策和行为方面，随着中国股权投资市场的兴起，中国家族办公室在这个领域的角色也在不断变化。对于那些刚开始探索股权投资的家族办公室来说，这个过程并不是没有风险。例如，某家族办公室在2014年投资了一家大型国际私募股权公司，但2年后这家公司未能实现任何收益，最终关停，这给家族办公室带来了巨大的损失。

随着中国家族办公室投资经验的积累和实践的深入，它们在选择私募股权机构方面变得更加审慎。家族办公室团队开始全面考察投资机构的能力，而不仅看重过去的业绩和声誉。这意味着私募股权机构必须展现出更具说服力的投资策略和内部运营体系。

在当前激烈竞争的市场环境下，即使中国家族办公室没有立即投资的意愿，私募股权机构的创始人也愿意与这些潜在客户进行面对面的交流。这种市场变化不仅影响了私募股权机构的策略，也影响了家族办公室的决策。过去他们可能会不加选择地投资，现在则变得更加谨慎，这归功于投资领域专业人才的加入。

如今的中国家族办公室更倾向于聘请来自风险投资、私募股权、母基金和金融顾问等领域的专业人士，这些人才有助于提升家族办公室的投资决策质量。随着家族办公室的日益成熟和发展，它们开始更多地参与直接投资活动，逐步向私募股权机构靠拢，展现出对直接投资的强烈兴趣。

全球化策略：家族办公室全球视野与挑战

随着财富全球化的日益加深，富有家庭越来越倾向于跨国生活和投资。他们的活动范围广泛，包括国际旅行、在多个国家置业，以及进行跨国投资等。这一趋势增加了对全球化家族办公室模式的需求，正如纽约梅隆银行指出的，全球化趋势为家族办公室带来了新的业务机会，但也带来了挑战。

在这个多元化的商业环境中，家族办公室需要应对来自不同国家和地区的多样化需求。这些需求可能涉及供应链、生产、房地产投资以及全球股市投资。在这种情况下，家族办公室必须适应并应对这些新的全球化挑战，尤其是在寻找值得信赖的国际合作伙伴方面。

跨境管理能力是家族办公室面临的主要挑战之一，因为它们经常需要在全球范围内处理大量的实物和金融资产。不同司法管辖区之间在法律、监管、税务和商业要求方面存在显著差异，这为家族办公室的运营带来了一定困难。

因此，保证家族办公室能够在全球范围内有效满足家族的财务和生活方式需求至关重要。因此，团队需要与提供服务的合作伙伴保持紧密的沟通，并督促它们提供快速、随时可用的服务。家族办公室不仅需要管理财富，还需要协调和支持家族成员的多样化生活方式，以及整合全球资源来满足家族的复杂需求。

国际化服务供应商的挑战。对于家族办公室的服务供应商而言，最重要的挑战之一是如何有效地分配资源并提供符合客户需求的区域投资产品和机会。他们需要对客户所在的各个司法管辖区有深入了解，内容不仅涵盖税务、投资等技术性问题，还包括文化和信任等更加微妙的方面，由于这些事项难以量化，因此常常带来更大的沟通困难。同时，他们还需要有能力全天候为处于不同时间区的客户提供服务。此外，随着数据的安全问题日益受到重视，保护客户信息免受黑客攻击也成为服务供应商面临的一大挑战。

家族办公室通常会与多个服务供应商合作，这使它们需要管理多个托管人和投资经理的关系。在越来越复杂的行业环境下，分散的管理方式可能并不是最高效的选择。有业内人士表示，设立一个"全球主要的负责人"来协调和监督各个投资经理的工作，可能更加高效。

这种"全球"方法能够简化家族办公室的运作，减少对多个不同解决方案的依赖。作为主要托管人，服务供应商能够提供资本市场功能、综合业绩报告、外汇交易、基金交易等多种服务，从而使家族办公室能够更专注于其核心能力和目标。

例如，如果一家家族办公室有多家服务供应商，而他们希望关注亚洲的投资机会，那么分散的管理结构可能会使这类工作过于复杂。与一个跨地区的单一服务供应商合作，可以有效地发挥全球托管的优势。

总之，为家族办公室服务的关键在于提供定制化的服务和灵活的系统，使它们能够更专注于增值活动，如寻找新的投资机会，同时减轻管理任务的负担，降低运营风险。这种方式不仅节省了时间，还提升了整体运作效率。

国际化家族办公室的区域差异。不同国家和地区的家族办公室，在选择国际化路线的决策中，有很大的不同。在美国，家族在经历重大资产增长后，往往会先建立一个全面的资产管理架构。它们会首先寻找一个能够进行全球资产管理的主要托管机构，其次选择适合的投资管理团队。在此基础上，它们再进一步发展家族办公室的其他功能。

在欧洲，情况则有所不同。高净值家族在寻找全球性的托管机构之前，通常会先确定它们的投资管理团队。这种方法可能造成家族办公室基础架构的复杂化，并在报告和管理方面陷入困境。欧洲家族可能陷入已有的复杂架构中，随着家族财富的增长和监管环境的变化，它们开始意识到应采取不同的构建方式。过去，服务供应商通常不愿与家族办公室进行深度合作并创建长期有利的架构，但这种情况正在改变。

随着财富的累积，家族可能希望保持独立性，因此他们会聘请能够自足的高级管理人员，如首席信息官、首席执行官、首席财务官等。在这一阶段，家族并不总是需要依赖银行，此时一个能提升运营效率和执行力的托管服务供应商变得至关重要——他们不仅是资产管理者，还是一个协调者。

地域差异对国际化家族办公室的影响。

在全球家族办公室的发展中，不同地区的特性带来了不同影响。在美国，家族办公室更注重建立一流的基础设施并选择合适的投资管理团队。因此，寻找能够提供全面的投资管理服务的服务供应商对家族办公室而言至关重要。美国的家族办公室通常倾向于将全球托管服务和精心挑选的投资管理团队相结合，用来保护和增强其资产和核心投资策略。

在欧洲地区，家族办公室的金融管理复杂度正在增加。与过去相比，家族办公室现在的关注点更多转向家族结构的调整，以更好地体现个人价值观和投资策略。许多欧洲家族办公室依旧采用传统的运营模式，这种模式往往效率较低、成本较高。

亚洲地区的家族办公室则普遍依赖银行服务，尤其是那些具有全球声誉的银行。随着家族办公室日益关注代际传承规划，亚洲或将会出现更多金融资源的区域性整合，从而减少家族对单一银行的依赖。这种趋势反映了家族办公室对更广泛、多元化服务的需求，以及对更加全面和灵活的投资管理方法的追求。

中国家族办公室应对全球化趋势的挑战与策略。 在中国，家族办公室行业与民营企业的命运紧密相连，其存活和发展与民营企业的状况息息相关。特别是对于那些专注于服务单一家族的办公室来说，它们的运营状况取决于家族企业的健康和繁荣。同时，服务多个家族的联合办公室则与民营企业市场的起伏紧密相关。在过去 10 年中，有资格发行债券的民营企业中约 1/4 出现了违约。这说明民营企业的生存发展面临着巨大的金融挑战，这些挑战也间接影响家族办公室的生存能力和稳定性。

此外，中国家族办公室行业普遍缺乏必要的投资研究和风险管理能力，行业整体实力不强。换句话说，中国家族办公室虽然发展迅速，但是行业乱象丛生，服务标准和职业诚信缺乏，存在诸多问题亟待解决。

其中有三个关键问题值得关注：一是有些机构以家族办公室的名义，进行未经授权的理财和集资活动，这些活动面临巨大的法律风险。由于家族办公室在中国国内仍属新鲜事物，相关法律法规尚未完善，因此，一些机构就利用这一空白实行"灰色"活动可能会损害客户利益。二是部分机构虽然有着"家族办公室"的名号，但是实际上从事的是理财产品销售、海外移民服务、留学中介等服务。三是行业中存在从业人员虚报资历和夸大影响力的情况。这些现象不仅误导了公众对家族办公室行业的理解，也严重损害了行业形象。

国内家族办公室行业在考虑国际化进程的问题时，上述问题将更加突出。国际化意味着家族办公室要"出海"，将业务和分支机构带向海外，同时引入国际化的治理体系和业务标准。为了有效参与国际金融活动以及进行更广泛的全球金融服务布局,家族办公室应该建立一个专业、精细、独特和富有创新精神的投资研究体系,并付诸行动,根据自身实力有所作为。

在全球资产管理行业中,专业化运营是主要趋势,但既精通二级市场又擅长股权投资的资产管理人实属难得。对于那些规模较小、能力有限的家族办公室来说,如果过于强调持有的各种许可证,可能会反映出它们在投资研究和风险管理方面的基础薄弱,以及在资产配置上的虚假宣传。

随着私募资管新规的实施和市场的自我调整,许多小型家族办公室的私募管理人资格将面临合规上的挑战。家族办公室行业应该摒弃过度夸大自身功能的宣传,积极寻求与资产管理和投资咨询机构的合作,以提升其资产管理业务的能力。

为了进一步"走出去",家族办公室需要拓宽视野,关注国际重点地区的监管政策和市场情况。以中国香港为例,过去一年,香港特区政府推出了一系列政策,以吸引和支持家族办公室来香港发展,同时推动了跨境理财通计划的实施。然而,这些政策在内容上对内地的联合家族办公室和管理规模在 50 亿元以下的单一家族办公室的吸引力有限。此外,香港在资产管理产品设立所需的律师、审计、托管等费用仍相对较高,家族办公室在选择迁往香港时应该多方面考虑各种因素。

未来愿景:给家族办公室从业人员的建议

家族办公室人员的身份定位问题。 家族办公室从业人员在实际工作中常常会忽略自身的服务属性,走向"销售"的路径,这不仅是家族办公室人员自身职业素养的问题,同时也是目前中国家族办公室行业中普遍存在的问题:家族办公室人员往往花费大量时间推销金融产品,却并没有提升服务能力,也没有真正满足客户的个性化需求。

在身份定位的问题上,家族办公室从业人员应当不断提升自我认知,尤其是深化对"服务"的认识。家族办公室的服务需求源于高净值家族庞大的规模、繁杂的事务和日益紧迫的代际传承。由于家族成员自身的多元化,他们没有足够的专业能力和时间、精力来处理其中每一件具体的事宜，由此才会选择家族办公室打理相关事务。因此，家族办公室的角色应当是从客户的具体需求出发，通过提供优质的服务来创造价值。

家族办公室从业人员目前要做的事情是转变固有的"销售型"思维，建立"服务型"思维。所谓的"服务型"思维，就是在自身经手的所有业务和流程中，帮助客户解决具体的问题、提示相关的风险、提供稳定的保障，将业务价值体现在具体的场景当中。为此，家族办公室从业人员可以采用以下做法。

- **深入理解家族需求**。家族办公室从业人员提升服务能力的第一要务，就是深入了解家族的需求，包括具体事务上的需求、家族价值观、长期目标以及家族成员的个人兴趣爱好和思想观念等。要做到这一点，不仅要求家族办公室从业人员具有良好的沟通能力和同理心，同时要加强自身软实力的建设。

软实力的建设很难用量化指标来定义，但是在实际服务流程的过程中，对双方的沟通和理解会产生巨大的影响。比如，家族办公室从业人员的同理心会影响沟通的成效。同理心指的是换位思考的能力和意识。通过站在家族成员的角度来思考，从业人员可以更加深刻地理解家族内部的情感动态和关系复杂性，从而提供更贴心、更具针对性的服务。

除了基本的沟通技能和同理心，积极主动的性格对于挖掘家族的深层需求同样至关重要。从业人员应该主动引导家族成员进行深入的自我探索，帮助他们了解之前可能未被充分理解或关注的需求。这种积极主动的态度不仅能够更好地服务家族，还能够帮助双方建立起更为牢固的信任关系。

- **提升专业技能水平**。家族办公室的从业人员应不断提升自身的专业能力，学习财务规划、税务筹划、投资管理、法律咨询等相关领域的知识，从而更好地服务于家族的多元化需求。为了提升专业能力，家族办公室从业人员应该致力于持续的教育和培训，学习相关的财务规划、税务、投资管理和法律知识课程及参加研讨会。同时，考取如国际金融理财师（CFP）、特许金融分析师（CFA）等专业认证，不仅能够提升自己的专业知识，而且能够提升客户信任。此外，搭建专业人际网络，与行业内的专家交流共享，也能够让从业者获取宝贵的行业洞察和经验。另外，从业者实践经验的积累也非常关键，工作中的学习和尝试能够帮助自己提高应对不同家族和情境的能力。从业者还可以阅读最新的专业书籍、期刊和行业报告，了解市场趋势和法律变化，同时与其他领域的专家合作，提升综合专业水平，并应用最新的金融技术和软件，提高工作效率和准确性。最后，从业人员应当通过客户反馈持续优化服务，并制订个人发展计划，明确职业目标和技能提升路径，确保在财富管理领域保持竞争力，为家族客户提供优质服务。

- **建立全面服务体系（服务能力＋服务意识）**。家族办公室应建立全面的服务体系，不仅包括财务和投资管理，还包括家族治理、教育咨询、慈善规划等，以满足家族全方位的需求。对于家族办公室从业人员来说，应该从两个层面去推动服务体系的建设，一是通过专业能力的提升来提升服务能力和服务质量，二是不断提升自己的服务意识。

家族办公室从业人员提升服务意识的核心在于培养以客户为中心的思维和行为。这意味着首先需要强化与客户的有效沟通，不仅倾听他们的需求和期望，而且通过深入的提问来全面了解家族成员的真实想法。其次，培养强烈的同理心对于理解客户感受和需求至关重要，这有助于以更加人性化的方式提供服务。定期向家族客户收集反馈意见，并根据反馈意见不断改进服务内容和方式，确保服务细节的周到和精确。此外，严格保护客户的信息安全和隐私是维护信任的基石。主动提供服务，预见并解决家族可能面临的挑战和机遇，也是提升服务意识的关键。最后，通过定期参加服务意识相关的培训和自我提升课程，家族办公室从业人员能够不断地发展和创新他们的技能和服务理念，从而真正满足家族客户的深层次需求，提供全面、高质量的服务。

- **持续学习和创新**。家族办公室从业人员应不断学习新的知识和技能，紧跟市场和技术的最新发展，以便为客户提供最前沿的解决方案和服务。不同于专业能力的提升，持续提升学习能力更看重家族办公室从业人员的思考能力。比如，从业人员对单个项目进行不断复盘，从中获取有益的经验，并在下一个项目中有意识地规避以往遇见过的问题，从而提升服务质量。

持续的学习和创新对于家族办公室从业人员来说，不仅是关于知识和技能的积累，更重要的是建立有效的学习方法论和提升认知能力。这种方法论的打造和认知能力的提升是家族办公室从业人员适应快速变化环境的关键。

首先，方法论的构建需要家族办公室从业人员系统地思考和分析他们的工作流程和决策模式。这意味着不仅要关注结果，更要关注过程中的每一个决策点，理解在不同情境下采取不同决策的原因。例如，通过建立和维护项目数据库，记录每个项目的关键决策、所面临的挑战和最终结果。这样的数据库不仅能够促进经验的累积，也能为未来决策提供参考。

其次，在认知能力的提升方面，家族办公室从业人员需要培养跨领域的思维方式，从而在分析问题时能够从多个角度和层面入手。这一能力包括对市场趋势的理解、客户需求的洞察以及对新兴技术的适应能力。例如，从业人员可以参与多学科的研讨和训练，增加对经济、心理学、社会学等领域的理解，这将有助于从更宽广的视角分析和解决问题。

再次，复盘和反思是提升服务质量的关键。每完成一个项目后，进行详细的复盘，分析在项目中遇到的问题和成功的因素。从每个项目中吸取失败的教训并总结成功经验，并在未来的项目中有意识地应用这些经验，避免重复过去的错误。

最后，持续学习和创新也要求从业人员保持对新知识的好奇心和开放态度，积极探索和实验新方法，不断调整和优化自己的工作模式。这不仅是对已有知识的深化，更是对新情境下问题解决能力的增强。

- **重视道德和合规性**。道德和合规性要求从业人员严格遵循行业道德和法律标准，确保所有的服务和操作都符合相关规则和标准。要正确认识自身的角色定位，道德和合规性意识的培养至关重要。职业道德不仅关涉诚信、保密性、公正性和责任感，而且直接影响客户对家族办公室的信任和满意度。为提升道德和合规性能力，从业人员应定期参与道德和合规性培训，更新对法律法规的认识，并在家族办公室内部建立有效的监控和审计体系，以及通过模拟各种情境来增强实际应对能力。此外，家族办公室强化团队道德意识，并在日常工作中营造一个透明的工作环境，鼓励团队成员主动报告潜在的不当行为或不合规问题，这是建立稳健、透明和可靠的服务环境的关键。通过这些措施，家族办公室从业人员能够为客户提供高标准、高质量的服务，同时维护家族办公室的专业声誉和客户信任感。

家族办公室从业人员经验分享

我们采访了一些拥有多年家族办公室从业经验的人,他们从亲身经历的角度分享了职业经验。第一个受访者小 A 是一个"非典型案例",因为不同于金融专业或财经相关专业人士出身,他是理工科出身,也没有任何的辅修或培训课程的经验。大学毕业后,他也没有从事与自己专业相关的工作,而是开了一家餐馆,一年以后又进入了一家初创公司。在连续创业的过程中,小 A 对服务业的一线业务和初创企业的经营管理有了深刻的认知,在初创公司不断发展的过程中,他参与了融资业务,并开始学习金融知识。为了更好地胜任融资类工作,他专门考取了 CFA 证书,后来一次偶然的机会,他看到一家家族办公室正在招聘,于是抱着试试看的态度投了简历,没想到就这样入了行。

在复盘自己转行的经验时,小 A 坦言,虽然自己并非相关专业出身,但是在实体行业及初创公司摸爬滚打的经验铸就了自己的主动性和业务能力。对于业务能力,他解释说,虽然在他以往的业务中,除了融资工作,基本上与金融业务无关,但是这些工作经验帮助他形成了系统性的、全面性的思维方式,同时他也了解了如何面对和解决一线业务中的具体问题。而考取 CFA 证书的过程也让他收获颇丰,在这个过程中,他不仅恶补了金融知识、重新构建了知识体系,同时也意识到自己能力的边界正在不断扩展,学习能力的提升打破了专业知识的边界,他知道"自己能做到"。事实证明,他做到了。

说起在家族办公室的工作,他总结了几点经验:第一,不要过度关注所谓的资源和人脉。首先,家族办公室本身是具备一定社会和行业资源的,并不需要个人去过度关注。其次,业务的落地和项目的执行能够带来更多的资源和机会。如果过度关注这些,反而会影响业务的正常进行。第二,深入洞察行业。作为高净值家族服务的提供者,他们需要关注家族所在行业以及相关联的行业。他对自己的要求是,不仅要具备强大的信息收集、整合和分析能力,而且能够通过数据和信息去洞察企业本身的状况,同时在工作中也会经常和专家沟通,从而不断提升自己的判断力。第三,注重业务流程中的重要环节。小 A 认为,尽职调查是很重要的环节,它涉及风险管理、合规操作等重大事宜,通过深入的调查,家族办公室能全面评估投资目标的财务状况、业务运营和市场地位,有效识别风险并发现未被充分认识的价值。家族企业的尽职调查往往涉及多个环节和不同的专业知识，因此这个工作过程对家族办公室从业人员的个人能力提升、工作经验的积累也是颇有帮助的。

相较于小 A 的跨行经验，小 B 的经验相对来说更为平淡。作为专业人士，他好像一开始就"理所当然"地进入了家族办公室行业，但是在担任顾问期间，他也产生了很多新的认知。

首先是知识积累和自我进化。在与家族打交道期间，小 B 意识到以往学校中学到的金融知识和商务知识，并不能帮助自己解决工作中的很多具体难题，真实的商业世界总是比纸面知识更加复杂。顾问作为辅助性角色，在与会计师、律师、投资专家等专业人士合作的同时，也要成为一名"通识性专家"。所谓的"通识性专家"，就是面对不同的专业知识，能够采用正确的方法论去解决知识边界和沟通障碍问题，从而让这些专业知识能够更好地发挥作用。比如，法律专家精通各类案件的处理，但是有时候他们并不知道家族具体的诉求以及真实的目标，而家族办公室顾问就应当在其中起到桥梁的作用，解决中间信息不对称的问题。而为了当好这个"桥梁"，家族办公室顾问本身也应当具备一定的法律常识和沟通技巧。

其次是对具体事项的"消化"能力。家族办公室涉及的业务范围远远超过金融、财务、法律等常规性业务，有时候还包括大量的非标准业务，如家庭员工的管理、家庭成员旅行的安排、子女的教育、家庭成员的海外移居等。这时候，家族办公室顾问的角色就像一个管家，即使自己不能一次性解决所有的问题，也要找到能解决这些问题的人，并做好沟通协调工作。还有一种情况，就是顾问需要在某个业务流程中担任风险评估的角色。比如，家族需要购置游艇等贵重资产。顾问除了需要帮忙联系相关机构、找到专业人士、对接行政流程，还需要观察这些人是否靠谱、交流中是否可能存在漏洞，如果发现问题则需要尽到提醒义务。此类事项对顾问的综合素质要求很高，他们需要具备极强的判断力、观察力和洞察力，同时需要有足够的沟通能力和风险意识。这些对业务的"消化"能力是来自工作实践中的长期积累和家族办公室从业人员有意识的自我提升。

最后，对人的观察和了解也是家族办公室顾问的必修功课。所谓对人的了解，不仅是了解客户的行为特征和倾向，从而提供让其满意的服务，还要了解其真正的诉求和需要，从而通过具体的服务来创造价值。小B说，他遇到过的委托人，每个人的行事风格和表达方式均有很大的区别。比如，通过创业积累财富的家族往往对高收益、高风险的投资比较感兴趣，也更愿意就此话题与家族成员及外部专业机构进行深入的探讨和沟通。而通过几代继承积累财富的家族，则更愿意选择稳健的财富管理方案，对于新兴行业的投资兴趣相对较低。但这并不是绝对的，有些继承多代的家族的年青一代对科技类的风投也比较关注，并愿意投资相关项目。因此，作为顾问应当对这些人进行更加精准的认识和了解，而不能以刻板印象或者"贴标签"式的方法去给人定性。当然，归根结底，对人的认识也要回归到服务上，只有对客户的真实需求有足够的了解，才能提供更加个性化的精准服务。

我们的另一位受访者小C的故事，可以用"全球化"来概括。他的工作常常需要前往不同的国家出差，并处理各种跨境业务。在这个过程中，他时常遇到文化障碍和交流问题，但他认为总体上这份工作还是令人兴奋的。

"全球化的投资就好像在一个空白的画布上作画"，小C坦言，在全球化业务环境中工作的家族办公室从业人员，需要具备跨国投资管理、多元文化适应性、国际法律和税务知识、全球风险管理与合规意识、多语言表达、灵活的时间管理、持续的全球视角，以及高级别谈判技巧等方面的素质。他们需要管理和优化家族在全球范围内的资产配置，比如股票、债券、房地产和私募股权等多种投资标的。这要求他们不仅要精通不同国家的法律和税务规则，还要具备出色的跨文化沟通能力，以应对多样的文化背景和国际市场的复杂性。同时，他们需持续关注全球经济和市场动态，具备灵活应对不同时区工作的能力，并在国际合作和谈判中展现高水平的技巧。通过这些专业能力和特点，家族办公室从业人员能有效引导家族在全球化商业环境中实现财富增长和优化资产配置。

小C认为，在投资新兴市场的过程中，最重要的是了解当地的市场和文化。对当地的行业研究不能只停留在案头上，而是要走进当地，与本地人沟通交流，了解他们的思维方式、实际诉求，了解当地市场的优势与缺点。有一次，他们在南亚某国出差，花了整整一天的时间走访当地的大街小巷，与居民谈天说地，后来又和当地的基金经理开会沟通，事实证明他们的做法是正确的，他们在该国的投资取得了巨大的成功。在后来的全球业务中，小C也意识到实地考察和深入沟通的重要性。作为家族办公室全球化业务的负责人，本身不能带着先入为主的印象给当地市场下结论、作判断，而是在案头研究和实地考察相结合的基础上，突破文化的障碍、了解当地市场的真实需求，从而作出正确的判断。

寄语：对想要入行家族办公室的人说的话

随着家族办公室行业逐步风生水起，越来越多的人想要加入其中，但从事家族办公室相关工作不仅代表着光鲜亮丽的生活、与高净值人群大量接触，也代表着高门槛的工作标准、不断精进的工作能力和自我提升的意识。因此，想要成为一名家族办公室从业人员并非易事。在采访的最后，几位受访者表达了对想要入行的人的寄语，总体分为三个维度。

第一，建立强大的文化认知。强大的文化认知代表着当候选人真正进入团队当中时，能够快速适应环境，并与周围人建立起互相信任的合作关系。许多家族办公室在特定领域拥有深厚的专业背景，如房地产，那么新人进入后则需要快速学习房地产行业知识、投资框架等，并快速适应房地产行业的思维和工作方式。这并不是一件容易的事情。对于很多人来说，其难点首先在于公司规模的变化，不少人在入行前都曾经在全球大型金融机构或其他大公司工作，而很多家族办公室核心团队仅有3~6人，工作方式灵活、执行力强，因此就需要新入行的候选人快速融入"小而美"的团队。

文化认知的另一个模块则是跨文化沟通与交流。不少家族办公室需要办理跨境业务、国际合作、家族成员宜居、海外子女教育等业务，因此家族办公室从业人员需要具备一定的外语能力、跨文化沟通能力和强大的文化同理心。这种能力并不仅在于使用不同的工作语言，还要对当地企业、当地市场深入洞察，并理解不同国家人们思维方式的区别。文化认知能力建立在扎实的底层逻辑的基础上，这是不少新入行者难以具备的。同时，文化认知能力还要求从业人员具有求同存异的开放心态，能够以正确的心态面对不同国家价值观、人们的行为举止等方面的巨大差异。

第二，了解家族办公室和家族企业的基础知识。想要进入家族办公室行业的人首先需要深入了解家族办公室的基本结构和功能，也就是了解家族办公室是做什么的,为什么高净值家族需要家族办公室,比如要去了解家族办公室在资产管理、财务规划、遗产规划和家族治理等方面的主要职能。同时,想入行的人还应熟悉家族企业的运营模式,包括其所有权结构、代际传承的问题和挑战。因为没有真正地进入该行业,想入行的人可能很难建立起直观的理解和深度的洞察,但是基础知识框架能够帮助他们在入行之后快速进步。

同时,了解与家族财富相关的法律和税务知识也是新人必不可少的功课,比如遗产规划和税务优化策略等。学习家族治理和冲突解决的方法也非常重要,包括了解家族治理的最佳实践和冲突解决机制等。此外,新人可以定期跟踪行业趋势和最新动态,通过阅读行业报告、参加研讨会来保持知识的更新。同时,新人们建立行业联系并通过实习或合作项目获得实践经验,也有助于对家族办公室的日常运作建立更深刻的理解。最后,培养个人的沟通、谈判技巧和解决问题的能力对于有效地与家族成员互动至关重要。通过这些准备,新入行的专业人士可以为进入这个多元且复杂的工作环境打下坚实的基础,从而在家族办公室行业取得成功。

第三,建立清晰的自我规划和职业成长路径。相比传统的金融、法律、财税等行业,家族办公室行业存在的客观情况是职业上升路径不清晰,很难有相对确定性的上升通道。因此对于想要入行的人来说,建立清晰的自我规划和职业成长路径是至关重要的。

首先,新人应该进行深入的自我评估,了解自己真正想做什么以及实现什么目标,这包括明确职业兴趣、长期目标以及在家族办公室行业中希望实现的成就。比如,是想要通过从事家族办公室行业提升金融从业经验,还是接触高净值人群,然后通过这些工作经验达成某些进阶性的目标。在真正入行之前,新人们不妨耐心地询问自己这些问题,弄清楚自己的个人定位和规划。

其次,积极建立行业联系也非常重要,参与行业会议和研讨会不仅有助于建立职业网络,还可以帮助了解行业最新动态。在了解这些信息的同时,新人们也可以思考这些工作是否适合自己、自己从中可以获得什么、自己是否真正感兴趣。

最后,随着时间的推移,想要入行的人可以定期重新评估职业规划,并根据行业动态和个人发展进行调整,保持对新机遇和挑战的灵活性与开放心态。

后 记
AFTERWORD

随着最后一页的翻过,我们一同完成了一段独特而深刻的探索之旅,穿越了家族办公室的历史长河,感受了各地家族办公室的风采与特色。从英国的悠久传承到中国香港和新加坡的现代活力,再到美国与欧洲的创新与多样性,本书不仅是对家族办公室全球化发展的记录,更是对家族财富管理和传承智慧的深入剖析。

在书中,我们见证了不同国家和地区家族办公室的形成与发展,了解了它们在面对经济波动、政治变迁和文化差异时的应对策略。特别是在探讨 ESG 责任和金融科技在家族办公室中的应用时,我们发现家族办公室不仅是财富的管理者,更是社会责任的承担者和科技创新的推动者。

通过本书,我们希望为读者提供一个多维度的视角,理解家族办公室在全球经济中的角色和重要性。同时,我们也期望本书能够成为那些寻求在家族办公室领域发展的专业人士、家族成员以及相关学者的宝贵资源。

在家族办公室的世界里,每一个决策、每一次投资、每一个家族的故事都是独一无二的。而正是这些故事构成了家族办公室的丰富多彩和深邃内涵。我们希望本书能激发更多对家族办公室领域的兴趣和深入探究,帮助读者在家族财富的管理和传承过程中找到启示与灵感。

家族办公室作为一种独特的财富管理模式,未来的发展必将与全球经济和社会的变迁紧密相连。我们相信,随着时间的推移,家族办公室将继续发展,不断适应新的市场环境和家族需求,同时也将继续扮演家族财富保护和增值的关键角色。

在撰写本书的过程中,我们深切体会到了家族办公室领域的复杂性和多样性。每一个章节都是我们对这个领域深层次理解所作出的努力,我们希望能为读者提供全面、客观的视角,也衷心希望本书能够成为读者了解家族办公室、探索家族财富管理的重要参考,并在实践中发挥价值。

最后,感谢每一位读者的陪伴。在这个不断变化的世界中,愿每一位家族办公室的从业者和家族成员都能找到适合自己的路径,实现家族财富的持续增长和有意义的传承。